玩转移动平均线

扭线原理及实战应用

刘 卫 著

地震出版社
Seismological Press

图书在版编目 (CIP) 数据

玩转移动平均线——扭线原理及实战应用 / 刘卫著. —北京：地震出版社，2009.5(2023.5 重印)

ISBN 978-7-5028-3389-3-01

Ⅰ. 玩… Ⅱ. 刘… Ⅲ. 股票-证券交易-基本知识 Ⅳ. F830.9

中国版本图书馆 CIP 数据核字(2008)第 210205 号

地震版 XM5503/F(4112)

玩转移动平均线——扭线原理及实战应用

刘 卫 著

责任编辑：刘 江

责任校对：宋 玉

出版发行：地震出版社

北京民族学院南路 9 号　　邮编：100081

发行部：68423031　68467993

总编室：68462709　68423029

证券图书事业部：68426052

http://www.seismologicalpress.com

E-mail：zqbj68426052@163.com

经销：全国各地新华书店

印刷：大厂回族自治县德诚印务有限公司

版(印)次：2009 年 5 月第 1 版　2023 年 5 月第五次印刷

开本：787×1092　1/16

字数：269 千字

印张：17

书号：ISBN 978-7-5028-3389-3-01

定价：50.00 元

序 言

勇者，在均线的世界里穿行。

股价的起伏跌宕，构成了这个世界上最吸引人的曲线，在高高低低的峰谷之间，隐藏着财富，也隐藏着风险。无数人都想把握它的运行规律，由此也产生了无数的证券分析流派，均线分析就是技术分析的重要一派。均线分析利用统计学中的“移动平均”技术，把杂乱生猛的K线，转化成一条条平顺流畅的移动平均线，清楚地揭示出了市场的短中长期平均成本，真是一项惠及投资大众的重要发现。

揭示出市场的平均成本之外，移动平均线还有什么用处？能不能用它来指导投资实战？当然可以。著名的葛兰威尔(又译葛兰碧、葛兰姆)八大法则就是关于如何应用均线来判定进出场时机的规则。翻开任何一本讲技术分析的基础读物，我们都可以看到这著名的八条，可我们同时看到的，还有对这八条法则的抱怨：这些法则的规定过于宽泛，如果根据这些法则来操作，无疑会遇到无数的错误信号，使得这些法则的可操作性大大降低。

执著的投资者们并没有被这个问题难住，他们在不断地摸索着均线的运行规律，十日均线操作法、均线兵法……以及各种心得、技巧乃至理论体系，都在证明着他们的努力。在我看来，他们就是一群穿行在均线世界里的探秘者。而本书的作者——叮当响的牛铃（刘卫），就是在这条路上前进得更加勇猛，趟出的道路也更加宽阔的勇者。

初识刘卫，是我在天涯社区的“股市论谈”板块瞎逛，浏览着各路高人的帖子，大部分都让我的眼光不能停留10秒钟以上就关闭了，但是“叮当响的牛铃”的帖子，却吸引了我的目光。匆匆浏览了刘卫的大部分帖子，我感觉一位网友的评价非常中肯——功课做得足！没有长时间看盘和钻研的积累，是不可能总结出像“护航线”、“八爪线”、“炸弹坑”这样一些形象而又实用的说法的。而且明显能感觉到，刘卫对于股价的本质和运行规律有着深入的思考，逐步地在形成一个相对完整的均线操作体系，而不是简单的经验总结和案例验证。

有的网友看了牛铃的帖子就在问：“《玩转移动平均线》这本书什么时候才能让我们大家看的到？总共有几集？要是现在出了我邮购的话是不是可以买到?”

看到这句话，我动心了。想方设法和刘卫取得了联系，建议他把扭线原理系统地整理出来出版，他爽快地同意了，随即投入了紧张的写作和整理工作。由于上班时间有大量的事务性工作，这本书的写作只能放在夜间进行，完稿之后，刘卫才告诉我，这本书让他本来就有的耳鸣的毛病更加严重了，整天觉得有个发动机在耳朵里响……我听了以后感觉非常抱歉，为了让这本书早日面世，我不止一次地催促他快马加鞭，现在看起来，可真是有点压迫过甚了，呵呵。

我愿意向读者们推荐这本《玩转移动平均线》，因为这不是一本敷衍之作，而是一个有志于投资事业的探索者的心血凝结。它严肃地、诚恳地研究了移动平均线在中国股市的运行现象，总结出了一些规律性的结论，对于同样有志于投资事业的读者来说，它是宝贵的。

最后，我要跟刘卫说一句，2007 年底，在亚龙湾美丽的海滩上，我们探讨股市运行前景的情景，我永远不会忘记。

张海冰

2008 年 6 月 11 日于北京

前　言

扭线原理的核心是建立在“股价”与“移动平均线系统”在相互关系的基础之上探索出的一种“价线波动”新理论。我们在长期的市场实战中发现，股价和均线系统的很多内在的波动原理是紧密相通的，因为它们最原始的数据源是相同的。这种密不可分的共通性，反映在市场上的波动只是一种数据记录的表像，其本质上则是具有可把握的运行轨迹，这种轨迹亦具有一定的规律特性。探究、揭开这些具有规律性的运行轨迹的神秘面纱，化繁为简，剔除众多杂波影响，从而更清晰、更准确地去深入解读市场中的博弈内涵、把握市场博弈中的最佳时机点，就是写作本书的最终目的。

本书中许多对市场技术运行姿态、动作、轨迹等方面的分析和论述，在内容和解读的角度上，可能会与许多同类书籍有比较大的差异，但所探寻的最终目的是一致的，均是力图通过技术分析手段以更贴近市场的波动真谛。

本书中的理论分析的是在融合了道氏理论、波浪理论、切线理论、形态理论、均线理论、量价关系理论、循环周期理论、相反理论、镜像理论、物理力学、逻辑学、股市群体心理理论等诸多理论基础上，结合本人在市场中多年的实战经验和感悟，探索总结出的一套具有实战意义的“股价规律性运行”与“均线规律性运行”相结合的新的理论诠释。为此，本人亲自手绘制了多幅“原理图”，来尽可能准确地表达一些蕴含规律性的技术运行含义，可使读者朋友在阅读时更直观地容易快速理解和掌握。但还是有些遗憾，因为市场中存在着很多接近于本质根源性的东西只能“意会”而难用图文来准确表述，典型的比如“盘感”，需要将这些图文理论与日常的实盘跟踪结合起来逐步培养。因此，阅读本书时，不可太教条，思维尽可能超越书中图、文表述局限，结合自身的性格、操作习惯进行更进一步的提炼和“个性化”整合，才会更豁然；再者，阅读本书时，须同时以双向市场运行(多头市场和空头市场)的立体思维来理解每一个技术理论分析和动作分析，才会更具实战意义的获得。

比如，书中所讲的“攻击”一词，一般均是指含有两个攻击方向的：向上和向下的攻击。除非书中有特指的某个攻击方向。

由于我国A股市场多年来实行的是“单边市场”交易制度(只能通过做多盈利而不能通过做空盈利)的影响，对大量参与股票市场交易的投资者(特别是散户投资者)形成了一种“潜移默化”的固有单边市场操作习惯和单边市场思维习惯。这种单边市场思维习惯是很“害人”的，人们总是站在“看涨”的角度上来思考市场的波动方向，这是一个带有局限性和不科学的思维误区，必须纠正。培养自己始终以“旁观者”的客观性和多维空间的立体思维角度来时时分析把握和判断市场的技术波动状态。以这样的角度再来看本书中所提到的“攻击”时，就会容易理解“攻击”所始终包含的两个攻击方向的含义了。

阅读本书时，需要不断地进行“换位思考”和“镜像分析”。

“换位思考”是指在做市场状态的技术分析时，尽可能抛弃自己的主观本位思考角度，站在控盘主力、广大散户群体、国家政策导向等多个方面来“体验”各个市场参与主体的市场操作意图、“博弈”手段特性，每个市场参与主体都有自己的背景环境局限性以及在市场中所具备的特有优势和劣势，最大化地发挥己方优势，则是每个市场参与者在彼此博弈中的一个重要手段。

“镜像分析”则是指书中所讲的东西基本上只是“一半市场”的景象背景，完整的市场中还会有“另一半市场”的景象背景，但两个市场的内在技术波动运行规律，基本上是相同的，只是一个是在多头市场里表现、一个是在空头市场里表现。由于书中多是从某个市场状态（比如以多头市场）来讲的，所以大家在理解多头市场运行状态的同时，也要以“镜像分析”的立体思维，同时（反过来）来理解空头市场运行时的状态是怎样的。在有些技术动作上，为了加深读者的理解和更加形象、简单、易记，在归纳技术动作的名称时就有意做了相对应的称呼。比如：多头市场中的“顺势起”与空头市场中的“顺势下”、“蓄势起”与“蓄势下”、“缓攻”与“缓跌”、“急攻”

与“急跌”、“回震”与“回抽”、“洗攻”与“横盘下”、“破位震”与“反弹下”、“顶部的扭转”与“底部的扭转”、“向上交叉线”与“向下交叉线”、经典攻击形态的“牛铃线”就分为上攻型和下跌型两种等等，几乎涵盖了市场中所有的技术动作、形态、姿态等，均是具有“两面性”的，相对应地在市场背景中存在。在书中，有些时候我讲到了某个技术动作在两种市场中的表现，有些则没有讲到，但并不代表没有。因此，在阅读时必须时时加以“镜像分析”的相对应思维来弥补掌握。

本书共分为《技术原理篇》(上篇)、《技术分析篇》(中篇)、《技术分析图例》(下篇)三个篇章。

《技术原理篇》(上篇)由五章组成，主要以股价和均线的市场运行技术原理以及35种基础技术等方面来进行探索、解读其内在规律性；

《技术分析篇》(中篇)由六章组成，主要以技术分析中的六大重要现象、16种技术现象以及技术操作策略等实战技术分析来表述诸多市场的技术规律现象；

《技术分析图例》(下篇)由两章组成，主要以技术例图32幅和实战盘图全景分析三例两个部分，结合诸多例图来总结扭线原理中归纳总结出的多种技术规律以及实战技术分析时的重点。

本书内容原为本人十多年来在股市血战中的心得、笔记，用近三年的时间逐一归纳、整理、并加以深化而完成。其中的“八爪线、必靠线”、“多线聚拢、变盘窗口”、“交叉见顶、交叉见底”、“牛铃线”、“飞龙线”、“先震后洗攻”、“护航线、护盘线”以及“顶线、冲线、穿线、坐线、拉线、靠线、锁线、脱线、压线、交叉线”等35种基础技术，还有其他诸如“股价与均线关系”、“均线和股价的‘二二’法则”、“六大重要技术现象”、“七种横盘状态”、“八条铁律”、“16种技术现象”等均是本人从多年实战中体悟、归纳、检验所得。

因为本书以“股价”与“移动平均线”为主线来揭示市场技术规律，所以，对诸如K线、量、技术指标等方面则论述篇幅有限（关于这类书籍目前有很多）。因为目前市场上在“移动平均线”方面的探索性书籍相对不多，所以，本书的论述重点放在了“股价”和“移动平均线”方面，亦期弥补此类读者和股民朋友的需求。

每个人都有自己的局限性，本书中也难免会出现一些不足和疏漏。敬请各位朋友不吝提出指正，在此万分感谢！

在本书写作、整理、修改、出版过程中，非常感谢《信息早报》张海冰先生的热情帮助和鼓励，也衷心感谢郑义先生的大力支持。

刘卫（网名：叮当响的牛铃）

2008 年 6 月 18 日于海口

目　录

上篇　技术原理

中篇　技术分析

下篇　技术分析图例

上篇　技术原理

引 子

扭：动词，扭动、摇摆、纠缠、转变之意。

扭线：动态的、延伸中的移动平均线，出现方向性转变的扭转。

扭线原理：运动中的移动平均线，在股价的内在多空能量发生转变的影响下，会发生方向性的扭转变化。这种移动平均线扭转性的内在动能，蕴含着未来一个有效时间段里的博利空间和风险空间。扭线原理旨在探寻这种博利空间的机会和风险空间的控制，以及其内在的规律性。

扭线原理是本人经过11年理论学习和实战实践相结合，以及融合了道氏理论、波浪理论、切线理论、形态理论、均线理论、量价关系理论、循环周期理论、相反理论、镜像理论、物理力学、逻辑学、股市群体心理理论等诸多理论的基础上，探索总结出的一套具有实战意义的“股价规律性运行”与“均线规律性运行”的新理论。本书通过尽可能简洁易懂的文、图来探索、揭示股市中股价与均线运行变化中内在规律性质的真谛，力求给实战提供一种新的基础性理论框架。愿有缘的朋友能够从中“能者悟能，失者悟失”。

第一章 股价是怎样波动的

第一节 看 透 股 价

一、股价的本质是物质性的

我们都知道，股市是一个虚拟的资本交易市场。在当今电子信息化越来越强大的时代里，这种虚拟的电子化交易方式，就体现得更为淋漓尽致。自然，股票价格就应该也是一种虚拟交易的具体表现。但我们如果从唯物理论的角度来看，这种产生于实体经济基础上的交易数据也是一种物质现象；而且交易数据的来源是由于物质的货币换手而形成的，反映的是一种从物质价值到期望价值的转换过程。虽然这种波动的数据带有一种表象的虚拟形式，但内在的本质却是以物质性的形态具体存在的。所以，股价的本质是具有物质性的。

只有了解了这个最具根源性的问题，才会对这个市场、对这个市场中最核心的东西——股价的波动性，确立一个正确的认知、理解、研究的角度和通透的思维逻辑理念。我们知道唯物论中一个很重要的支柱是，物质是具有自身的运行规律的。那么，我们就可以在这个基础上深入分析研究、去伪存真、拨开表象的眼花缭乱，一步步、一层层地去探索其内在的某种带有自身规律性的本质。

本质的东西是最具根源性的，也往往是比较单纯的、简单的。复杂的是那些围绕，或者包裹着根源性单纯本质的那无尽的不断变化着的数不清的表象。它们有些是源自于单纯性本质的自我演化，有些是由于外来物质的参与而形成的新的不断演化，有些是由于人为因素有意或无意的参与形成新的不断演化。这多种因素的相互作用，再不断演化形成新的表象，再加上长久时间的不断沉积，这种表象就非常复杂和光怪陆离，甚至与其内在的本质有完全着相反的表现。如果想返璞归真，返回去探究根源性的单纯性本质，就变成了使很多人都要头疼的一件难事。拨开迷雾见真谛，话虽好讲，但要一层层拨开表象去探究其本质的东西，又谈何容易。

但物质的东西毕竟是有某种根源性的内在规律存在的。这一点，始终给予我们坚持探询的勇气和信心。资本交易市场的表象始终在千变万化中发展，如果想全面地探究，其工作量和涉及的探究面则如同浩瀚的海洋。要先立足于一点，再逐步拓展，再深入，成为最为实际的方法。所以，我选择从均线(移动平均线 MA)这个方面进入这个海洋。经过多年的不断钻研、探索、实践，归纳、整理出扭线原理。但我明白，这仅仅只是浩瀚海洋中的一朵浪花而已，远不足以解释整个海洋的深邃和渊博。

二、股价是具有时效性质的

股价是具有时效性的，这个问题比较容易理解。因为股价是具有物质性的，那么，物质性的东西都是具有其自身的时间属性的。股价因为是多空双方在不断地相互换手中产生出来的，它的时间性质就在价格不断的变化中带有时效性。详细来说，就是前一个换手产生的价格与后面产生的新的价格，这两个价格的不同也反映着每一个价格都拥有自己的时间范围性质，每一个价格都有自己的时效。当新的价格产生时，上一个价格的时效就结束了。实际交易中往往两个价格的变动是很快的，甚至是瞬间的变化，但这不能抹去每个价格产生时属于自己的时效性质。这是理论上必须要清醒认识到的。认知股价的时效性质非常重要。因为了解股价的这种特性，对以后充分理解股价的波动与均线的波动，以及实战实盘中股价波动变化所产生的一些规律性交易换手的动机分析、判断很重要。

三、股价的原始形态只是一个数字点

股价的产生，是市场中期望价值属于多头的一方与期望价值属于空头的一方，双方换手交易而产生的股票价格。如果用静止“定格”的眼光来看，这只是一次相互换手交易所产生的一个股票价格。那么，自然地，这个价格只是一个数字点而已(也可以称之为“价格点”)。取消“定格”，继续连续的换手交易，就会产生出一个又一个的价格点……而把每一个价格点用线的方法连接起来，就形成了“价格波动线”。移动平均线也是这样由一个个数字价格点连接起来形成的。不同的是，股价波动线中的每个数字点是由一个个不断产生的原始换手交易价格点连接而成，而移动平均线中的每个数字点则是由特定的某个时间段内的价格累计通过计算公式计算后得出的数字价格点，再把这些数字价格点连接起来就形成了直观的移动平均线。所以，无论是股价的波动线，还是移动平均线，都是从点到线连接形成的。由于每个价格点之间的高低差异，用线连接起来后，就形成了直观的波动趋势。我们如果只是用模拟化的思维来看这些价格波动线，容易产生受自己主观影响而脱离价格数字点本身所反映的换手者的真实目的，做出一些错误的判断。而在实盘中能够锻炼自己快速地还原这些原始的换手数字点，可以更加准确地把握(或者判断出)交易者的本质性目的，从而以点到面地分析、判断某个时间段内换手交易所产生凝聚成的多空双方力量对比，再扩展到更大的面，来分析判断近期整体换手交易的能量对比和发展趋势的延续或新的变化迹象。所以，股价的原始形态只是一个数字点，一个正确的根源性的逻辑思维点，在实战中学会还原这些原始的数字价格点，再以点到面地一步步拓展开来分析、判断，是一种最接近根源性的科学分析方法。

四、股价波动的表现形式只有三种

股价波动的表现形式只有三种(图 1-1)：

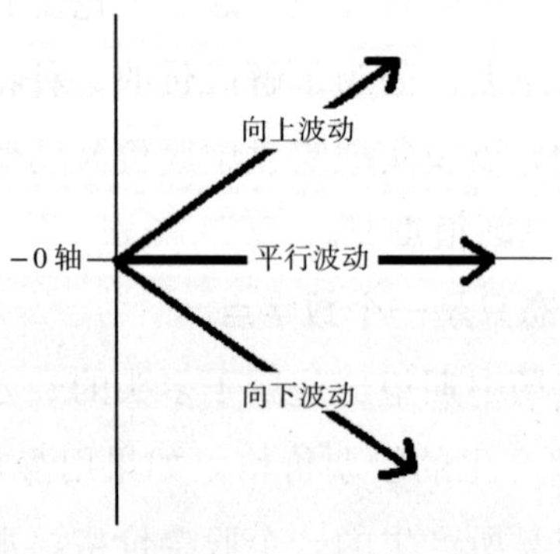

图 1-1　股价的三种表现形式

向上波动，平行波动，向下波动。这是规律性的波动本质，不可能再有第四种。强调这个，目的是缩小自己在进行分析股价波动方向时，排除掉那些人为的主观臆想所带来的表象性干扰。记住根源性的本质东西，会使自己的思维逻辑始终沿着正确的、科学的方向去探究。很多人认为这个问题太简单了，但往往就在这个看似很简单的问题上“闹迷糊”、犯错误，主观地神化股价的波动方向。

第二节　股价的波动节奏

世间的万事万物，一旦产生波动，就会产生节奏。这种本质性的节奏规律是任何波动的事物运动中一个无法回避的内在规律。

股市中的股价波动，始自原始换手价格点的高低价格差。股价波动一旦产生，波动的节奏也就随之出现。在实战中能够准确地认识、把握和运用这种节奏，是一种很难但很重要的本领。因为机会就是在这种股价波动的节奏中去顺势抓住的，我们都知道“顺势而为”这个道理，但如何才能够更准确地“顺势而为”？首先必须要了解股价波动中的几种规律性的节奏知识，然后再在实战中去细心地体会和把握，人们所称的“盘感”也就随之出现了。

一、一呼一吸的原始规律节奏

呼吸，是我们最容易理解的一个运动节奏。关键在于一呼之后，必然要有一吸，不可能一直只呼而不吸，也不可能只吸而不呼。具体区分只在于“呼长吸短”或“呼短吸长”的不同，但呼吸这个节奏规律在股价的波动中是一种原始的规律性节奏。实战中，股价在发动一次攻击后，必然就会有一次回收的节奏要出现。上攻也好，下跌也好，持续攻击的时间长也好，短也好。攻击之后的回收举动，是无论任何都挡不住的。否则，股价就不会有波动了，多空双方的对抗也就不存在了。这里面也包含着一攻一守、一反攻一反守的相互转换的博弈。一呼一吸也体现着股价的一上一下，或一下一上的规律节奏。呼，自然是出气，也就是一种内在能量的喷发动作。股价在发动攻击时（不管是向上攻击还是向下攻击），就是内在能量的喷发的具体表现。吸，自然是进气，就是一种内在能量的积蓄动作。股价在攻击之后的一种休整动作。你可以理解为在上攻时的震、洗、回，下跌时的反抽、反弹、反攻等技术动作的具体表现。一呼代表着阳刚之勇，一吸则体现着阴柔之气。

理解了这个股价原始波动内在的博弈规律，再进一步讲。我们知道，股价只有三种波动方式：向上、向下、平行。先笼统地区分一下：向上，向下，都属于攻击性动作，那么，它们就属于“呼”的范围；平行，就属于积蓄能量的时期，所以，属于“吸”的范围。比如，某股价开始向上攻击(或向下攻击)，属于“呼”，是一种能量的释放过程，而当股价攻击上一段时间后开始平行波动时，就进入到“吸”，积蓄能量的过程中。再之后股价继续开始向上(或向下)攻击，又进入到一个新的“一呼一吸”的循环之中。但这种区分不是死板的。如果缩小一下观察范围，只看某一时间段里的攻击过程中的动作，就可以发现，股价有很多时候，是一攻一回，再一攻再一回，这样波动的。那么，攻的时候，自然还是股价内在能量释放的呼的过程，而回的动作，就变化成了吸的过程。所以，这里的向上攻击动作是属于“呼”的范围，而回落的动作就是“吸”的范围。这种变化只要在实战中细细体会就可以抓住其内在的变化节奏了。

掌握了这个股价的原始波动节奏，在实战中就自然引申出“时机”的掌握问题。我认为方法、品种、时机三者中最重要的、也是最难的就是时机的把握。实战中有一些人不懂方法(技术)，也不会选品种，但为什么会赚钱？有人说是他的运气好，探究的问题就在这里。运气，是被神话的一种东西，是自己很难把握的东西。表面上这个人之所以赚到钱是撞上了运气。但如果深入地分析，则是他无意中撞上了一个波动节奏中的好时机。运气难把握，因为谁也说不太清楚它。但当我们了解了在股市中“运气”就是“时机”的体现后，就应该明白，“时机”这个东西，在股市中，是可以用科学的方法去学习和掌握的。在实战中，我们如果抓住了好时机也就等于抓到了好运气。要了解什么时候才会出现“好时机”，就要用科学的思维和态度，先从认知和掌握股市中的很多内在规律开始。而这“一呼一吸”的股价波动原始规律里，就蕴藏着时机。

很多人的智慧是很高的，却一时无法看透有些事物中的“时机”，这是因为，很多表象的干扰、思维角度的问题、探寻方向的问题、重点和次要如何区分的问题、实战经验的磨炼与累积等问题造成的。

二、一前一后的组合规律节奏

一前一后，这是自然事物中又一个规律性的问题。它反映的是两个以上的事物或现象出现，必然会有前后次序之分，而且这种一前一后的组合，是带有规律性的波动节奏。前面已讲了一呼一吸的波动规律，那么，自然就会引出是先呼还是先吸的问题，这好像有点“先有蛋还是先有鸡”的味道。其实，没有必要钻这个牛角尖，因为在股市的博弈中，大家基本上都属于股价波动的追随者，所以，先有哪一个并不重要，重要的是前一个出现了以后，后面必然会是哪一个出现的问题。比如，先有了吸，后面必然会是呼的出现。这个必然性规律是谁都打破不了的。

一前一后是要比前面的一呼一吸更深了一层的变化。因为它的变化主要来自于一个组合的节奏规律。它揭示的是一个节奏中的两个(或几个)动作的组合。我们首先从内在规律上了解每个动作都不是单独存在的，而是由一前一后的几个动作组合而成的，然后再去实战中总结，归纳出若干个这种“组合节奏”，在实战中也就更容易分析把握到股价波动的下一步。

就像买进股票后，不管中间相隔多长时间，下一个操作动作必然是卖出。一买一卖就是一个组合节奏中的两个动作。还可以说，股价在平行运行之后的下一个动作，必然是攻击动作(这里还是把向上和向下的攻击都归于一个动作)；而攻击动作之后的下一个动作必然又将进入平行动作阶段。虽然，很多时候，平行动作可能很短暂，或着用一个包含着很多个小的上下动作来形成相对的平行状态。此外，主力在控制股价的攻击节奏中，也不是只用一个单独的技术动作来达到目的的。比如，“诱单”的后面必然会跟着“实单”，“跳”的后面必然紧跟着“压”，或者“压”的后面多是“跳”，“慢”的后面必然是“快”，“急”的后面必须用“缓”来消化……这些组合在实战中是不断地反复出现的，而且将几个节奏组合相互配合起来进行，盘面的千变万化就会变的“热闹不已、诡异离奇”。但这些技术动作的内在本质却是比较简单的一个个组合形成的波动节奏，而这些波动节奏又是有着其自身的节奏规律的，很多盘感很准的人就是掌握了这些波动节奏规律性技巧的。

这里又引出了一个规律性的问题，就是“简和繁”的互换规律。如果我们把攻击动作看做是比较简单的技术动作，那么想对应的平行运行就是一个繁琐复杂的技术动作。实战中，两者的位置是经常互换的。比如，攻击动作如果是繁琐复杂的，那么，平行动作就会相对简单。攻击动作如果是比较简单的，平行动作阶段就会相对繁琐复杂。但不管怎样转换，它们都形成了一个组合的规律性节奏。我们掌握的重点在于：一个现象出现了，后面必然出现的应该是哪个现象。因为它们是会以组合的形式出现的，而每个组合都有自身的规律性节奏。把握准了节奏的脉搏跳动，也就容易找到实战中的各种时机了。

三、一主一次的技术配合节奏

为什么讲一主一次是属于技术配合的节奏呢？股市中变换着非常多的各种技术(这里多是以实战中的技巧战术方面来讲的)。学习、掌握这些技巧战术是表面功夫，而抓住各种技巧战术中存在的普遍规律性，则是重点。那就是：任何技巧战术在实战中都必须是相互配合使用的，而这种相互配合是有规律的，也是形成波动节奏的关键。特别重要的一点是，它们在配合应用中是有主次之分的。主要的技术动作总是需要一个(或几个)次要的技术动作来配合，才能够完成主力的一个阶段的攻击目的。

就像一场战役中，有主力军，同时也必须要有协同部队和小股部队来做配合才行，否则主力部队很容易暴露主要目的，要陷于不利之境地。比如，在实战中比较多见的一个技术配合是，某主力在发起主攻之前，协同部队已经开始了掩护性的示弱，反复试探、清理盘面浮筹、理顺均线、调整指标状态、收拢换手量等；同时，用小股部队进行突然的向上突击试盘、向下突击试盘，这些小股部队在盘面中来无影、去无踪，搅乱博弈对手的正常思维；有时候，协同部队还会配合这些小股部队制造假象等。而当一切准备到位，时机出现，主力部队一旦展开，就势不可挡。当然，主攻中，协同部队和小股部队也没有闲着。一直配合到主力部队完成攻击后，它们还要做大量的辅助性工作。这就是典型的有主有次的技术配合。一只个股是这样、一个板块是这样、一个市场也是这样主次配合进行博弈的。不了解这种规律性的节奏，就容易在实战中做分析研究时，从一个迷惑进入另一个迷惑中，而无法认清股价波动中的很多变化的起因、波动的主要目的，错误的操作也就从此不断产生。

技术动作都不是单独来完成的，基本上都是在前面会有至少一个技术动作做铺垫。撤退之前的诱多、入场之前的狠杀、攻击之前的理线、释放之前的积蓄、变盘之前的平静、突破之前的试探、放量之前的清洗等，都是由有主有次、有实有虚地配合在一起的技术动作组合来完成，而这些技术配合具有明显的节奏特性。

四、一急一缓的攻击动作节奏

单从攻击动作上来讲，最大的规律节奏就是一急一缓或一缓一急来完成。因为在攻击状态中，急是打破相对平衡的一个动作，缓是回归平衡的一个动作。用急的动作是一种突破，用缓的动作是一种确认。内在的节奏，或是先急后缓，或是先缓后急。如果一种动作连续用的时间太久，会造成下一个动作的时间周期相应加长，小节奏波动就演变为大节奏波动，容易使股价的波动从一个极端走向另一个极端。所以，实战中，常常讲的某股股性变坏了(从技术上讲)，就是因为该股股价曾经经过了一波持续时间周期太长的某种攻击动作所导致的。股性的正常弹性恢复就往往需要更长的时间周期来完成。

从某股的攻击动作的节奏中，是可以把握到该股的股价是否在正常运行节奏之中的。在对目标股准备进行操作时，可以通过分析该股的“急、缓转化的节奏”来确定以何种方式、在何种时机出现时介入或卖出。

每只股票由于人为因素的影响而具有各自的特性。股价的波动节奏也是各不相同，具有各自的波动节奏规律，甚至在技术动作的展现上也会各不相同。但只要从“一呼一吸、一前一后、一主一次、一急一缓”这几个带有普遍规律性波动节奏中去分析和把握，首先可以更清醒地摸准某股的波动节奏脉搏跳动；其次还会更深入地认识该股目前所处的具体位置、具体特性；最重要的是从中把握最佳的操作时机、避免无谓的损失风险。增加主动性、控制风险度，才会更加准确地谋取最大利益。

第二章 均线系统

第一节 认识均线

移动平均线(MA)，我们一般简称为“均线”，是指某个单条的移动平均线(均线)。均线系统则一般是由两条以上的移动平均线组合而成。

移动平均线是数学统计中的一种序时平均数，也就是说移动平均线来自于移动平均数。而移动平均数则是通过首先确立的某个具有时间周期性的样本数，然后通过这一组时间数字值进行平均计算，最终得出一个新的平均数值。以此不断地推进式计算，就不断地得出新的移动数值，把这些数值连成线，就成为了移动平均线。移动平均线的计算公式是:MA＝(P1+P2+P3+P4……Pn)/n。

移动平均线的最先发明者目前没有权威资料确定，但移动平均线与“道氏理论”的渊源却是大家都基本肯定的一种认识。“道氏理论”也就是“道·琼斯理论”，创始者为查尔斯·道。另一个将移动平均线发扬光大的关键人物是美国投资专家葛南维。他总结出了“移动平均线买卖八法”又称为“葛南维买卖八法则”。本书是在吸取了“道氏理论”和“葛南维买卖八法则”的理论基础之上，对“股价”和“移动平均线”在波动运行中的相互结合、相互影响的一些规律性进行的新探索。

扭线原理是建立在股价与移动平均线系统在相互关系的基础之上探索出的一种价、线波动新理论。我们在长期的市场实战中会发现，股价和均线系统的很多内在的波动原理是紧密一致的和相通的。这种密不可分的共通性，反应在市场上的波动表像的内在根源上，是某种可以把握的规律性。探究、解开这些具规律性的本质，从而更清晰地解读市场中的博弈变化，就是本书的最大愿望。本书中许多论述的内容和解读的角度，也许会“大异于”很多同类著作的论述。但仅仅是各自的探索角度和方法有异，大家所探寻的最终目的还是一致的——力图更贴近市场的波动真谛。

第二节　股价与均线的关系

股价与均线之间的关系可以“密不可分”来形容。

(1)股价与均线的相互引导关系。

股价与均线的相互引导关系是指，当股价向上或向下运行时，股价是引导均线进行方向性运行的先导者;而反过来，均线运行方向的延续性又引导着股价的运行。它们彼此相互影响着技术运行状态的不断变化发展。

(2)股价与均线的相互制约关系。

股价与均线的相互制约关系是指，股价在自身运行时，也受制于均线的制约作用。当然，均线本身就受制于股价的运行变化。所以，股价距离均线太远了，就会规律性地向均线靠拢。均线的支撑、压制作用也是一种表现形式。在上攻阶段，股价大部分时间是在均线之上运行的；而在下跌阶段，均线大部分时间是在股价的上面运行的。股价和均线之间的相互制约关系，也是造成技术性的修复现象产生的一个重要原因。

(3)股价与均线的相互吸引关系。

股价与均线的相互吸引关系与制约关系一样，在股价和均线之间无时无刻不在相互的作用着。比如“靠线”就是一种最典型的技术表现。

(4)股价与均线的相互确认关系。

股价与均线的相互确认关系可能比较难以理解。但可以从股价与均线运行的角度的差异，以及股价与均线运行的速度这方面来理解，这样就会抓住两者之间的相互确认关系的变化。有时候，会出现股价的速度快于均线的运行速度，说明股价的行为没有得到均线运行的确认，而必然会造成股价后面出现比较大的波动。还有均线的扭转动作是慢于股价的扭转动作的。那么，当股价扭转后，均线还在延续着原来的方向运行。这时，股价一般会进行反复地上下震荡，在当均线也开始扭转时，股价才会开始真正的新的方向的攻击动作。而当均线一旦转过头来，股价要想再改变均线的运行方向，又得有一段时间和很多反复波动的动作来做才可以再改变均线的运行方向。但有一种常见的情况是，均线在平行状态时，股价穿上又穿下围绕平行均线波动，此种股价与均线的相互确认则一般最后会以一种本书称之为“牛铃线”的形态动作来确定摆脱“纠缠阶段”进入新的攻击阶段。所以，股价的攻击动作和攻击方向最终需要均线来确认；而均线攻击的开始和结束也需要股价来进行确认，两者是“相互确认”的关系。

不能轻视股价与均线之间的这几种相互作用的关系，这是分析和判断股价和均线技术动作的真实性、效果和趋势变化等一系列实战中遇到问题时，做出正确判断的一个很关键的规律性的理论基础。

这里重在“悟”，“悟”才能“通”。

第三节　均线系统的三种状态

均线系统作为一个重要的技术分析基础要素，它会处于怎样的几种状态呢？一般人们都认为，均线应当从“攻击”和“平衡震荡”这两大系统状态来进行解析。

为什么人们抓住“攻击”和“平衡震荡”这两大系统状态来讲呢？

因为当我们进行最初的观察时会发现，在均线系统的主要波动形态中，只可以分为“攻击状态”和“平衡震荡状态”这两大形态。所以，均线系统主要是以这两大系统状态进行相互的转换来进行波动发展。我认为，从均线系统的最根源性上归纳出来这两大系统状态，是有其合理性的。

简言之，均线系统的原始状态只有两种：①攻击系统状态(我们把攻击看作是向上攻击和向下攻击的总称)；②平衡震荡系统状态。

这两种状态是均线系统中最原始的状态，但在实际的市场波动中它们是经常相互转换、相互交叉地进行表现的。

比如，当某股处于攻击状态(不管是向上或是向下的攻击)时，假设均线系统(包括短期均线系统、中期均线系统、长期均线系统)都是处于同一方向形成攻击的，但是，当该股又处于震荡状态时，均线系统基本上都不会是处于同一方向发展的，可能只有短期均线系统处于横向震荡，而中、长期均线系统却还是处于攻击状态；或是短、中期均线系统处于横向震荡状态，而长期均线系统却处于攻击状态。

正因为这两种状态是均线系统中最原始的状态，而且在实际的市场波动中它们是经常相互转换、相互交叉进行表现的，所以，才会在这两种原始状态的基础上就演变出三种均线系统状态，如下：

(1)当均线系统处于攻击状态时，整体均线系统可以是处于“统一”的攻击状态；

(2)但每当有均线系统处于平衡震荡状态时，整体的均线系统却是处于“不统一”的状态的；

(3)除了前面的这两个波动规律外，还有一种均线系统“不统一”的状态，就是在均线攻击状态中，整体均线系统的状态也可能处于一种“不统一”的状态。

如当某股处于攻击状态时，短期(或加上中期)均线系统是处于攻击状态的，而长期(或还有中期)均线系统却处于反向状态或是处于平衡震荡状态的。简单讲，就是在“攻击状态和平衡震荡状态”之外，还演变出一种复杂的状态，就是“扭转状态”。

那么，搞清楚这三种均线系统的波动状态有什么实际作用吗？

有，而且会很实用。

首先，我们会以一种很清晰的思维角度来确定目前某股(或市场)正处于什么的状态中，是“攻击状态”中，还是“平衡震荡状态”中，或是处于“正在扭转的状态中”。

其次，我们还可以通过目前所处的波动状态来分析和判断目前股价的攻击动作意图、时间的局限周期以及主力的战略意图和市场目前的波动本质。

再者，我们可以通过目前均线系统的波动状态结合均线系统的波动转换规律、相互影响规律来分析和预判股价(或市场)下一步的运行方向、空间，甚至时间周期。

在详细讲这三种均线系统状态之前，我先讲一下各个周期的均线系统划分问题。

对于均线系统的划分，有时是比较清晰的，有时又比较模糊。主要与各种理论的切入角度不同和每个人的分析角度不同以及所应用的均线(MA)周期不同密切相关。但基本上，市场上比较统一的观点是：

5日、10日、20日(我习惯用21日)移动平均线组成为“短期均线系统”。

30日、60日、90日(有人也用30日、55日、72日。我习惯用21日、48日、89日)移动平均线组成为“中期均线系统”；

120日、250日、500日(也有人用120日、240日、480日。我习惯用144日、288日、576日)移动平均线组成“长期均线系统”。

在各个分组均线系统中，短期均线系统(5日、10日、21日)和中期均线系统(21日、48日、89日)这两组均线系统中都有21日均线。如果把这两组均线系统相结合起来组成“短、中期均线系统”(5日、10日、21日、48日、89日)，其实就只有五条均线组成。为什么21日均线会在短期和中期系统中都出现呢？这是因为21日均线本身在交易系统的时间周期中既是短期系统中的最大值(日、周、月),又是中期系统中的基础起始值(月、双月、季)。而长期系统中的是144日(半年)、288日(年)、576日(双年)。

所以，我们一般分析判断短期市场运行趋势是否开始和结束的关键在于21日均线对5日和10日两线(我们一般情况下是把5日线和10日两线作为一个整体来对待的)的支撑或压制上。而分析判断中期市场运行趋势是否开始和结束的关键在于48日和89日两线在运行中的交叉或不交叉上以及对其他短、中期均线的支撑或是压制。而一般在分析判断大的趋势运行时，288日和576日两线的运行状态是个关键。从以实际实战中的数据来看，牛市的开始或结束，该两条均线的交叉或不交叉都起着趋势发展是否延续的关键作用。

其实在实战中，每个人都可以根据自己的实战经验或其他原因来自行设定自己的各个周期的均线系统，但前提有三个：

(1)要与自己的思维分析理论角度空间相一致；

(2)要更加符合自己的实战判断习惯；

(3)以更可能地贴近市场的真实波动本质为标准。

我习惯用的这套均线系统。是我多年实战经验的积累所得，可能适合于你，也可能与你的思维习惯角度不同。但不管你实际应用什么均线系统，它内在的波动关系规律是相同的，所以，下面讲的，你主要从各个周期的均线系统的相互影响、相互联系、相互转换的这种内在关系规律中去理解掌握就可以了，不用太苛求于具体的均线周期数字。因为内在的理论关系你掌握了，时间周期的不同只是一种依附于市场波动的表象问题。内在的东西是本质性的，而表象的东西是可以千变万化的。

另外，在进行均线系统的分析判断时，还有一条很重要但往往被很多人忽视的规律：相邻最近的两条均线的交叉、或者不交叉，会成为决定目前股价的这个运行趋势是否会继续的关键。

第四节　均线系统的攻击

1. 均线系统形成攻击的技术条件

均线系统形成攻击的技术条件可以分为两点：

(1)贴线攻击，就是始终得到均线的支撑或压制形成的攻击状态，也是股价与短期均线(一般以 5 日均线为主)相互依托进行攻击。此种攻击状态中的股价和紧靠的短期均线之间距离一般会保持在“若即若离”中，而不会拉得很大，一旦稍微拉大点了，股价就会主动向该均线“靠线”，进行短时间的“修正动作”之后继续原有的攻击运行。

(2)修复、扭转攻击，就是由于均线对股价形成的“吸引力”，而促使股价向均线靠拢时形成的攻击状态。比如，当股价与短期均线系统、短期均线系统与中期均线系统、短中期均线系统与长期均线之间距离脱离开过大时，股价就会在自身的修复乖离率过大要求以及均线的吸引力作用下，向短期均线系统靠拢进行修复性攻击动作；短期均线系统就会向中期均线系统靠拢形成攻击波段；短、中期均线系统就会向长期均线系统靠拢形成攻击波段。这几个相互靠拢过程中产生的攻击动作(或波段)，往往有时候会是一种比较大的趋势性转变的“扭转动作过程”，也就是我们经常看到的某一个具有趋势转变的“顶部或底部”的形成过程。

我们一般可以把股价向短期均线系统的靠拢攻击动作，以及把整个短期均线系统向中期均线系统靠拢过程中形成的攻击动作(或该波段)归纳为“修复性攻击”；而把中期均线系统向长期均线系统靠拢形成的攻击波段归纳为“扭转性攻击”。

也就是说，当一个趋势性的“扭转攻击”出现时，必然要具备中期均线系统向长期均线系统靠拢并出现交叉现象，这一攻击波段过程才可以完成。而除此之外的“相互靠拢产生的攻击”大多为“修复性的攻击”。

以下内容所讲的攻击以向上攻击状态时为例，在向下攻击状态时应以“镜像分析”作反向理解。

2. 短期均线系统攻击

(1)5 日、10 日均线系统的攻击关系。

5 日和 10 日两条移动平均线所组成的攻击系统，是最基础的攻击系统。

首先，5 日线是股价进行攻击的“依托均线”，股价的攻击动作如果过快、过猛，脱离 5 日线太远，就会造成股价向 5 日均线的“靠线”修正现象发生。反过来，由于股价的攻击拉动作用，也会对 5 日均线形成“拉线”影响，从而加速 5 日均线的攻击运行速度以及攻击运行角度。

而股价也会对 10 日均线产生“拉线”影响，但相对的，没有比对 5 日均线的影响大。10 日均线更多的只是起“维持攻击通道、支撑、牵引”等作用。

5 日均线和 10 日均线以及股价三者组成一个最小的攻击系统，主要是因为 5 日均线和 10 日均线可以相互配合形成一个“短期的攻击通道”。

再者，当 5 日均线与 10 日均线出现相互距离拉大时，可以作为判断 5 日均线必然向 10 日均线“靠拢”的实际操作判断条件之一。此种现象不仅仅会导致 5 日线向 10 日线靠拢，股价必然首先向 10 日线靠拢。

当股价、5 日线、10 日线三者攻击中相互距离“适中”没有明显的拉开时，该攻击状态就会继续延续运行。直到股价与均线，或者均线与均线之间出现相互距离拉大现象时，才会出现又一次的“修复攻击”。

(2)5 日线、10 日线、21 日均线系统的攻击状态。

5 日均线、10 日均线、21 日均线三条移动平均线形成的“短期均线系统”，是一组比较标准的短期均线组合系统。

5 日，目前我国每周交易日为 5 天，5 也是“神秘黄金数字”之一；10

日，10个交易日为两周，或视为半月；21日，一般代表一个交易月，21也是“神秘黄金数字”之一。

在这个短期均线系统中，我将21日均线定义为“护盘线”。因为一般情况下，一个短期的攻击状态中，必须要有一个判断开始攻击和结束攻击状态的标准线。21日线的作用主要就体现在这里。比如，攻击过程中的某个时候，股价击穿21日线，而5日线没有击穿21日线，此时，21日线还处于攻击的姿态中(如向上或向下延伸着)，那么，股价的击穿21日均线的动作只会是一种股价自身修复性的动作，股价还会再返回去波动。而当5日线击穿21日线后，这就是短期攻击动作结束的信号。但一般情况下，股价还会有一次攻击动作出现。结合“二二法则(见本书第六章)”，当第二次击穿时，才有可能是彻底结束攻击波段的技术信号。

5日、10日两条线往往靠的比较紧密，所以，一般把5日和10日两线看作一个整体。当该两条均线在股价的攻击拉动作用下，出现远离21日均线的情况时，也要注意短线股价以及5日、10日线都会向21日均线“靠拢”的技术变化出现。特别是这种“靠拢动作”如果在短时间内连续出现两次，将会直接影响到该次短期攻击波段有可能结束。

由上可知，5日线和21日均线在“短期均线系统”中是判断股价攻击动作是否会延续的重要均线，也是判断此次攻击波段是否结束的重要均线；而10日线则是主要与5日线组合形成短线的“攻击通道”，来起到“维持攻击通道、支撑、牵引”等作用。

这里还要多讲一句：在远离21日线的情况下，如果5日线与10日线在比较短的时间内相互出现两次(或以上)交叉现象，要多加注意，因为这种技术现象很容易形成短期的攻击阶段底部或顶部现象。而这个短期底部或顶部是否成立，就用5日线最后是否击穿21日线来确定。

3. 短、中期均线系统攻击

(1)5日、21日均线系统的攻击。

5日线、21日两条均线组合成一个“短中期均线系统”，是为了比较容易监控一些攻击形态比较明朗，特别是适用于跟踪阶段性攻击的个股。用5日线跟踪股价的短线攻击状态是不是乖离过大，会不会产生“修复靠线动作”。

而用21日线(护盘线)来监控短期攻击趋势是不是会有结束的可能。比如，股价击穿21日线，但5日线没有击穿21日线，攻击还会继续；但当5日线击穿21日线时，就应该在股价反击中做出操作判断了。

(2)5日线、21日线、48日均线系统的攻击。

5日线、21日线、再加上一条48日(护航线)均线，该组合实际上更适合于对很多中线运行攻击的中线股的跟踪持股。该组合的关键在于21日线的第二次击穿48日线(按“二二法则”)。这往往是股价结束“中线趋势运行”的信号。

4. 中长期均线系统攻击

(1)48日、89日、144日均线系统攻击。

48日线是一般意义上的“护航线”，而89日线和144日(半年线)两线组合而成为“护航带”。

一般情况下，股价有效击穿48日“护航线”，是中期运行趋势的结束信号。

而如果48日“护航线”击穿89日和144日组合成的“护航带”，则是进入中期调整最明确信号。但这里需要解释一点，如果只是大趋势运行以来，第一次出现48日击穿“护航带”，市场可能只是一次中期性的调整。如果是第二次出现这种现象，基本上可以确定为某一个大浪的结束信号。这也是按照“二二法则”来判断的。

(2)89日、288日、576日均线系统攻击。

这组攻击系统的应用主要是为了分析判断“牛”、“熊”市。

大牛市来临时，89日(季度线)、288日(年线)两线上穿576日(双年线)来奠定大牛市的开始。而熊市来临时，以89日和288日两线下穿576日线来确定。

5. 均线系统在攻击状态时的几种排列规律

以5日、10日、21日、48日、89日、144日、288日、576日八条线为例。

(1)多线聚拢现象中的均线系统排列。

“多线聚拢”现象发生在三个特定的“环境”里。一个是发生在底部状态时。由于市场此时处于空头状态，从下往上，依次为股价、5日线、10日线、21日线、48日线、89日线、144日线、288日线、576日线来排列，也就是比较长的周期均线压制着比较短的周期均线。然后随着股价扭转向上，股价重心反复地向上移动从而拉动比较短期的均线一次次上穿比较长的均线的“层层压制”，最后必然会在股价重心不断地上移的拉动下将多条均线聚拢在某一个点上(这其实就是均线从发散到聚拢的过程演化)。但这里的多线聚拢状态基本上是指中、长期均线系统的聚拢现象。因为一般情况下，当中、长期均线系统形成聚拢现象时，短期均线系统已经在股价的不断向上攻击拉动中处于中、长期均线系统的上方了。

另一个是发生在顶部状态时。顶部状态时的均线系统排列刚好与底部状态时的多线聚拢现象是一致的，只不过是“反过来”排列运行的。

第三个是发生在攻击的途中。此时的“多线聚拢”现象与顶部、底部时有所不同。此时一般只是短期或者短、中期均线系统会形成多线聚拢现象，而比较长的均线系统还会延续原来的攻击方向继续延伸着。它们或者是一种支撑作用在延续，或者是一种压制作用在延续。但它们不会“参与”其他均线系统的多线聚拢现象。如果“参与”了，那就属于顶部时的“多线聚拢”或者底部时的“多线聚拢”了。

这第三种多线聚拢现象，可以简单视之为均线系统在趋势攻击运行中的一次震荡平台所造成。特点是：有几条均线出现了“多线聚拢”，但更长周期的均线系统却还是在支撑着，或者还在压制着此时的股价和这几条“多线聚拢”的均线系统。那么，某个底部或顶部在此时期里就很难形成，大的趋势攻击还会继续发展。

(2)处于强势攻击中的均线系统排列。

A.短期强势攻击:5日线、10日线、21日线、48日线。

股价向上攻击时，股价与5日、10日、21日、48日这几条均线会在股价的拉动作用下逐步向上发散开。5日在最上，48日在最下面。向下攻击时，刚好反过来。这也是股价处于最强攻击状态时的均线排列状态。此时实战跟盘的重点在于：股价与5日均线的距离大小、5日均线的攻击角度大小、5日线与10日线组成的“攻击通道”的畅通或“八爪线”现象、21日与48日两线之间距离的大小(这里主要是从均线方面讲的)。

B. 中期强势攻击:21日线、48日线、89日线、144日线。

中期强势攻击中的均线重点，在于21日、48日、89日、144日这几条均线的排列要处于“顺畅”的发散状态。如果有些均线出现“纠缠在一起”的现象，要记住，会增加股价“上下波动的次数”。这也是处于“蓄势攻击”状态的典型现象。中期强势攻击中的均线系统排列必须是经过“蓄势攻击”阶段之后才会产生的。所以，均线系统的排列就一定要“顺畅的发散”。在这组均线系统里，可以把21日线和48日线看作一个组合，89日线和144日线看作一个组合。这两组组合代表着两组价格换手区域的移动。相对短的组合总是要处于相对长的组合的上面，才是股价趋势攻击延续的特征。如果这两个组合之间相互发生了纠缠或着混乱，则是股价处于调整状态的特征，必须要经过至少几个月的震荡期之后，股价和均线才会再次出现理顺关系的排列状态。

C. 处于蓄势攻击中的均线系统。

a. 短期蓄势攻击:5日线、10日线、21日线、48日线。

“蓄势攻击”本身就意味着有些均线会出现“纠缠在一起”的现象。比如，虽然股价的重心也是在逐步的上移中，但由于5日线和10日线经常出现纠缠现象，就会降低股价重心上移的速度。但21日线和48日线在“它们出现纠缠现象”时，必须始终保持着延伸攻击的方向和状态不能够改变，如果改变了，就会演化为某一个短期阶段攻击的结束。

b. 中期蓄势攻击:21日线、48日线、89日线、144日线(或288日线)。

中期的“蓄势攻击”状态中，波动更为复杂和波动空间比较大。因为虽然89日线和144日线(或288日线)始终保持着延伸攻击状态，但由于21日线和48日线出现纠缠现象，特别是该两条均线代表的时间周期比较大，会造成股价上下的波动空间比较大，股价重心上移的速度更为缓慢。只有“熬”过了这一中期蓄势攻击的阶段过程，进入到中期强势攻击状态时，股价的攻击空间才会加大，速度也会加快，利润增幅才很明显。

6. 如何通过均线系统状态做操作性判断

从以上的各个攻击系统状态中，就可以看出，不同的均线系统攻击状态排列，往往也是作为分析判断股票操作的一个重要依据，但需要和个人的操作习惯和操作风格相结合才可以达到“事半功倍”的效果。

而且要理解到，任何的均线攻击系统都是需要具备一定的技术条件的。不论是怎样的攻击，股价都是“先行者”，但股价的先行拉动如果不能够改变各个均线系统的状态，就会出现“夭折现象”。反过来，一旦均线系统形成了支攻击状态，股价也很难在短时间内改变运行的总体方向。这也是均线系统自身的“稳定性”造成的客观基础。

第五节　均线系统的平衡震荡

以 5 日、10 日、21 日、48 日、89 日、144 日、288 日、576 日(八条均线)为例(图 2-1)。

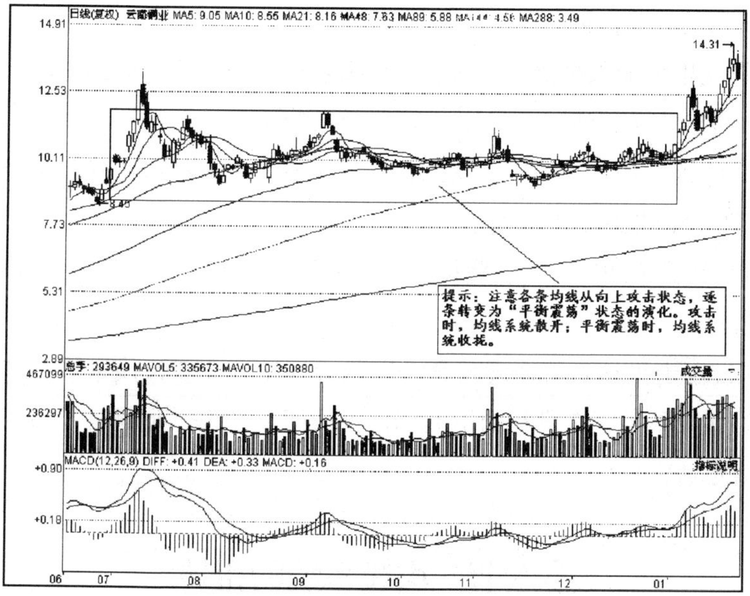

图 2-1　均线系统的平衡震荡

下面对均线系统在平衡震荡状态进行分析判断。

(1)短期均线系统形成平衡震荡状态时，5日、10日两线基本上是处于上下纠缠状态的。此时的股价上下反复性比较大，但21日均线始终会成为支撑或压制的重要均线。此时的21日线的运行状态就变得很重要，如果21日线还保持着向上延伸或向下延伸状态，那么，5日和10日的平衡震荡时间就会比较短。如果21日线此时是处于开始平走状态时，那么其支撑或压制力度就大大减弱了。21日线被击穿的可能性加大，也就预示着这里的平衡震荡状态还要深化进行。21日线此时也就变的不重要了，重要的均线支撑任务将落在48日均线上，依次类推。

(2)但还有一条要记住，那就是“二二法则”，即在每一条均线的支撑或压制作用中，都会产生两次(或两次以上)的作用。

(3)一般的划分。

21日线走平加入平衡震荡状态，代表着一个阶段攻击的结束，而需要展开一个阶段的震荡行情。

48日线走平加入平衡震荡状态，代表着一个波段攻击的结束，而需要展开一个波段的震荡行情。

89日线走平加入平衡震荡状态，则代表着一个中期趋势攻击的结束，而需要展开一个时期的震荡行情。

144日线走平加入平衡震荡状态，则代表着一个正在展开的中期震荡行情进一步延伸。

288日线走平加入平衡震荡状态，就必须结合576日线来进行共同分析了。因为如果不是正在进行的中期震荡行情即将结束，那就是牛市或是熊市来临的信号。

第六节 均线系统的扭转

扭线原理中的“扭线”，讲的就是股价与均线的扭转动作以及均线与均线的扭转动作。股价的波动必然带动均线的扭动，均线的扭动则是其波动运行的具体表现。

均线的扭转动作是由一组和股价的“扭转”动作组合而成的：当股价在发生扭转时(这里主要指波段以上的扭转)，会从第一个动作“顶线”开始，之后依次是“冲线”、“穿线”、“坐线”、“拉线”等(图 2-2～图 2-5)。这五个技术动作是股价与均线进行扭转动作时的带有规律性的一组技术动作。越是比较大的顶部和底部，这组“扭转动作”就越是明显。

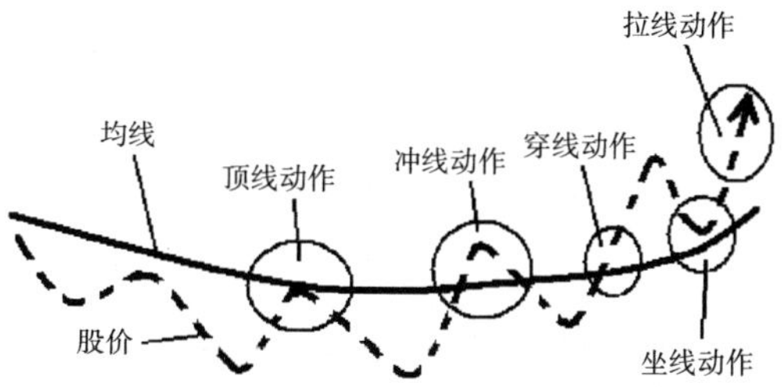

口诀：一顶、二冲、三穿、四坐、五拉升

图 2-2　扭线原理之底部扭转形态 A

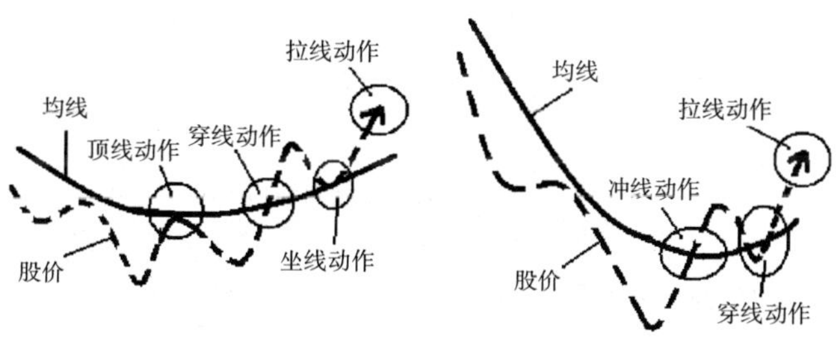

口诀：先顶线、后穿线，回坐反手拉　　口诀：一冲、一穿，直接拉

图 2-3　扭线原理之底部扭转形态 B

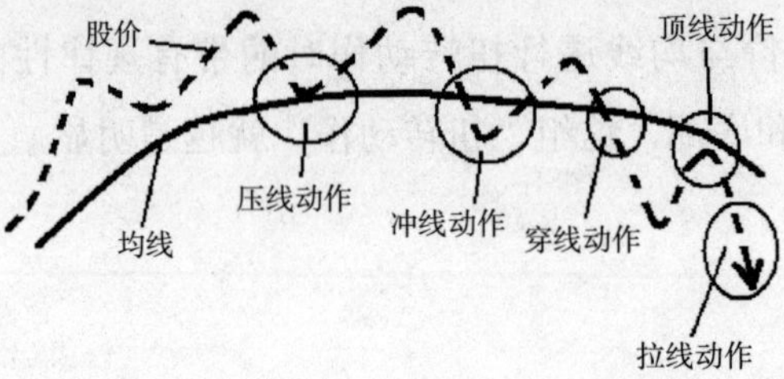

口诀：一压、二冲、三穿、四顶、五下拉

图 2-4　扭线原理之顶部扭转形态 A

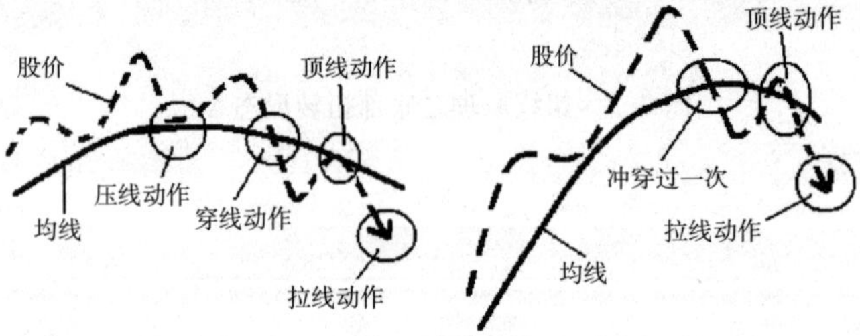

口诀：先压线、后穿线、回顶再拉线　　口诀：冲穿一次过，顶破再下拉

图 2-5　扭线原理之顶部扭转形态 B

当股价发生扭转时，股价是一条均线、一条均线地进行穿越的。而均线的扭转动作则首先由短周期均线穿越中周期均线、长周期均线；再是中周期均线穿越长周期均线，这样一层层进行穿越的。由于均线的穿越需要股价的引领和拉动力。所以，“价拉线动”就是一种无法打破的客观规律。但是，这并不是说，均线总是“受制”于股价。因为均线还有一种自身的牵引、支撑、压制等影响作用于股价，股价的波动反过来也会“受制于”均线。只是

这种股价对均线的“影响”是属于“绝对”的，而均线对股价的“影响”则是“相对”的。但这种“相对”的影响却是探寻股价波动节奏和方向中很重要的一个基础条件。因此，我们既不能“夸大”均线对股价的影响力，但也绝不能够忽视均线对股价的影响力。问题的关键不在谁是主或次，谁重要，而是两者之间密切的相互影响关系中，隐藏着的某些规律性的东西，以及这种规律性的东西在实战中，能够带给我们的“博弈机会和利润”。这也是本书最大的目的。

对均线系统的几个扭转状态进行分析判断。

(1)从攻击状态扭转为震荡状态：

均线系统从攻击状态扭转为震荡状态时，一般只是短期均线出现回收、纠缠等现象，而比较长一些的均线系统还会保持着攻击的状态在发展延伸。

(2)从震荡状态扭转为攻击状态：

均线系统从震荡状态扭转为攻击状态时，一般先从短期均线系统出现攻击开始,逐步拉动比较长些的均线系统形成攻击的支撑基础。

(3)从攻击状态扭转为另一种攻击状态：

均线系统从一个攻击状态扭转为另一个攻击状态时，如果属于短期的现象，就只会影响改变短期的均线系统出现扭转改变，而一般不会影响长一些的均线系统的状态。如果是整体均线系统的扭转，首先在时间上是需要一个时间段来完成的，再者也会按顺序地从短到中再到长期各个均线系统依次进行扭转。即使出现股价在短时间内向上或向下扭转攻击的幅度比较大，也会由于均线系统的扭转比较慢，而促使股价再返回起始扭转的区域里再进行一次扭转攻击。有时，股价的这个反复动作会超过两次以上。

从以上的各个均线系统状态中，就可以看出，不同的均线系统攻击状态排列，往往也是作为分析判断股票操作的一个重要依据，但需要与个人的操作习惯、操作风格相结合才可以达到“事半功倍”的效果。

另外要认识到，任何均线攻击系统都是有一定条件的。不论是怎样的攻击，股价都是“先行者”，但股价的先行拉动如果不能够改变各个均线系统的状态，就会出现“夭折现象”。反过来，一旦均线系统形成了攻击状态排列，股价也很难在很短的时间内改变运行的总体方向。这也是均线系统自身的

“稳定性”造成的客观基础。只要我们了解掌握了均线，以及均线各个系统的一些特点，和各个均线系统之间的相互影响的规律性关系，是可以在结合其他诸如换手量状态、指标状态、市场信息、宏观环境等因素在实战中做出更贴合客观实际的分析判断和操作的。

第七节 均线的角度与速度

一、均线的角度

均线在处于攻击状态时，由于受到股价攻击速度和力度的影响，均线的攻击角度始终是不断变化中的。这也是与均线的运算公式密不可分的。由于均线的运算公式中有一个当天的股价变化波动的取值影响，所以，均线的平均值在当天收盘前是处于不断变化的。收盘后数值才会固定，所以，当天高收盘和低收盘的均线值就会不同。按目前涨跌停板制度，均线值的价差也是不小的，但由于取的是N天的平均值，所以，均线运行的稳定性还是要高一些。而均线的攻击角度就在这种波动中形成了相对的一个时间段的趋势性延伸预期。我们重视均线的攻击角度在于分析和判断股价的延伸趋势和股价的攻击力度的强弱。

一般均线的攻击角度大体分为三种(这里对均线的平走状态，先不考虑在内)：

(1)小于45度的缓攻(缓跌)状态(图2-6)。

缓攻就是指股价或者均线在攻击时，比较缓慢、平和、不剧烈，大多由中小型的K线密集排列进行的一种攻击状态。

这种状态多出现于股价小幅的震荡盘升或震荡盘跌阶段，也可以看做是一种边攻击、边积蓄多头或空头能量的蓄势期，基本上攻击的角度都会小于(或等于)45度的攻击斜率。

(2)大于45度的强攻(强跌)状态(图2-7)。

强攻：就是指股价或者均线在攻击的时候，始终保持在大于45度的攻击斜率之上进行。这种攻击状态多出现于股价已经明显地转强形成阶段性强势攻击(强攻或强跌)。这种攻击状态的时间延续性很强，也是理论上最标准的

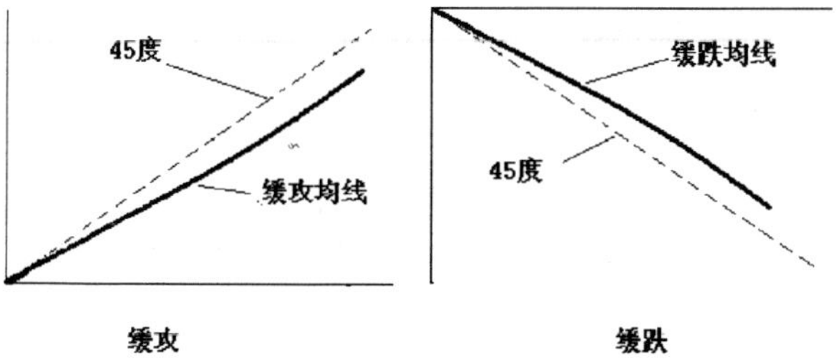

图 2-6　小于 45 度的缓攻(缓跌)状态

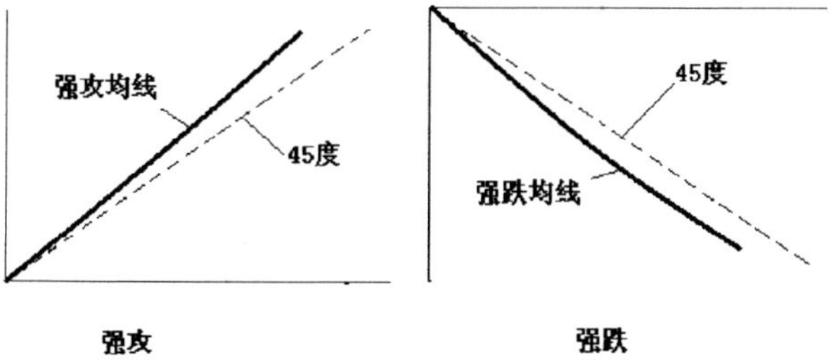

图 2-7　大于 45 度的强攻(强跌)状态

攻击状态。所以，股价和均线之间的乖离率始终保持着合理的差值。在这种运行状态没有被打破之前(比如股价加速进入急攻状态)，这种攻击趋势会持续比较长的时间。

(3)大于 70 度的急攻(急跌)状态 (图 2-8)。

急攻就是指股价或者均线在攻击的时候，是一种比较急促、迅速，甚至多带有“跳跃动作”的快速攻击状态。这种攻击状态多出现于股价连续性急攻(或急跌)状态时。由于股价连续性的加速急攻，均线攻击角度基本上都会大于 70 度的攻击斜率。这种攻击角度是最强的，但也是最大的一个攻击角度。所以，这种攻击状态一旦出现后，只有一个结果，即攻击一旦结束，本次阶段性攻击行为也就结束了，股价和均线的运行趋势也将发生阶段性的扭转。

如果用比较简单的逻辑关系将这三种攻击状态联系起来看，有两种攻击轨迹规律可以作为基础性的攻击变化：

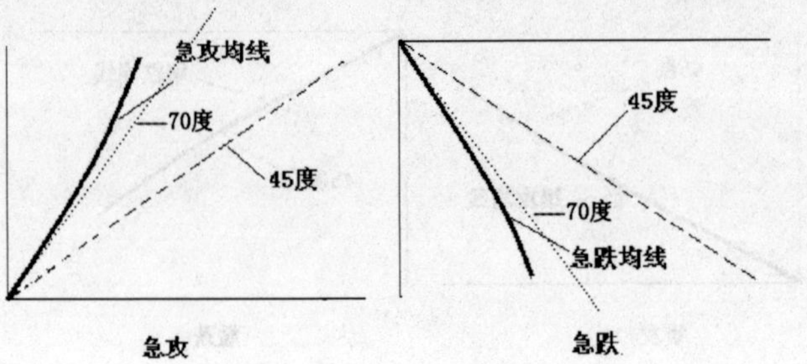

图 2-8 大于 70 度的急攻(急跌)状态

(1)从慢到快——先是“缓攻”，再到“强攻”，最后到“急攻”，扭转。

(2)从快到慢——开始就先是“急攻”，再到“强攻”，再转为“缓攻”，最后还有一个非常短促的“急攻”，扭转。

注意：“从慢到快”的攻击轨迹也就是“树叶理论”中的“下弧线攻击”；而“从快到慢”的攻击轨迹则是“树叶理论”中的“上弧线攻击”。

二、均线的速度

由于均线的每个数字平均值，是用股价的原始数字值累计平均计算得出的，两个均线数字平均值之间的差额大小就反映着股价运行幅度的大小或着股价运行速度的快慢。因而，均线的运行速度源自于股价的运行速度。

如果细分内在的原理因素，可以包括：股价的攻击速度、多空双方的能量释放力度、均线计算公式影响。

(1)股价的攻击速度。

股价的攻击速度越快，均线的运行速度也就会被拉动加速。反之，亦然。

(2)多空双方的能量释放力度。

均线的运行速度的变化也反映着多空双方是处于能量积蓄阶段(均线运行缓慢)，还是能量释放阶段(均线运行加速)。释放的力度越大，均线的运行速度也就越快。这就解释了，为什么当股价在高位放出大的换手量时，虽然股价的上行速度减慢或停止了，但均线的上行速度反而在加速。

(3)均线计算公式影响。

我们先要了解移动平均线。移动平均线是数学统计中的一种序时平均数，也就是说移动平均线来自于移动平均数。而移动平均数则是通过首先确立的某个具有时间周期性的样本数，然后通过这一组时间数值进行平均计算，最终得出一个新的平均数值。以此不断地推进式计算，就不断地得出新的移动数值，把这些数值连成线，就成为了移动平均线。移动平均线的计算公式是：MA＝(P1+P2+P3+P4……Pn)/n。

移动平均线的计算公式会直接影响着均线数值平均数的变化。因此，我们必须学会通过数据的变化来分析均线运行速度变化所反应的股价真实状态以及演化的方向变化。

第三章　均线实战的三十五种基础技术动作

1. 顶线（图 3-1）

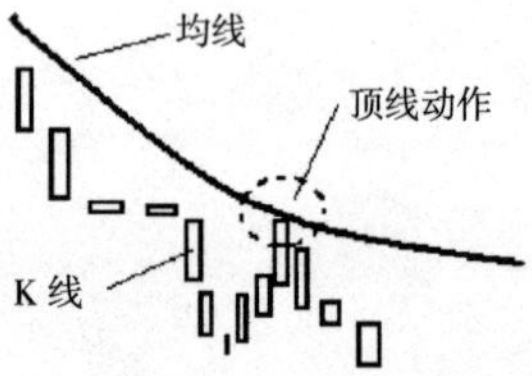

图 3-1　顶线

顶线就是股价向上攻击去“顶”压制性的均线，“顶线”现象的发生一般出现在股价内在因素由弱转强的初期或是某种“试探性攻击”的表现。它是股价内在能量多空转变的一个最先出现的明显信号。“顶线”一般不冲过压制均线。

具体地讲：①当股价持续一段时间的下跌趋势将要出现扭转之前，顶线是最先出现的扭转信号，虽然这个信号之后还有“最后一跌”的过程；②当股价趋势经过“探底”之后而处于多头的攻击状态时，首先面临的一般是重重的中长期均线的一道道压制需要冲破，一般第一次攻击的动作是先“顶线”。

通过股价“顶线”动作对向下运行的中长期均线可以起到“强制刹车减速”的目的，所以，有时会出现两次，甚至三次“顶线”动作，则会明显地将中长期均线从下行状态“顶”成较“缓”的运行姿态，而这也是主力介入该股的最早时期和区域。如果在“顶线”后再次下跌而不再有新低出现，那么下一次再攻击时，距离股价最近的一条中长期均线将很容易被“冲过”，之后才形成短线的一个小顶，那就成了“冲线”。

2. 冲线（图 3-2）

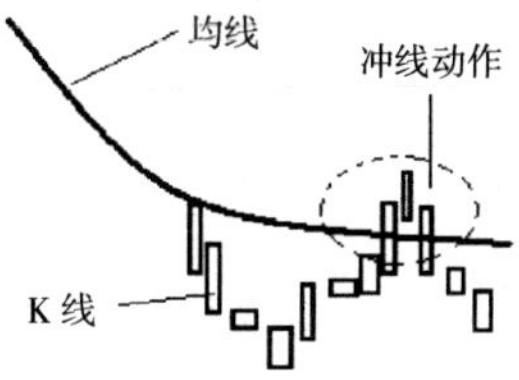

图 3-2　冲线

股价在经过前面试探性的顶线后，一般还会有再试探性质的“冲线”动作。冲线一般是会将压制均线冲破后才完成这次攻击动作，也会再次回到压制均线之下再蓄势。冲线时股价的内部攻击能量要比顶线时强很多，而经过冲破均线再回来这个动作后，一般该压制均线会由缓下扭转为平走状态，这是扭转形态最关键的阶段。一般此时股价在平走的压制均线下面称为“蓄势状态”（如果因为某些原因蓄势失败，会再次进入下跌趋势），当股价蓄势完成再次冲破压制均线，回落时不破该均线，则就演变为“穿线”动作了。

3. 穿线（图 3-3）

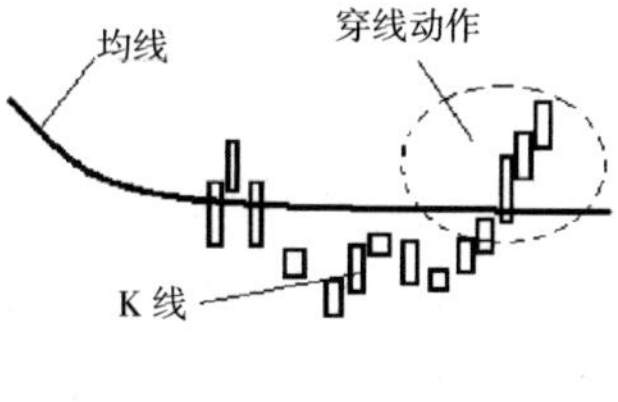

图 3-3　穿线

穿线就是股价冲破平走压制均线后，回落而不破该均线。还有“冲穿一次过”的现象，其目的和本质都是一样的。是股价波动中从空头运行趋势扭转为多头运行趋势的主要判断动作。此时的量能表现得越大，越说明股价未来的上攻空间不会低，这是判断“穿线”时股价攻击能力大小的重要依据。穿线和冲线最大的区别在于：冲线时，可以做几次的冲线动作；而穿线只有一次。也就是说，冲线的动作是冲过压制均线后还会再回落到该均线下，而穿线动作是上到该压制均线之上后回落也不会再破该均线。股价出现“穿线”的动作时机，大多会在短期均线和中长期均线发生“多线聚拢”现象时，此时市场各周期股价换手处于相近水平，股价只需要一次集中能量的攻击动作就可以穿越多条周期均线的压制，有事半功倍的效果，所以主力一般都会选择多条均线相互聚拢时发动穿线动作。从中线趋势的博弈实战操作讲，穿线时也是中线机会介入的最好时机。但如果穿线时伴随量过小，股价容易失败形成冲线而再次回落均线下蓄势。

4. 坐线（图 3-4）

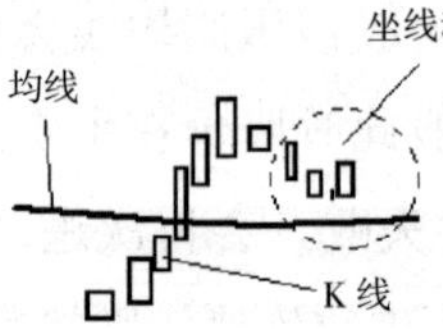

图 3-4　坐线

股价回落而不破(以有效性判断)均线，即为“坐线”。坐线动作时无量为好，可以看作是一次洗盘或回震蓄势，坐线也常常是主力测盘的必要手段。现在，有些控盘主力“能坐住也破一下”的手法就是反市场心理的一种测盘手法。坐线动作也常常会出现在股价攻击阶段中回落洗盘的时候，或者主力调控攻击节奏和速度时。坐线发生时一般均会伴随缩量现象，技术上是一种股价短时间休整性质的动作。

从扭线动作的次序排，下一个动作就是“拉线”了。

5. 拉线 (图 3-5)

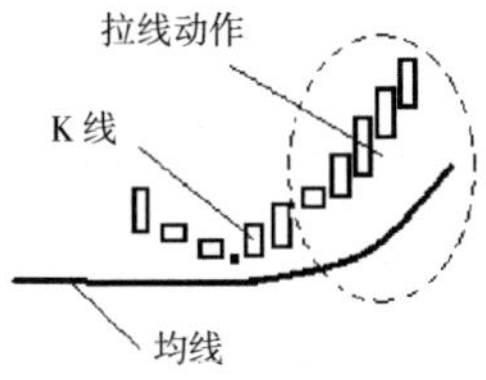

图 3-5 拉线

当股价开始加速向上或向下运行时，由于速度和角度的大幅变化，以及股价平均值的逐步上升，就会带动均线系统也出现运行速度和角度的加速改变。这种股价变化对均线系统的影响就是一种拉线现象。一般拉线动作影响最明显的首先是短期均线系统，此后为中期均线系统，最后是长期均线系统。拉线是由于股价在能量的推动下向某一方向在一段时间里持续的运行，从而带动某一条(或几条)中、长期均线改变原有的运行方向，向与股价运行方向相一致的方向运行。拉线往往是一只股票在运行中不断出现的重要现象。不同的只是由于股价攻击的时间和空间持续的长短，则影响不同的均线系统。拉线是扭线动作中的一个重要环节。

拉线的现象出现，是股价启动的一个信号。

如果股价连续向某一方向运行，而中、长期均线不与之随行。那么股价只会是一种短期的攻击动作，并且当出现股价与中期均线乖离率加大时，就会出现短时间的快速向中期均线位置靠拢的现象。

任何股票要开始一个中期趋势的运行,股价的攻击动作必须拉动中、长期均线跟随其方向运行。

只要将杂乱的均线通过拉线动作“排列顺畅”了(比如从上往下数，股价5 日、10 日、20 日、30 日、40 日、60 日、120 日、250 日等线依次排好)，整个扭转初期的拉线动作也就结束了，随后股价短期即使回落也不会对中长期均线改变后的方向构成威胁。震仓也好，洗盘也好，控盘主力都可以大胆玩手段了。

所以，顶、冲、穿、坐、拉五个技术动作，是股价发生扭转时最原始的规律性技术动作，也是均线系统出现“扭线”的依次演变动作。这些动作的先后次序也是基本如此排列的，这是一系列的规律性扭转动作。不同的情况只是，有时会出现某两种技术动作合成一个技术动作来表现。比如，某股价在第一个“顶线”动作之后，将“冲线”和“穿线”合成为一个技术动作来表现，然后回落“坐线”之后，随即展开“拉线”动作。我总结的“口诀”是“冲穿一次过，回坐反手拉。”

扭线时的标准“口诀”是：一顶，二冲，三穿，四坐，五拉升。

这五个动作是扭线原理中，股价在做扭转动作时与均线关系中最基础、最原始的五个动作。掌握理解透了，任何底部对你来说都容易理解和把握判断了，因为这是一系列规律性的演变动作。

6. 压线（3-6）

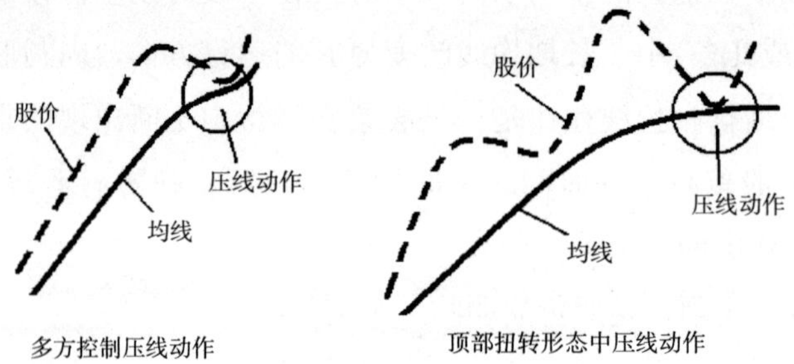

图 3-6　压线

压线动作的内在动力有两种：①多方力量控制性的在股价攻击过程中，实施的一种回收调整攻击节奏的动作，是属于多方主动性的调控手段；②出现在“顶部扭转形态”中，股价内在的多方能量逐步衰减，空方能量逐步增强，股价进行向下扭转的初期技术动作表现。

前一种压线动作只是攻击节奏中的一个转换环节的技术动作，而后一种压线动作则是股价进行顶部整套扭转运行方向动作中的第一个技术扭转动作。

当股价经过一个阶段或波段的攻击运行之后，股价在结束此攻击波段形成构筑顶部扭转形态时，首先出现的多为压线动作——股价从高位回落压在均线上，但压线动作中股价多不会击破该支撑均线。均线在经过股价的压线动作后就会减慢上攻的速度，有时也会出现该均线开始走平向运动的现象。股价在压线之后会再次攻击而起，或出现新高(此次是多方最后一次努力)，或难以越过前高点(多方能量已经严重衰减)；之后股价再次回落下来，一般就会击破该支撑均线，此动作即为第二个顶部扭转动作——冲线。

扭线原理中股价在底部形态中向上发生扭转时的顶线，和股价在顶部形态中的压线是相互对应的。而底部扭转形态中的冲线与顶部扭转形态中的冲线在其内在本质原理上是相同的，不同只在于一个是向上的冲线(底部扭转形态时)动作、一个是向下的冲线(顶部扭转形态时)动作。还有穿线、拉线，也是一样相对应的。

但要指出的是，有一点是不同的：股价在顶部扭转形态中也有一个顶线的动作，出现在股价向下穿线动作之后的股价反弹时。此时股价已经向下“穿”过支撑均线了，那么，该均线就会转变为压制性均线了。但之后股价又会出现一次反弹起来的动作现象，而此种反弹动作中股价只是弹到该压制性均线处时，就会结束攻击，转而向下开始拉线的动作。这个股价反弹到压制性均线就回转的动作也是一种顶线的动作，也可以看作是股价有效下穿该均线的一次确认性动作。类似于底部扭转形态中的坐线动作，只是方向相反。所以，要将这个顶线动作的意图和底部扭转形态中的顶线动作意图加以区分来看。

我将顶部扭转形态的口诀归纳为：一压、二冲、三穿、四顶、五下拉。

还有一个口诀：先压、后穿、回顶再下拉。

还有一个变化的口诀：冲穿一次过、顶破再下拉。

把底部扭转形态中的一套技术动作，与顶部扭转形态中的一套技术动作相对应起来分析，就会对这两种扭转形态中的股价与均线的相互关系有一个清晰的认识和掌握，更为重要的是这些技术动作的扭转演变都具有一定的规律性。

7. 轨道线 (图 3-7)

“轨道线”一般是指距离股价最近的两条短期均线(比如通常用的 5 日、10 日线)，在趋势运行中形成的一条通道。像火车轨道一样，所以称为“轨道线”。

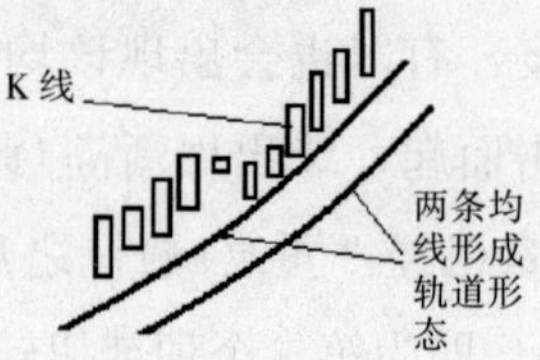

图 3-7 轨道线

轨道线的出现第一可以判断为主力“控盘运作”的典型表现；第二可以判断为该股价的运行趋势会有一段时间的持续性。股价在沿着“轨道线”运行期间，主力的震仓和洗盘动作大多会时间持续较短，而不会轻易破坏该通道(轨道)的延续性。“轨道线”是一种持续运行能力比较强的攻击均线形态。

通常轨道线运行期间，量会保持不大的变化。股价出现短时间的加速攻击或量放大现象时，主力多会采用横向震荡几天，一旦股价靠近或碰到 5 日、10 日均线时又会再次发力攻击。而 5 日和 10 日均线一般不会发生“交叉”，继续形成轨道运行。轨道线代表着该股价的短期强势攻击状态，而中、长期均线形成轨道线则代表着股价的中长期运行状态。

要打破轨道线的运行是比较难的，股价必须有连续强大的放量扭转动作促使 5 日和 10 日两线交叉封闭轨道、或先加速脱离“轨道线”形成“脱线”动作，之后扭转连续穿过轨道线直接去攻击 21 日均线才可以使轨道线(两条线)相交叉封闭该轨道。

8. 交叉线 (图 3-8)

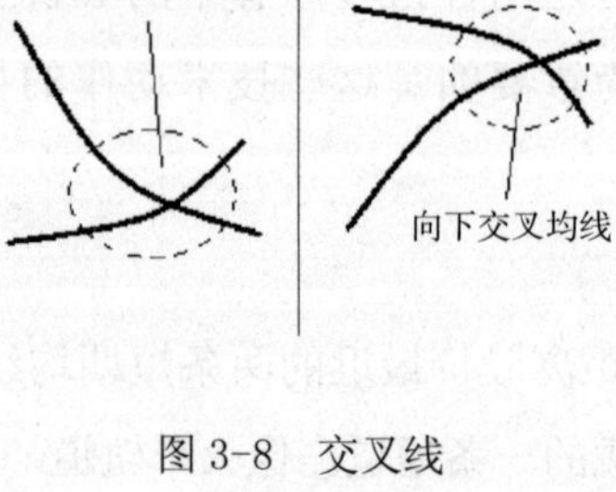

图 3-8 交叉线

交叉线一般较为多见，但大多数人只是从“死叉”和“金叉”来做简单判断。实际上，均线发生交叉的内在原理是很复杂的。均线交叉的出现代表着不同时期筹码成本和价值的相互抵消，以及新的换手成本和价值再产生的一种重大变化现象。所以，每当发生均线交叉现象时，就必然会产生股价的震荡或着运行方向的转变。

不同的均线发生交叉都会产生震荡或方向转变，但由于不同的均线交叉代表着不同的含义而会造成不同的变化结果。比如，5日线与21日线形成交叉和5日线与48日线形成交叉，或者21日线和48日线交叉，48日线与89日线交叉等，都代表着股价运行周期的转变和运行趋势的转变。这种转变往往会成为整个大的股价演变中其中的一个“扭转点”。这种扭转点的发生恰好是某一时期内的筹码成本和另一个时期内的筹码成本形成换手后，又产生出新的筹码换手成本的一种表现。因而，才会有股价的压力区域和支撑区域的出现。

股市里的筹码是不断地流动换手的，所以，这种循环性的流动换手就成为股市波动发展的原始内在本质，而其表现形式之一就是均线的延伸和交叉。均线的延伸是股价简单运行的代表，而均线的交叉是股价复杂运行的代表，也可以理解为简单运行要发生转变的典型信号。

又比如，两条短期均线发生交叉，意味着只是筹码短期性质换手的运行转变；而两条中期均线发生交叉，则代表着筹码中期性质换手的运行转变。一条短期均线和一条中期均线发生交叉说明短期筹码的换手运行已经转变为中期性质的筹码换手。一条中期均线和一条长期均线发生交叉则说明中期筹码的换手运行已经转变为长期性质的筹码换手。但一般来讲，如果短期筹码换手要转变为中期性质的换手，或中期性质的筹码换手要转变为长期性质的筹码换手，由于两个时期的筹码换手的周期间隔较长，就会出现反复几次交叉后才会形成转变的特点。这样，就产生了回抽、反抽、加速、反弹、平台震荡、震仓洗盘等较为复杂的股价运行现象。

均线的交叉现象是均线运行中最为复杂的一种技术动作，特别是在趋势性行情的攻击动作中，出现的交叉线就更为重要。下面我们对攻击行情中的交叉线做个了解。

（1）“上攻交叉线”（图 3-9～图 3-11）。

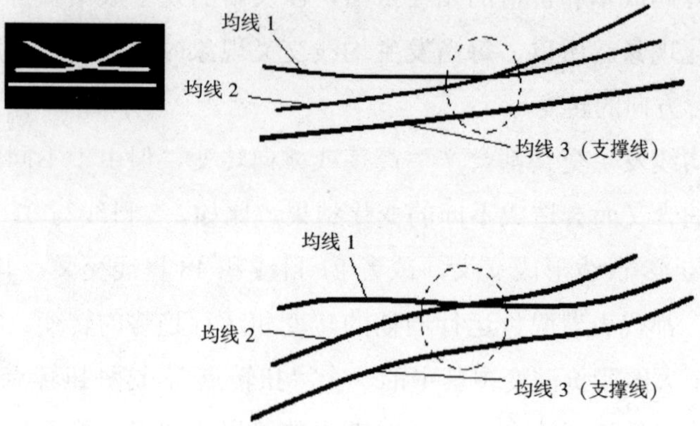

图 3-9 上攻交叉线 1

说明：1. “上攻交叉线”是在上攻波段中最常见的一种均线形态；2. 均线 1 和均线 2 在均线 3（支撑线）之上形成的交叉；3. 股价在这里形成一种中继性的整理状态

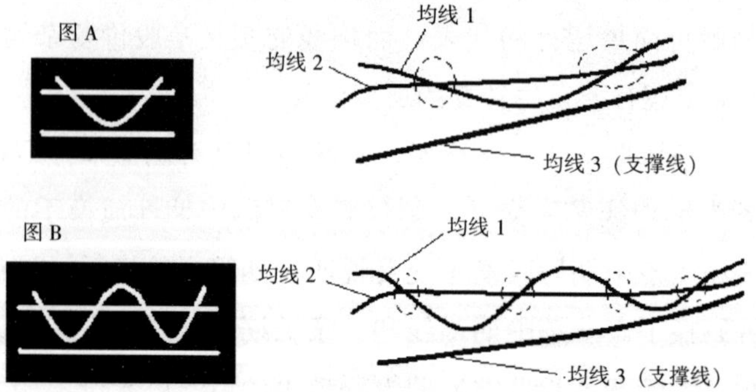

图 3-10 上攻交叉线 2

说明：1. 图 A 和图 B，是同一种交叉线的两种表现形式，图 A 是简单型，图 B 是复杂型；2. 均线 1 和均线 2 形成的简单或复杂的交叉，都是处于均线 3（支撑线）之上进行；3. 股价在这个过程中是处于横向的震荡状态，之后再次向上攻击

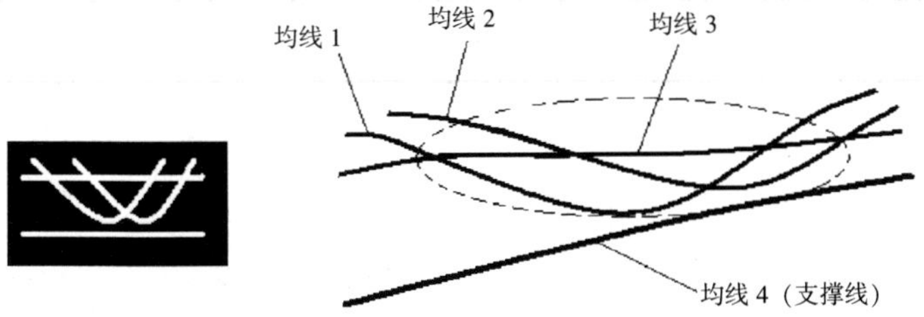

图3-11 上攻交叉线3

说明：1. 此形态是一种比较复杂的上攻交叉线，也是上攻交叉线1的一种复杂形态演变；2. 变化主要是多了一条横穿均线1和均线2的均线3，均线4是支撑线；3. 股价在此过程中的震荡有明显的回落现象，股价在震荡整理时间也要长一些

上攻交叉线是指在上攻趋势阶段中，出现两条(或两条以上)均线进行相互交叉而形成的交叉线。

这种均线的交叉现象，一般是和股价的回落整理同时进行的，也是主力控制股价进行震仓、洗盘、消化浮筹等技术动作的一种表现。

这种均线的交叉现象，往往并不破坏上攻技术趋势的延续性。只是在出现交叉现象时，由于受到股价短时间的大幅波动等盘面的影响，会使大多数人在恐惧和担心中做出错误的后期股价运行方向的判断，事后又追悔莫及。这是因为人们太过于倚重表面化的实盘技术变化。

对于当在上攻趋势阶段里出现这种交叉现象时，分析和判断主要倚重于两点：

①均线与均线之间的相互支撑作用；

②两条均线出现交叉时，下面的一条支撑均线是否依然保持着坚挺的向上运行状态(而这条起支撑作用的均线往往是在上攻趋势阶段里具有重要作用的均线之一)。

还要补充一点，当均线出现这样的交叉现象时，不要以股价的上穿或下穿现象作为主要判断依据，而应该以均线与均线的相互击穿和支撑作为分析和判断的重点，才可以避免做出错误的判断。比较最简单的例子有两个。

①两条均线并没有发生交叉，只有股价短时间击穿了两条均线，而两条

均线只是相互靠拢但并没有发生交叉现象，这往往只是主力控制股价的短线震仓动作表现，并不改变股价的向上攻击方向。

②在股价短线回落的带动下，5日均线主动下穿了(交叉)10日均线，但之后很快又回到10日均线之上，重要的是在这个过程中，10日均线始终保持着坚挺的原有攻击状态。那么，股价在短线回落震荡之后，还会再次继续原有的攻击趋势。

(2)下跌交叉线(图3-12、图3-13)。

下跌交叉线是指在下跌趋势阶段中，出现两条(或两条以上)均线进行相互交叉而形成的交叉线。

这种均线的交叉现象，一般是与股价的反弹反攻同时进行的，也是主力利用股价和均线的技术乖离现象和超卖现象进行出货或回补等技术动作的一种表现。

这种均线的交叉现象，往往并不破坏下跌技术趋势的延续性。只是在出现交叉现象时，由于受到股价短时间的大幅波动等盘面的影响，也会使大多数人在急于抄底或以为机会又降临而做出错误的“后期运行判断”，事后懊悔不已。这是因为人们太过于表面化地看待技术变化。

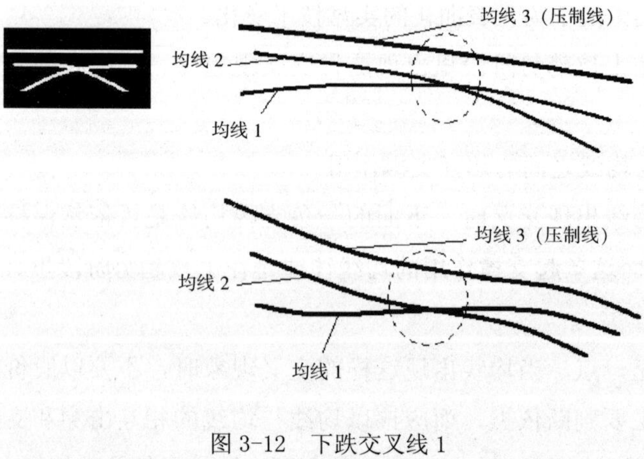

图3-12　下跌交叉线1

说明：1.“下跌交叉线”是在下跌波段中比较常见的一种；2.均线1和均线2是在均线3的压制下形成交叉，股价是一种反弹修复动作

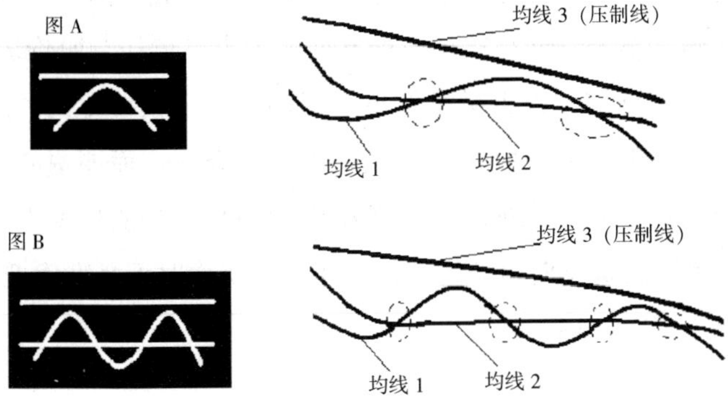

图 3-13　下跌交叉线 2

说明：1. 图 A 和图 B 是一种下跌交叉线的两种表现形式，图 A 是简单型，图 B 是复杂型；2. 均线 1 和均线 2 的交叉是处于均线 3 的压制下方进行；3. 股价在这个过程中是处于横向震荡反弹状态，之后会继续下跌

对于当在下跌趋势阶段里出现这种交叉现象时，分析和判断主要倚重于两点：①均线与均线之间的相互压制作用；②两条均线出现交叉时，上面的一条压制均线是否依然保持着强大的向下运行状态（这条起压制作用的均线往往是在下跌趋势阶段里具有同样重要作用的均线之一）。

还要补充一点：当均线出现这样的交叉现象时，不要以股价的上穿或下穿现象作为主要判断依据，而应该以均线与均线的相互击穿和压制作为分析和判断的重点，才可以避免做出错误的判断。

9. 锁线（图 3-14）

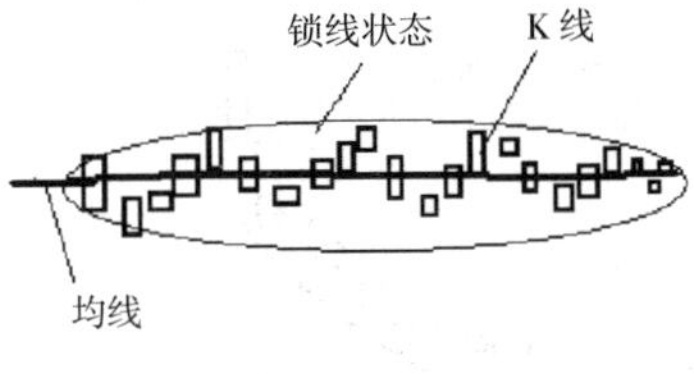

图 3-14　锁线

锁线是指股价在横向运行时始终与某一条均线形成紧密的重合波动状态，股价上下波动幅度不大。这其实是一种典型的主力高度控制股价运行的表现，一般出现在底部和顶部。换手量虽然小，但却是主力索要筹码和放出筹码的惯用手法之一。一般不要在股价锁线状态下急于介入，而要耐心等到方向性的突破时再做决定。因为这种股价锁线动作的最后，当股价要形成方向突破时，经常会先出现股价反向运动的动作，在实盘操作时不易准确把握。

10. 靠线（图 3-15）

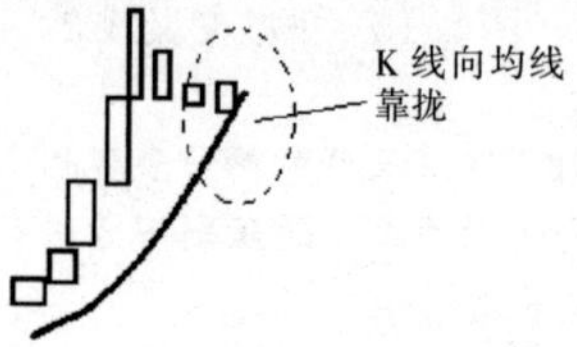

图 3-15 靠线

靠线是指股价在上升或下跌的趋势中运行时，当某一时段股价拉开与均线的距离后(就是脱线)，会自然地向该均线靠拢以修补与该均线之间的乖离率。在上升时，靠线是用回打和横震方式完成；在下跌时靠线是用反抽和横震完成。靠线是均线对股价的一种内在吸引作用的体现，也是股价对自身极端攻击动作的一种自我修复。一般来讲，靠线之前，股价必然有脱线现象的出现。

11. 脱线（图 3-16）

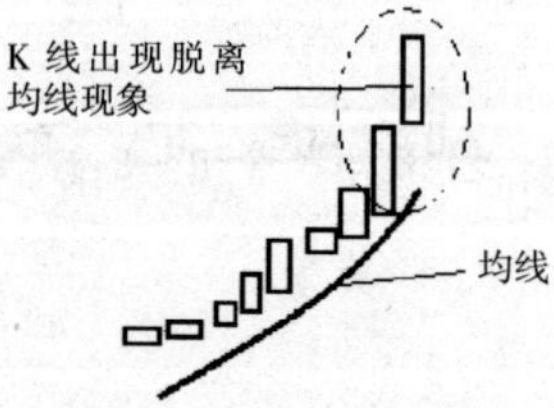

图 3-16 脱线

脱线是指股价在上升或下跌的趋势中运行时，当某一时段股价拉开与均线的距离，形成空间性的距离(也就是乖离率加大)。脱线现象的发生都代表着短期乖离率加大，也是股价出现极端攻击动作时的一种必然表现。要修复股价的脱线现象，就会出现靠线动作。脱线一般发生在股价连续加速时。判断“脱线”的距离大小，应该以K线当天最高价为基准，结合收盘价格计算与最近短均线的价差率。如果价差率太大，则上涨时不宜追高，下跌时则可以考虑抓取短线股价反抽靠线时的利润。

12. 八爪线 (图 3-17、图 3-18)

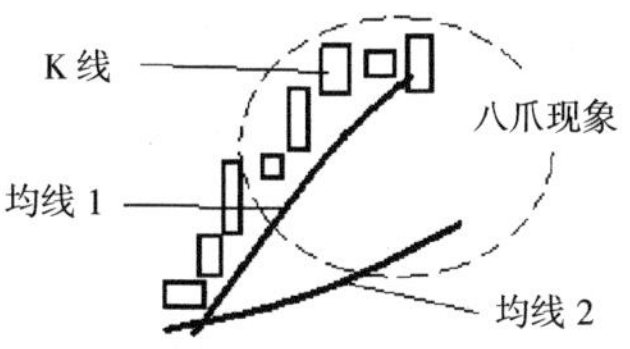

图 3-17　八爪线之上攻

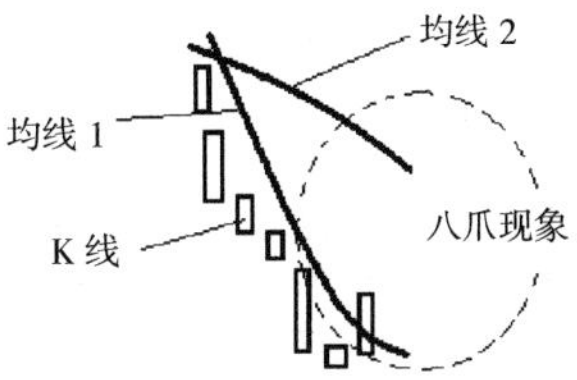

图 3-18　八爪线之下跌

我们一般都会用5日、10日线作为短线跟盘时分析跟追股价走势，但常常在股价走势挺好的时候跟入后，却随即被拖入了回调整理(回调之后也许还会上升)，其实这就是我们没有仔细注意到短期均线已经出现“八爪线”的形态，而此时介入是选择的时机不对。

5日、10日两线由于股价的拉升而出现了“八字形”的分离(5日远离10日)就造成了“八爪线”。

而在上升状态中5日离开10日太远了，必然要出现“靠线”的发生(5日转头向10日靠拢)。主力这样做的“内因”无论是为了什么，此种现象都是自然规律的结果。

八爪线并不只是发生在5日、10日线之间，它会出现在任何两条(或多条均线)之间。如果你设置了多条均线的话，稍微细心点，就会经常看到像“爪子”一样“先张开后收缩”的多条均线形态，这是比较大的系统性八爪线现象。要注意分析这些均线在股价的波动中，是如何把爪子张开后、又收拢、再张开的，股价的波段攻击就比较清晰地看出来了。当股价在某一个趋势中运行时，认真寻找每次“八爪线”收拢时会受到某条重要均线的强支撑，这条均线就是某个短期阶段或中期阶段或长期趋势的重要支撑线。什么时候被破掉，就说明股价要进入另一个空间周期运行了，或者某种转折就会来临。

所以，跟盘介入时要细心地观察一下有没有“八爪线”形态的发生，选择在“八爪线”收拢时介入是最佳时机。而在“八爪线”扩张的比较大时，则可以考虑收利或减仓。

有人常常问我：什么时候属于高卖？什么时候是低买？

我的回答是：如果你掌握和熟悉了“八爪线”的原理，你自己既可以用小八爪线去把握短线“高卖和低买”的时机，也可以用大形态的“八爪线”去把握具有中期波段性质的“高卖和低买”的时机。“八爪线”的形态越大，你所把握的“高卖低买”的周期就越长。此中的众多奥妙，可以在实战中去细细品味。

13. 护航线 (图 3-19)

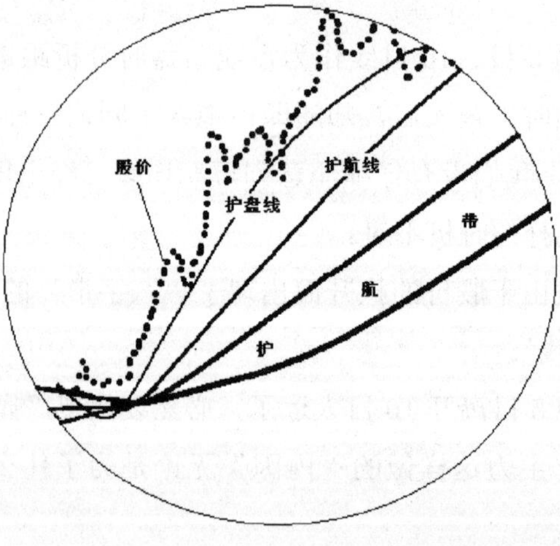

图 3-19

1. 护盘线：21 日均线；
2. 护航线：48 日均线；
3. 护航带：89 日均线与 144 日均线两线组合而成

简单地讲，在波段趋势发展过程中，始终会存在着一条均线对本次波段趋势的延伸起着非常重要的“护卫和支撑”作用。在整个波段趋势没有结束之前，股价是不会击穿该条均线的。这条均线就是“护航线”。从理论上讲，“护航线”的设定主要以个股自身不同的运行情况来确定均线周期。也就是讲：不同的个股运行轨迹，会有不同的“护航线”存在。比如：有些个股的护航线可能是48日线，而有些个股的“护航线”可能则是89日线，甚至有些个股的护航线是144日线。但一般情况下，多数个股的“护航线”都会趋同于48日均线。所以，48日均线就是一般意义上的标准“护航线”，但要记住实战时可以先用48日线测试一下，如果48日线在股价稍微出现大的波动震荡时就经常被击穿，那么，则要灵活的重新设定“护航线”的周期。要分清楚，在“护航线”的上面还有一条“护盘线”的存在。护盘线多为21日线，有些个股也会是48日线来充当。“护盘线”与“护航线”的不同之处是，“护盘线”只是“维护、支撑”着股价的较短波段的攻击周期；而“护航线”一般则是“维护、支撑”着股价整个从底部到顶部的中期以上趋势的运行过程。

这条48日均线(护航线)的起源来自几个方面：

(1)是源自最本质的“波浪理论”中的价格趋势演变路线。我们知道，股价在向前运行中的“理论角度”是45度。但实际中的股价运行角度是以45度为中轴线延伸线，上下大幅波动行进的。有些时间(当运行趋势变强时)是始终运行在45度之上，那么此时的45度理论角度延伸线就成了次股价回调的支撑线。而有些时间(当运行趋势变弱时)是始终运行在45度之下，那么此时的45度理论角度延伸线就成了每次股价上攻时的压力线。还有一种是股价沿着45度理论角度延伸线上下小幅波动运行。但此种运行方式不能够持久。且人为的因素较多。一般出现此种股价运行形态，可判断为“人为造势或为某种目的”而做出的一种“违背股价自然运行规律”的结果。

“护航线”的产生就是“为了锁定股价的强势运行波段而设立一条始终高于45度理论角度延伸线的均线。”

(2)是源自我国目前证券常用的标准证券交易软件版(乾隆系统)的最小单位K线版面数字48根K线为参考数值。其实也是我们每天交易时间的数字值

(每天交易 4 小时×60 分钟 =240 分钟。240 分钟 /5 分钟(最小分时图)=48。也就是说每天标准交易 48 根 5 分钟 K 线。)而 144 根是 3 天的 5 分钟 K 线交易单位。

(3)是源取自于“神秘数字”中 144 这个中期数字。144/3=48。

(4)是源自于我们国家的每个月的有效交易日(平均每个月为 24 个交易日左右)。24 日×2 个月 =48 日。也有人用 72 日(3 个月的季交易日数)代替 60 日线。

所以，48 这条均线的理论切合点很多。更主要的是他在实际应用中有更多符合目前股价变化演变趋势的特点。我将他设定为标准化的“护航线”。为什么是“标准化护航线”? 是因为护航线的一个最大的特点是：每只股票或每个指数的每个波段演变趋势，都会产生或存在着一条“符合自己趋势演变”的“护航线”。这需要你自己根据实际情况去发现和设立。为什么会这样？因为，股有千种，主力操作计划也各不相同，每只股的控盘主力都会根据自己的操作计划来制定自己控盘个股的操控重点，自然的，不同的主力对不同的个股就会形成该股的技术走势“个性化”情况。并且在控盘中主力介入点、主力控盘手法、公司历史筹码、历史事件、技术波段演变、目前公司基本面环境、股份结构、在市场上吸引资金的热点或非热点等等方面都有自己特定的“个性化”因素影响着该公司股价各个阶段的运行演化程序。所以， 我将 48 日线作为一条标准化“护航线”只是给大家一个“标准参考线”。你可以先用这个“标准线”来检测你所持的股票目前的运行状态，然后通过调整均线数值来寻找出这只股票真正的“护航线”。

我们要打破千种股票用一条线的那种“过去”的思维定试。要“与时俱进”，要树立“个性化”个股技术模式。这样才更符合目前股市技术发展变化和主力新的个股技术控盘的步伐以及我们个股技术跟盘的需要。

21 日均线是“护盘线”。48 日均线是“护航线”。89 线和 144 线两线组合起来看，形成的是一条“护航带”(一般中期调整的强有力的支撑带)。这些均线周期都只是一般意义上的“标准线”而已，实战时不可过于“死板”应用。

14. 护盘线 (图 3-19)

护盘线一般多以 21 日均线为准。有些个股的护盘线也许是 30 日均线或其他周期。顾名思义，护盘，就是指“维护和支撑”股价的短期盘面运行状态。我们知道，股价在短期波段的上行或下行运行时，在这个短期波段没有结束前，股价由于需要保持自然而顺畅的攻击角度和速度，就自然地形成一条呈 45～65 度的方向延伸。而在均线系统中(一般情况下)只有 21 日均线最为贴近这个角度形成短期的支撑或压力(当然 30 日均线也可以作为一种备选线)，再加上主力筹码的短期换手规律一般都在 1 个月左右控制。在自然角度和主力控盘的双重作用下，短期的攻击趋势一般都在 21 日均线上面(上行时)或 21 日均线下面(下行时)进行。因此，21 日均线就成为了一条标准意义上的“护盘线”。股价一旦有效击破 21 日均线护盘线，则意味着短期的这个攻击波段的结束。在形成下一次攻击前股价和短期均线系统(比如 5 日、10 日、21 日这三条均线)需要有一个重新梳理的过程。从股价运行方面来讲，护盘线比护航线更贴近于股价，但又给予股价一个相对小的波动震荡空间，在股价攻击运行中，主力操盘手会充分利用这个震荡空间来进行一些既不改变股价运行趋势，又可以清洗盘面跟风浮筹的技术动作。不管是用震、洗、跳、甩等手段，一般都会在护盘线位置结束。

还有一点很重要，护盘线被股价有效站稳或击穿，均是股价将发生扭转动作的第一个重要信号，思维、心态等都要进行一次调整才行，比如在高位见顶或低位见底时。所以，在任何情况下，21 日均线被击穿时，都要引起高度的重视。

15. 护航带 (图 3-19)

护航带一般情况下是由 89 日和 144 日两条均线组成的，两线之间的空间地带称之为“护航带”。护航带一般是支撑(压制)股价和短、中期均线系统进行趋势性的波段攻击时的趋势延伸支撑(压制)带。因为 89 日和 144 日均属于中期性质的均线，将该两条线组合起来使用对于股价的中期支撑和压制作用就很明显。股价在主力控制筹码换手和股价中期趋势的运行时，一般都不会有效击穿该护航带。中期性质的波段调整或攻击的支撑或压制区域均在此地带，主要因为市场上的筹码中期性质的换手大多沉淀在此区域。一旦股价有效击穿该区域地带，则意味着市场中期趋势的彻底改变。89 日和 144 日两条均线共同组合而成的“护航带”是一般意义上的标准周期均线带。根据不同个股的运行个性化情况，可以进行适当的均线周期时间调整，以更“贴近”实战为主。

16. 顺势起与顺势下（图 3-20）

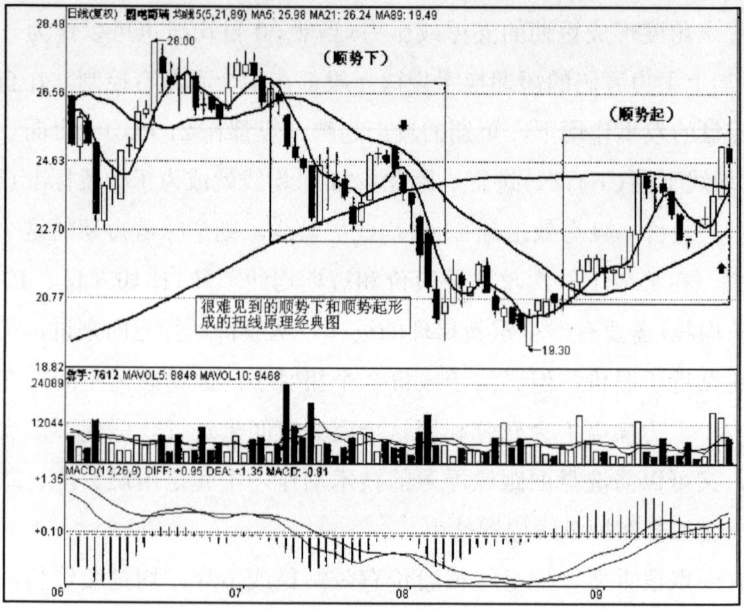

图 3-20 顺势起(顺势下)

顺势起是“牛铃线”(上攻型)的形态中，其中的一个单一的技术攻击动作。因为上面的均线是顺着下面的支撑均线，在股价的带动下，顺势被拉起。所以，称之为“顺势起”。这个技术动作也是攻击动作中最原始的三个规律性技术攻击动作之一。

顺势下是“牛铃线”(下跌型)的形态中，其中的一个单一的技术攻击动作(也是“顺势起”的反向动作形态)。原理和顺势起一致，只是一个是向上攻击拉起时的技术动作；一个是向下攻击开始时的技术动作。

17. 破势起与破势下（图 3-21）

破势起也是最原始的三个规律性攻击动作之一，与“顺势起”不同的是，在攻击起来前，股价会有瞬间或短时间击破下面支撑均线的破位动作。但上面的均线不会击破下面的均线，而始终保持在上面运行。因为股价的这个破

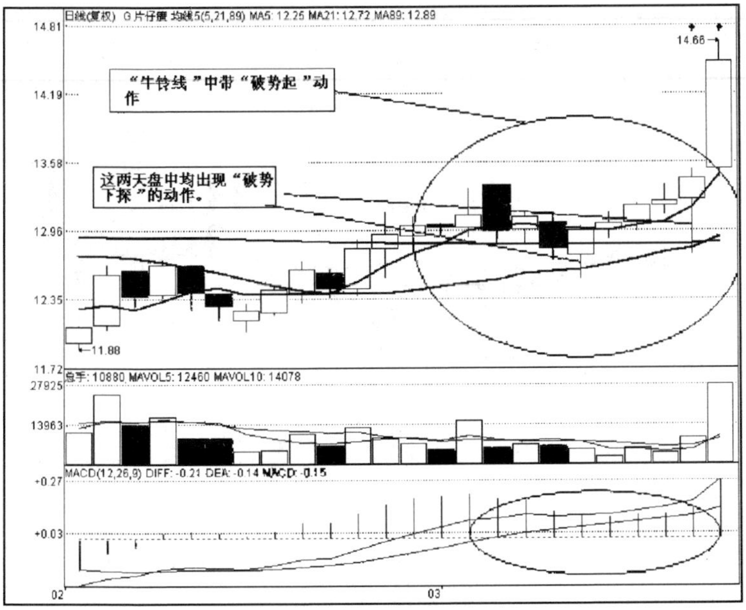

图 3-21　破势起

位动作，所以，称之为“破势起”。

破势下是“破势起”的反向动作形态。“破势起”是在上攻时出现的，而“破势下”是下跌时出现的。内在原理相同。

18. 蓄势起与蓄势下(图 3-22)

蓄势起：就是第三个最原始的规律性攻击动作。很明显，它与顺势起不同。在攻击出现前，会有一段时间是“潜伏”在某条均线之下的，多为小 K 线密集排列进行蓄势。它也与“破势起”不同，“破势起”是在攻击拉起前，只有股价会有瞬间或短时间的击破下面的支撑均线，上面的均线是不会击破下面支撑均线的。而“蓄势起”中，股价和其中一条均线都会先击破支撑的均线，在该均线压制下运行之后再同时冲上该均线，就像潜了一次水。其实也是一次蓄势的动作，所以，称之为“蓄势起”。

蓄势下是蓄势起的反向动作形态。原理与蓄势起一样，只是蓄势起发生在向上攻击中，而蓄势下发生在向下攻击中。

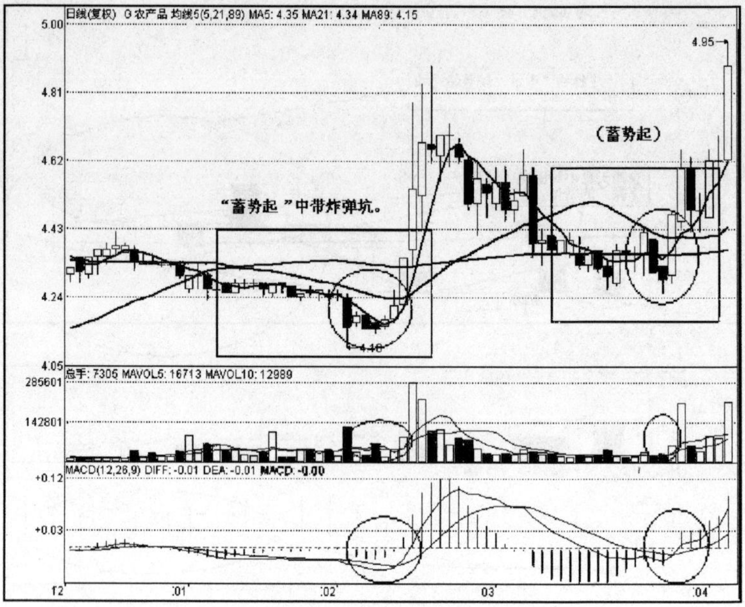

图 3-22　蓄势起与蓄势下

19. 炸弹坑 (图 3-23)

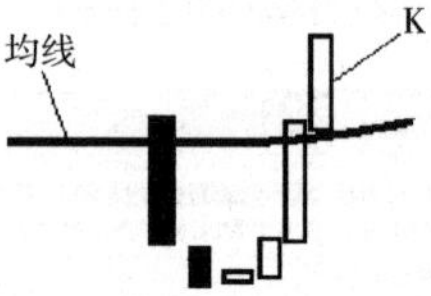

图 3-23　炸弹坑

炸弹坑形态是一组 K 线组成的。一般不超过五根 K 线，即先一根中(大)阴线带量打下，然后出现三根(或两根)小 K 线形成缩量坑底部，再一根(有时两根)中(大)阳线明显带量收回来，总体形成一个 U 形的“炸弹坑”。此 K 线组合一般出现在大涨前的启动初期。

20. 变脸 K 线 (图 3-24)

变脸 K 线是指先一根中(大)阴(阳)K 线，第二天又出现一根中(大)阳(阴)K 线，带量收回来，是一种快速诱筹、震仓的表现。均线走势无变化。此 K 线

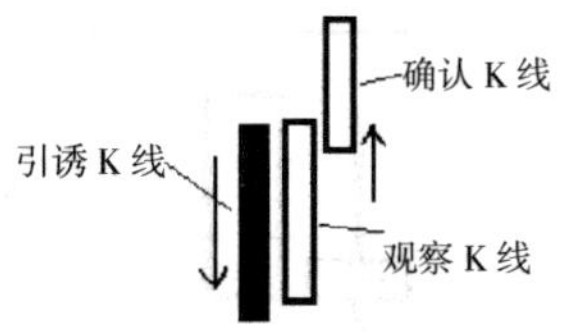

图 3-24　变脸 K 线

组合一般出现在拉升启动前或上攻结束时。

在变脸 K 线出现后，股价一定要尽快脱离变脸区域，拉开距离。如果继续在此区域纠缠，很容易形成“双引诱 K 线”的结果。因为变脸 K 线本身就是主力人为做的一个“引诱 K 线组合”。

注意，变脸 K 线中前一根 K 线是引诱 K 线，后一根是方向选择 K 线，所以，变脸 K 线只有一根引诱 K 线。而双引诱 K 线就是两根都是引诱 K 线，是为了打乱惯性思维判断的 K 线组合，第三根才是真正的方向选择 K 线。一般此组合多出现在筑顶和筑底时。判断是筑顶还是筑底，关键不在变脸的 K 线组合上，而是出现变脸 K 线后向上还是向下快速脱离此组合这个方向选择。判断变脸 K 线是单根引诱 K 线还是双引诱 K 线的最可靠方法，就是看快速脱离变脸 K 线组合的那根 K 线攻击方向。

21. 中字 K 线 (图 3-25)

中字 K 线一般经常出现在小的阶段顶(小的阶段底)、波段顶(底)、震荡顶(底)等位置。上(下)影线比较长，中间的实体小，像个“中”字，所以，称为“中字 K 线”。要破此 K 线只有一个办法，即在中字线出现后的两天内，必须用较长阳 K 线的实体部分“填补”中字线的长上影区域，且要明显带量。在具有“扭转性质”的单 K 线中，中字 K 线是最容易成为“扭转”点的 K 线。所以，要认识并时时注意该 K 线的出现。

“中字 K 线”出现在上攻阶段的时候，说明抛货力度明显加大了。说明在这个区域里攻击方如果想过去，或者强势接单硬推，或者回落缓冲一下，再蓄势另寻机会攻击。所以，出现中字 K 线后，两天内如果不用实体阳线填补上影线部分，则会下跌回落。

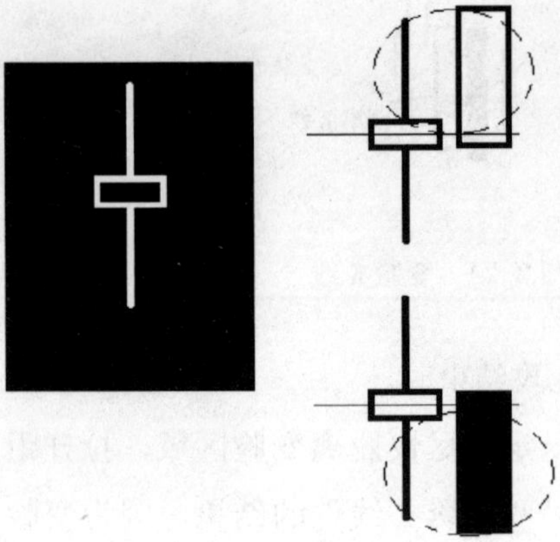

图 3-25　中字 K 线

另外，一般中字 K 线的次日，如果股价总是站不住中字 K 线收盘价以上的价位，比如冲高回落、高开低走、冲上高位盘不住逐波滑落等，盘中就可以考虑先出局为稳。

22. 缓攻 (缓跌)

缓攻(缓跌)就是指股价或者均线在攻击的时候，比较缓慢、平和、不剧烈、大多由中小型的 K 线密集排列进行的一种攻击状态。

这种状态多出现于股价小幅的震荡盘升或震荡盘跌阶段里，也可以看作是一种边攻击、边积蓄多头或空头能量的蓄势期。基本上攻击的角度都会小于(或最多等于)45 度的攻击斜率。

23. 强攻 (强跌)

强攻(强跌)就是指股价或者均线在攻击的时候，始终在大于 45 度的攻击斜率之上进行。这种攻击状态多出现于股价已经明显的转强形成阶段性强势攻击(强攻或强跌)时。这种攻击状态的时间延续性很强，也是理论上最标准的攻击状态，所以，股价和均线之间的乖离率始终保持着合理的差值。在这种运行状态没有被打破之前(比如股价加速进入急攻状态)，这种攻击趋势会持续比较长的时间。

24. 急攻（急跌）

急攻（急跌）就是指股价或着均线在攻击的时候，是一种比较急促、迅速，甚至多带有跳跃动作的一种快速攻击状态。这种攻击状态多出现于股价连续性急攻（急跌）状态时。由于股价连续性的加速急攻，均线攻击角度基本上都会大于 70 度的攻击斜率。这种攻击角度是最强的，但也是最大的一个攻击角度。所以，这种攻击状态出现后，只有一个结果：攻击一旦结束，本次阶段性攻击行为也就结束了，股价和均线的运行趋势也将发生阶段性的扭转现象。

25. 洗攻（图 3-26）

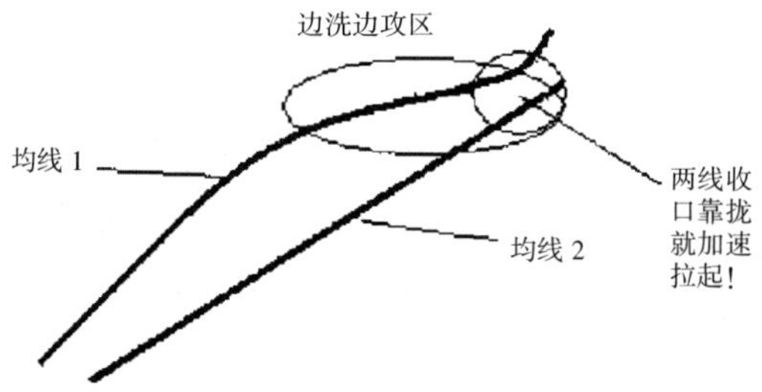

图 3-26　洗攻

洗攻是在一连串强势的攻击动作中，其中的一个变形攻击的技术动作。它的特点是会在保持短线的均线攻击通道的前提下，股价进行着一种边清洗浮筹、边强势攻击的技术动作。洗攻的技术动作一般在两条攻击通道均线相互靠拢靠近时即结束，而转入继续加速攻击运行中。洗攻出现时，一般均线系统的变化不是很大或很明显，但股价 K 线和量的波动变化会明显大于均线系统。洗攻的本身就是两个技术动作结合在一起而形成的，所以，在实际中，它的复杂性要大于那些简单的技术攻击动作。洗攻出现时，是很容易使人做出“误判”的，因为它很像“攻击遇阻或乏力”的技术表现。但恰恰此时要做出比较准确的判断，就是密切注意均线系统，特别是短线攻击通道是否始终保持着。

26. 回抽 (图 3-27)

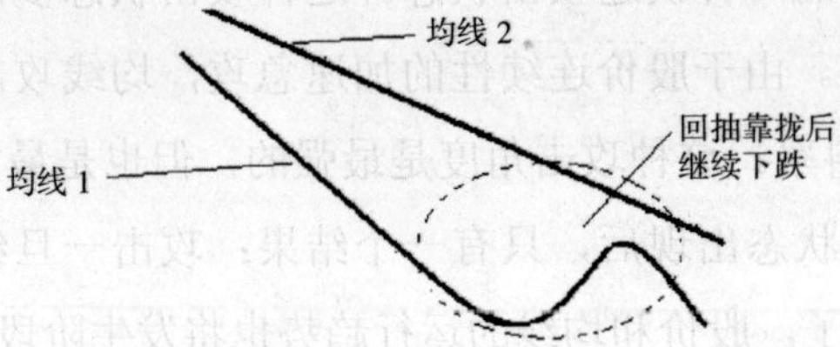

图 3-27 回抽

回抽也是一个技术动作，主要指股价的回抽，但有时也可以在均线系统的“突破”波段里看到均线的回抽动作。

回抽，就是股价突破某个压力、阻力、支撑等之后的一个带有“确认有效突破”的短时间股价回转的技术动作。回抽的技术动作特点是，比较快，时间持续短，一般回抽到压力、阻力、支撑等这些被突破的位置处上下就结束而返回。而且大多数情况下，回抽动作在突破动作之后只出现一次，因为突破区域一般都是敏感位置，股价大多不会过久地停留。

27. 回震 (图 3-28)

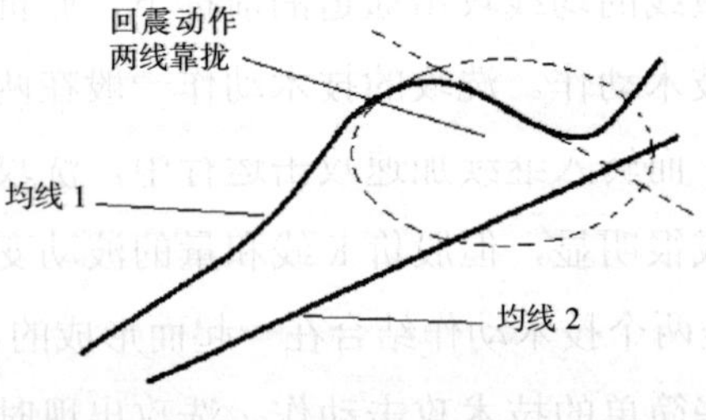

图 3-28 回震

回震是向上攻击组合动作中的一个技术动作。回震的目的是为了震出跟风获利的浮筹，就是一种震仓动作(而回抽是一种突破之后的确认动作，两个动作的目的不同，手法也就有差异)。“回震”基本上都出现在攻击组合动作中，比如，先攻、再震、再攻击，或者边攻、边洗、边震结合运用，或者每震一次就加速攻击一次等。所以说，主力攻击中的技术动作总是组合的变化和运用着，很多人总是踩准一步，又踩错一步，这与主力把多个技术动作组合起来运用有很大的关系。

28. 横盘下（图 3-29）

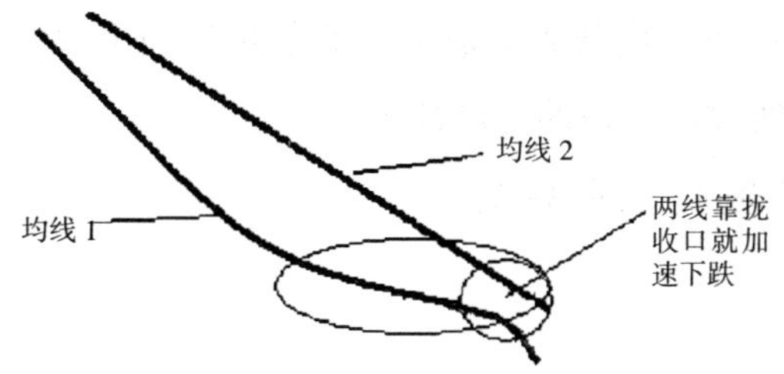

图 3-29　横盘下

横盘下是出现在下跌阶段中的一个技术动作。它的特点与上涨阶段中的洗攻是一致的。不同的是洗攻发生在上涨阶段中，而横盘下发生在下跌阶段中。“横盘下”动作中的均线系统，特别是短期均线通道，是始终保持着的，主要是股价在前面下跌之后的一个比较短时间的横盘动作连着后面的继续下跌动作。两条通道均线相互收缩靠拢但不交叉，就又开始新的下跌攻击动作。横盘下只是股价连续下跌动作中的一个短时间的缓冲动作。

29. 破位震（图 3-30）

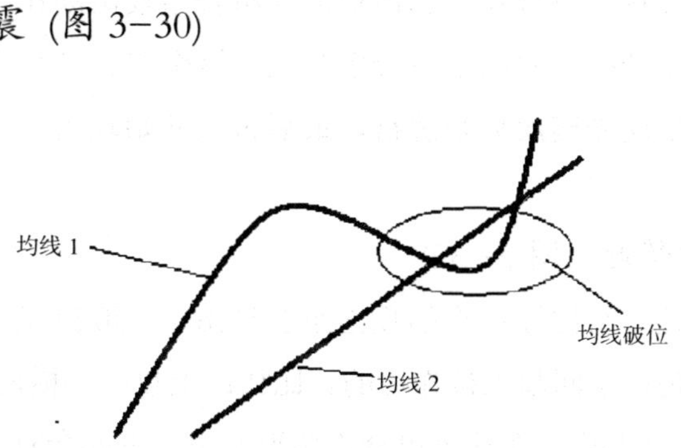

图 3-30　破位震

破位震是指在向上攻击过程中，出现的股价回震动作比较大，往往股价回震时会击破下面的攻击支撑均线而形成破位。短期均线系统中的两条通道线，此时会发生相互交叉现象，但下面的第二条均线始终保持着坚挺的支撑作用。这种破位震的技术动作常发生在前面股价攻击比较快速和凶猛之后，两条通道线之间的距离也拉开出现乖离率，股价和均线都需要一个回收的过程时。破位震由于会造成两条通道线的交叉现象出现，所以，这个技术动作的持续时间会比一般的震仓动作要长一些。有时也是股价即将见顶前的一个技术动作。一般情况下，出现破位震后，股价再次向上攻击起来，就要密切注意股价是否有短线攻击见顶的可能性了。

30. 先震后洗攻 (图 3-31)

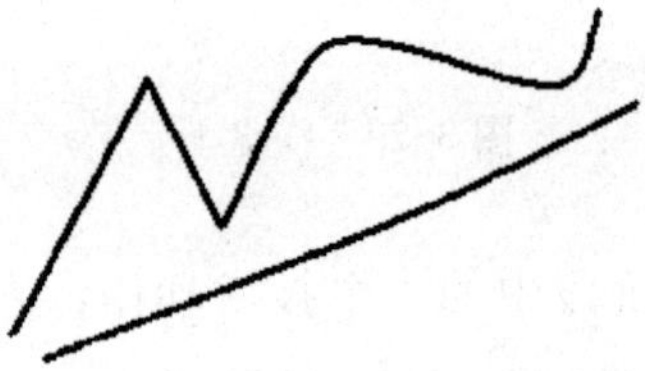

图 3-31　先震后洗攻

先震后洗攻是一个组合的攻击动作。在攻击中，有震、有洗。区别于洗攻中的没有大 K 线的震仓动作，也区别于“回震”动作中的没有洗盘动作。它是将“回震和洗攻”组合在一起而形成的组合型攻击动作。所以，就比前两个技术动作要复杂些，时间上也会多几天。这个组合型攻击动作中，大多数情况下，都会出现先震而后是洗盘，最后再次开始攻击。所以，也称之为“先震后洗攻”。

31. 震荡蓄势起 (图 3-32)

震荡蓄势起是一组比较典型的攻击组合形态，一般出现在波段攻击中的横向震荡阶段。是在中间起承接作用的。比如：上攻——横向震荡(出现“震荡蓄势起”)——再上攻，在这个组合震荡形态中，下面会有一条重要的均线始终保持着向上的延伸，和对股价以及其他短均线的支撑力度。这个形态也

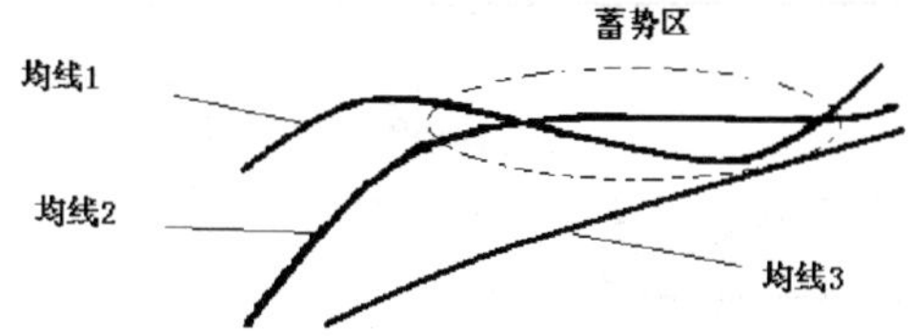

说明：1.“震荡蓄势起”一般出现在波段攻击中的横向震荡阶段。由上攻转震荡再转入上攻；2.“震荡蓄势起”中的均线 1 在震荡中先下穿均线 2。然后经过蓄势后再上穿均线 2。而均线 2 在蓄势状态时形成平走状态。关键的是均线 3 始终处于坚挺的上攻状态。形成对均线 1 和均线 2 两条线的有效支撑；3. 蓄势区中的换手量明显有一个从大到小再到大的转过程；4. 股价在蓄势区以均线 2 为中心线上下震荡运行。除特殊影响。一般不会破均线 3 的支撑。

图 3-32　震荡蓄势起

可以演化为经典的“牛铃线”，而“牛铃线”形态又往往是股价强势攻击之前的基础形态。所以，了解和掌握震荡蓄势起这个技术形态很重要。

32. 牛铃线（图 3-33、图 3-34）

牛铃线是一种均线攻击的经典技术启动形态，由两条均线组合而成。它也是《扭线原理》中最具攻击力的典型技术形态。它是股价和均线出现扭转攻击时比较常出现的攻击技术形态。这种攻击形态经过大量的实战经验表明，很多强度大、持续时间长的攻击波段的初始攻击动作，常会先形成牛铃线的技术攻击形态，并且在攻击波段的过程中，每当攻击动作将出现新的加速攻击时，也会常常先出现牛铃线攻击形态。股价和均线在形成突破性攻击时也经常会看到牛铃线的身影。

牛铃线分为上攻型和下跌型两种攻击形态。

上攻型主要特点是均线 1 上穿均线 2(支撑均线)后，均线 1 会在均线 2 之上先形成“蓄势状态”运行。而不再下破均线 2。最后演化为“顺势起”的攻击动作。

下跌型牛铃线的主要特点是均线 1 下穿均线 2(压制均线)后，均线 1 会在均线 2 之下先形成蓄势状态运行，而不再上破均线 2，最后演化为顺势下的攻击动作。

这个经典攻击形态的威力比较惊人，并且具有一定的规律性。

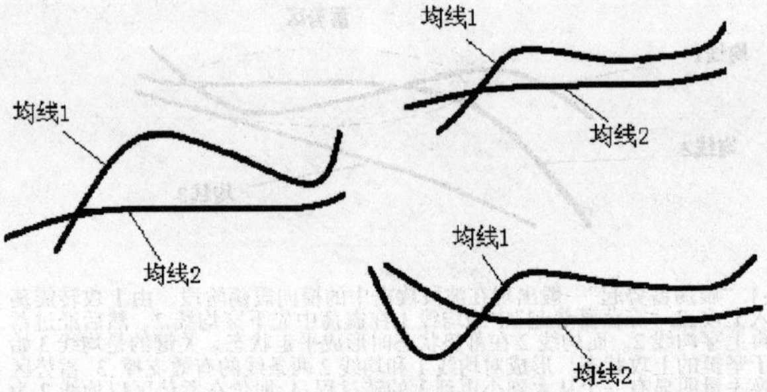

图 3-33　牛铃线（上攻型）

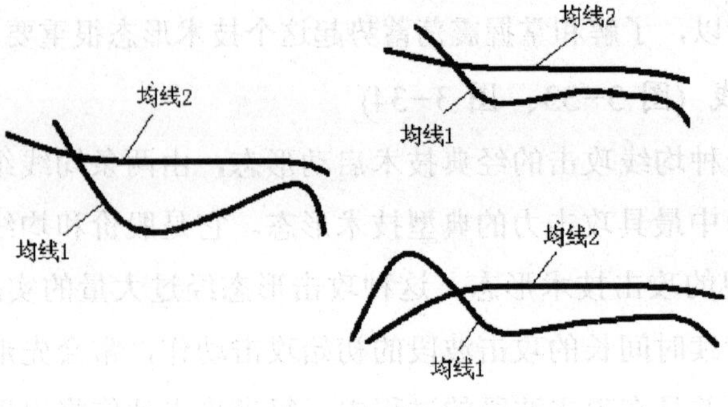

图 3-34　牛铃线（下跌型）

33. 飞龙线（图 3-35）

飞龙线也是一种典型的均线向上攻击技术形态。因为像一条飞龙扶摇而上，所以，称之为“飞龙线”。飞龙线的最大特点是持续的、波动的、强势的攻击。整体攻击形态流畅绵延不断，一般均会最少由三个攻击小波段组合成，这个形态的持续能力有时非常惊人。飞龙线一般出现在攻击波段的过程中，总体上看是一种延续型的攻击形态。

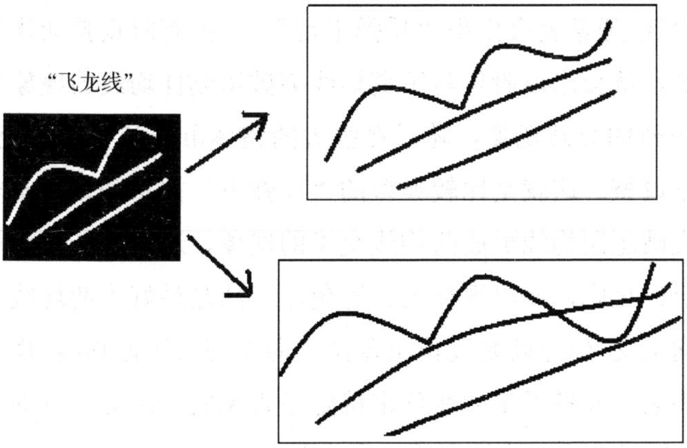

图 3-35　飞龙线的两种演化图

34. 反弹下（图 3-36）

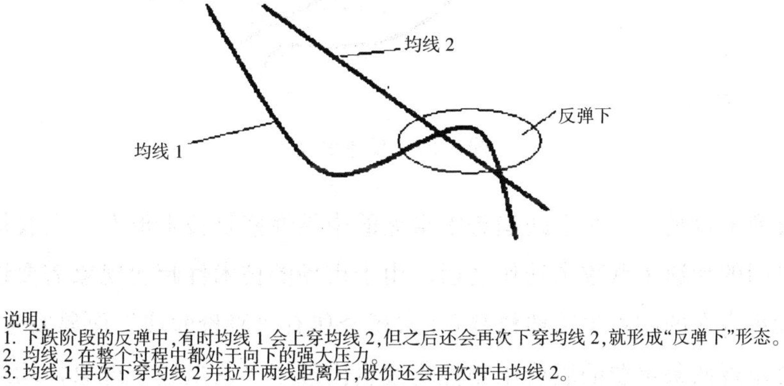

图 3-36　反弹下

反弹下的技术动作出现在下跌趋势中，当股价经过一段时间的加速下跌攻击动作之后，由于市场的技术性超卖现象需要进行修正，股价内在的超跌也需要修复(经常还会伴有“股价脱线”现象发生)，同时也会出现两条重要的股价压制性均线也出现了“八爪线”现象，均线自身也需要进行靠拢修复等。诸多的短线技术同时需要修复的综合影响，就必然会导致出现“反弹”技术动作的出现(通常就会出现“反弹平台”)。但有时反弹动作的攻击力度还是比较强的，就会出现股价与短期均线突破压制性均线的现象发生。但这仅仅是一个短暂的突破现象，随后在强大的整体市场和技术系统的压力下，再次开始向下调整。这就是比较典型的“反弹下”技术动作形态。由于此技术形态中有突破压制均线形成两均线交叉的现象，通常会造成市场中很多人误认为股价已经见底，而出现损失。避免的方法是最好当两均线在短期内连续出现两次向上交叉(也就是股价出现两次向上突破压制均线)现象时，再结合其他市场因素以及换手量的变化来确定是否见底。因为“反弹下”的技术动作的确也是短线背离底构筑中的一个前半部分技术动作。

35. 反弹平台 (图 3-37)

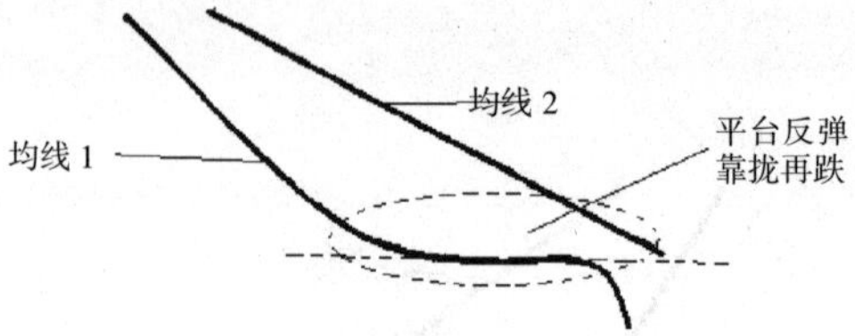

图 3-37 反弹平台

反弹平台是一种在下跌趋势中常见的中继性修复技术形态。当股价经过一段时间的加速下跌攻击动作之后，由于市场的技术性超卖现象需要进行修正，股价内在的超跌也需要修复(经常还会伴有“股价脱线”现象发生)，同时也会出现两条重要的股价压制性均线也出现了“八爪线”现象，均线自身也需要进行靠拢修复等。诸多的短线技术同时需要修复的综合影响，就必然会导致出现“反弹”技术动作的出现，通常就会出现“反弹平台”。反弹平台一般会形成股价横向波动形成平台，两条均线相互靠拢但并不交叉。当两条均线靠拢很近后，在压制均线的强大作用力下，股价会结束此平台的波动，再次向下破位下跌。要注意，反弹平台如果距离前面的顶部区域太近时，往往会成为主力的一个出货平台。另外，在反弹平台中，最好不要抄底或买股，但可以在反弹中择机减仓或出局，因为横盘很难成底。

第四章　启动与攻击

第一节　可靠的启动信号：金叉共振与死叉共振

金叉共振就是股价的扭转方向、量的明显放大、指标的金叉现象(或者几种指标)、均线的攻击排列和交叉现象等技术要素同时在某个时间点里发生了共同变化，即这些技术要素都转向了同一个攻击方向。这里是以向上攻击为前提称之为“金叉共振”。如果这些诸多的技术现象所指示出的攻击方向是向下的，就称之为“死叉共振”。

当技术上出现金叉共振、死叉共振的技术现象时，一般都是比较准确的进场介入和离场卖出时机。而如果能够比较熟练地掌握这一技术应用方法后，是可以通过密切跟踪，在金叉共振、死叉共振现象出现前一两天，就提前逢低进场介入或提前逢高离场卖出的。因为该种技术现象，由于是多个方面的技术数据值在内在多空能量发生变化时，而集中在同一个时间点上出现的一种“技术共振现象”，此信号的可靠性就要比别的单一的技术信号(诸如单一的金叉信号)高很多。

但金叉共振和死叉共振的技术现象自身也存在一个“弱点”。该技术现象只能作为一种股价短线多空方向的指示信号，而不能决定股价攻击的时间长短以及空间大小，也很难提示出攻击的后续技术动作。只是在技术上指示出了一个短线攻击的方向。要解决这些问题，还需要结合诸如周月线的运行状态、市场环境、趋势整体空间位置等多方面来分析。

还要注意，很多人将一些客观的技术现象“神化”了，认为用某一种技术现象，就可以解释所有的一切技术波动，这是一个误区。每一种技术现象都是有其局限性的，这些技术现象的发生，只是对目前整体技术状态中的某一个方面，或某一种“内在动能量”等单个方面的客观数据变化的“表达”。只是有时，这个“表达”的技术现象或技术动作比较强烈，对股价的作用大一些，而有时对股价的作用会小一些。不能期望用一种技术现象或技术动作“打遍天下”。这也就是为什么有些爱“生搬硬套”的人，在应运某些技术现象或技术动作做分析时，有时候比较准确，有时候却“事与愿违”的根本原因所在。要培养自己运用多种方法来相互确认这些技术信号和“剔除对股价影响较小的杂波”，最终做出的综合判断，准确性才会提高。认清这一点，对提高自己的技术分析准确能力并打破技术无限论是很重要的！

第二节　掌握攻击的节奏：两种攻击波动形态

在攻击形态中，有两种基本的攻击波动形态：“尖顶圆底”和“圆顶尖底”攻击波动形态(图 4-1、图 4-2)。

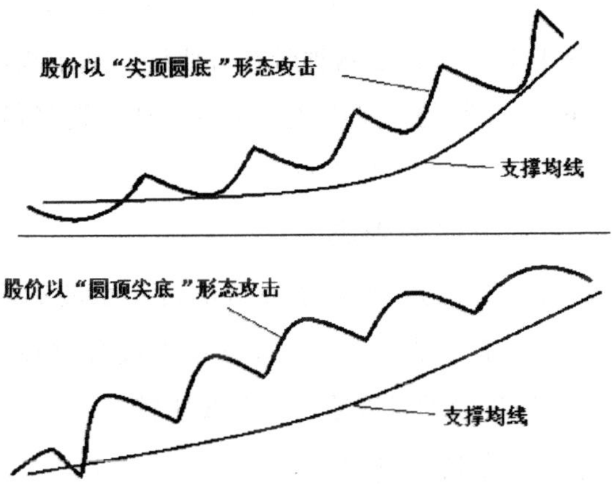

图 4-1　两种攻击波动形态 A

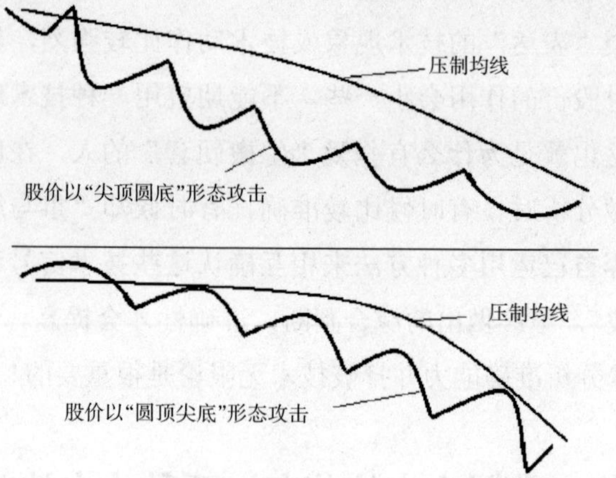

图 4-2　两种攻击波动形态 B

在这两种基本的攻击波动形态上，还演变出了这两种形态相互组合形成的攻击形态。比如，前期的攻击波动形态是“尖顶圆底”，后期却转变为“圆顶尖底”攻击形态；或者前期是“圆顶尖底”，后期又转变为了“尖顶圆底”攻击形态(图 4-3、图 4-4)。掌握这两种带有规律性的基本攻击波动形态，可以深入地分析该股价的攻击趋势，把握攻击节奏规律，选择最佳的操作时机，并且进一步探究控盘主力的每一步攻击意图。

1.“尖顶圆底”攻击波动形态

“尖顶圆底”攻击波动形态，揭示了股价的每一小波的攻击快速而又凶猛。但回落后常常以洗为主、以缓为主，控盘主力很有耐心。一般在回落形成圆底时，伴随着明显的盘面缩量现象，小 K 线比较多。

2.“圆顶尖底”攻击波动形态

“圆顶尖底”攻击波动形态，揭示了股价的每一小波的攻击虽缓慢但持续有力。回落时先慢而后快，控盘主力往往最后的见底是以震的手法完成。所以，见底时打出量来也是正常现象。小 K 线多在圆顶处，底则多为震后即起的尖底。

3.“尖顶圆底”和“圆顶尖底”的组合演变形态

实战中，还有很多攻击波动形态是将“尖顶圆底”和“圆顶尖底”相互

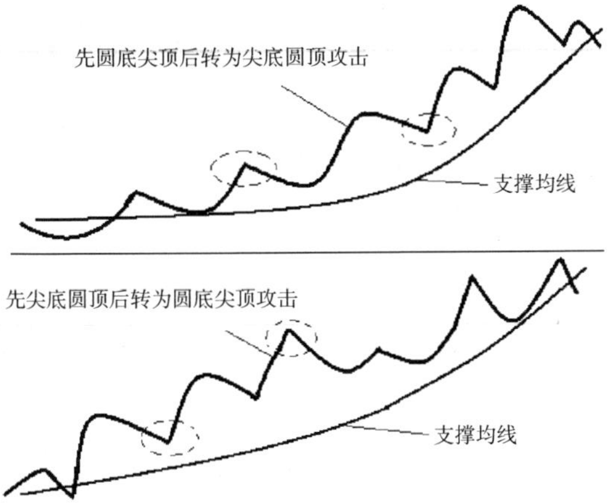

图 4-3　两种攻击波动形态 C

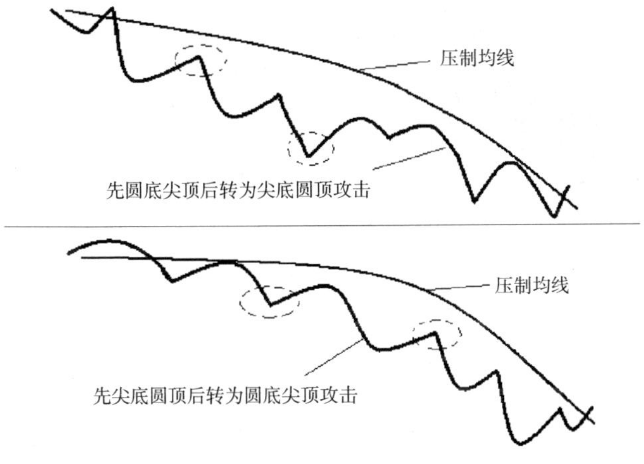

图 4-4　两种攻击波动形态

组合形成攻击波动形态的。这种相互组合的形态，必须要细心地反复观察才可以看出来。这里面有变的，但也有没变的。这种相互组合形式的攻击波动形态，虽然只是控盘主力攻击手法的一种演变，但其转变之后的攻击意图也会随之改变的，在实战中的攻击节奏是会有变化的，时机的把握上也要做相应的调整。但一般不会改变整体的攻击趋势。两个基本形态内在所包含的规律是不会变的。这也就是“变与不变的”辨证道理。只要按照“尖顶圆底”和“圆顶尖底”各自波动攻击中的主力意图演绎分析，再加上均线系统的自身运行规律，是可以破解看似复杂的组合形态的。这里只是抛一块“砖”，“玉”还需要在实战中去锻炼。能够在实战中很快辨别出攻击形态的特点来，本身就已经摸到了波动节奏的脉象了。

第三节 股价还能涨吗——攻击通道

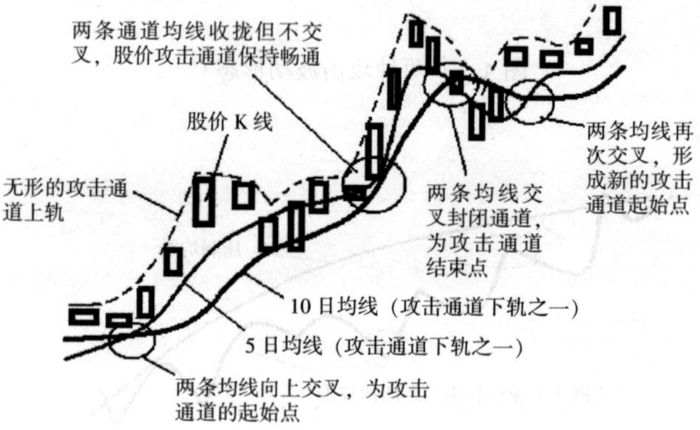

图 4-5 “攻击通道”(1)

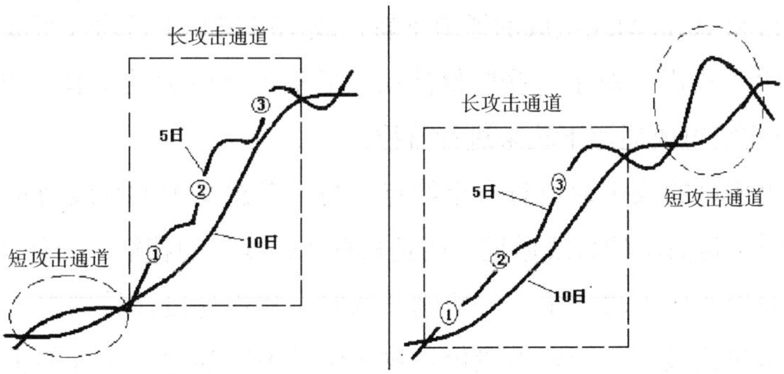

图 4-6　“攻击通道”(2)

注：一般在“长攻击通道”中会包含着 3 个或 3 个以上的小攻击波

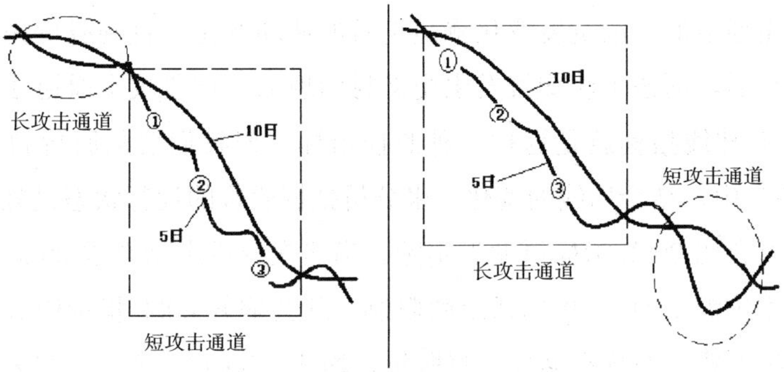

图 4-7　“攻击通道”(3)

注：一般在“长攻击通道”中会包含着 3 个或 3 个以上的小攻击波

一、什么是攻击通道

在股价的攻击波动形态中，有一条自然形成的攻击通道(这里以上攻阶段为例，下跌阶段时反向理解)。

这条攻击通道，由一条“无形”的通道上轨，和两条“有形”的均线组成的通道下轨共同组合而成。

通道上轨属于股价自身攻击排列而形成的压制性轨道，是以股价的最高价连成线而形成的“无形轨道”。

通道下轨大多是由两条有形的均线来表现，也就是双下轨。比如，某股价沿着 5 日和 10 日均线组成的通道下轨，或 10 日和 21 日均线组成的通道下轨形成向上的攻击。对于有些股价波动高低价差比较大的个股，也可以用 5 日和 21 日均线组成通道下轨来进行监控。

但这里所讲的攻击通道有一个特点，与一般意义上的画线通道不同：这个攻击通道不是简单的直线通道，而是具有“弧线”的特征。为什么呢？

因为股价在向上攻击中，一般刚开始时，攻击速度比较缓慢，形成的通道上下轨道也比较窄。而随着股价在攻击中地不断加速，每天的上下价差在不断地拉大，这条通道的角度也会逐步向上倾斜，攻击通道的宽度也会加大。如果股价进行短时间的震荡整理时，攻击通道还会有“收窄”、“扩放”的现象发生，所以，也会使得波动运行中的攻击通道宽度不断的出现变化。但只要股价不出现连续性加速使攻击通道上轨和下轨之间的“乖离率”拉开太大，那么，攻击通道的一般宽度变化就是正常的波动变化。直到股价完成本阶段的攻击动作后，两条下轨均线发生交叉封闭现象。该段攻击通道才算结束使命。BOLL 布林线指标就是这样一种监控指标。但我们要从股价自身形成的“攻击通道”中，结合均线的变化，来分析把握股价的运行状态是处于哪一个阶段中，就会比 BOLL 指标更贴近实际。当然在分析中结合进 BOLL 指标的数据值，又不拘泥于 BOLL 指标通道的限制，就会解开 BOLL 指标中股价在强势时突破指标上轨后的分析谜局。将股价、均线、BOLL 三者结合起来监控股价的攻击通道，在实战中既贴近实际又很有效。

一般来讲，攻击通道的开始形成点，是在股价站上短期均线，短期两条均线在形成向上交叉后开始的：结束于该两条均线的向下交叉时。如果股价经过整理后再次形成新的攻击时，以该两条均线的再次向上交叉开始形成新的攻击通道看待。所以，每条攻击通道在每次运行的过程中间，均不能够出现两条均线进行交叉的现象。一旦出现，即视为这条攻击通道的结束，新的攻击则会形成新的攻击通道。最好把几条攻击通道的攻击动作区别开来进行分析、判断。因为每条“攻击通道”的攻击动作、目的以及内在的能量变化均会有比较大的差异，并且会有前后的次序动作、排列惯性规律。

另外，还要明白，在攻击通道中，股价是在“上有压，下有支”的曲线中攻击运行。一旦压力过大，不但会将股价“压破”下面的均线轨道(出轨)。而且，股价短线如果不能够再次冲破这种压力，还会造成两条均线轨道的“闭合交叉”，从而“关闭这条攻击通道”，这即意味着股价和均线的短线整理来临。但是，按照“均线二二法则”，两条均线的交叉现象在出现两次以上，才会有整体扭转的现象发生。依此，我们又可以基本判断出：一般的攻击波段，均是由两条(或两条以上)的攻击通道相组合连接而完成的。

但从市场的实战中，我们又发现了另外两个规律现象：

(1)如果某个波段是由两条攻击通道阶段相连接而形成的，往往会，前一条攻击通道运行时间长，而后一条攻击通道运行时间短；或者反过来，前一条攻击通道短，而后一条攻击通道长。

(2)在由两条(或两条以上)攻击通道相连接形成的某个波段中，临近见顶时的那条攻击通道的运行时间在多数情况下总会是比较短的一条。

二、攻击通道的均线监控

一般短线的攻击通道下轨的两条均线为：5 日均线和 10 日均线组合进行监控。

对于有些个股经常最低价会击破 10 日均线的现象，可以改用 10 日均线和 21 日均线两条均线组合进行监控；但通常以 10 日均线和 21 日均线组合监控的个股，多为攻击波段持续时间比较长的一类。

还有一种是用 5 日均线和 21 日均线两条均线组合成为攻击通道下轨来进行监控。

具体要用哪一种组合均线，在没有形成经验之前最好将 5 日、10 日、21 日三条均线都设置。经验多了，自然就会快速准确地找出某股的攻击通道来的。

再进一步深入分析，股价的攻击通道中有两条均线形成通道下轨。但通道下轨的均线周期的不同，也反映着该股的攻击通道的波段性质。比如：以 21 日均线为攻击通道下轨的股价攻击波段，要比以 10 日均线为攻击通道下轨的股价攻击波段性质要大，并且攻击持续时间也要长。当你能够熟悉掌握股价的攻击通道这一实战技术后，还可以在实战中设置更长一些时间周期的股价攻击通道下轨。例如，用 21 日和 48 日两条均线组合成具有中期性质的股价攻击通道下轨来监控某些中线股，用48日和89日两条均线组合成具有某波浪攻击性质的股价攻击通道下轨来监控某股的某一个攻击浪，等等。

无论使用什么时间周期的两条均线组成攻击通道下轨，都要尽可能地贴近个股的实际攻击波动形态。不能够“唯我”地使用脱离个股客观实际波动的均线来形成主观配置均线下轨，如此则会“弄巧成拙”。

无论是使用什么时间周期的两条均线组成攻击通道下轨，都只是一种监控股价波动运行的技术工具。不能过分夸大该工具的特性。对股价的技术精确分析和运行判断还需要结合其他诸如换手量、技术指标、主力意图、盘面技术动作配合，波段运行的位置、个股基本面，市场因素等。扭线原理中讲的“股价的二二法则”和“均线的二二法则”也要结合起来分析判断。

三、攻击通道的分类

攻击通道又可分为强势型攻击通道和蓄势型攻击通道两类。

比如，某股现在正处于向上攻击的状态中，我们先要看，它形成的攻击通道是强势的，还是弱势的。

处于强势型攻击通道的股价，可看作是短线操作的好品种。处于“蓄势型攻击通道”的股价，可看作是一种攻击初期的“蓄势阶段”，是潜力强势股的好品种。对此类股如果介入太早，就要有心理上“耐心一点”的准备。

1. 强势型攻击通道

强势型攻击通道是股价的攻击通道中最强的一种。如果形象点讲，就像是从山的侧面看一个人在爬山，头顶上是蓝天，脚下是山的侧边。从技术上讲，该股一直处于短期均线系统的上面。一般这类股的股价，最强时，是沿着5日线上攻(连续加速攻击状态时)；强但加速不明显时，是沿着10日线上攻。而攻击绵绵不绝时，大多是沿着21日线上攻。强势型攻击通道中的股票，一般都是当时市场中的强势品种、热点品种，也是短线操作中优先选择的品种。介入时机的把握，以该攻击通道的下轨均线为参考。

运行在强势型攻击通道中的股价，往往见顶前，基本上都会出现三个动作现象：①放大量换手(或巨量)；②加速再加速(冲击涨停现象很多见)；③脱线(股价脱离5日均线，有些会连续脱线几天)。

当出现这几种技术现象时，就要警惕短线的见顶已经很近了，操作上要先逢高减仓。

2. 蓄势型攻击通道

蓄势型攻击通道是股价以 21 日、48 日中期均线为攻击通道的下轨进行向上攻击形成的攻击通道。该攻击通道中，当短线股价走强时，会沿着 21 日均线向上攻击，而当出现回落整理时，却又回荡低于 21 日，以 48 日均线为通道下轨。所以，股价是以 21 日和 48 日两条均线作为复合型的通道下轨进行攻击的，也有些股价是以 48 日和 89 日均线为复合型通道下轨。

蓄势型攻击通道是一种典型的中线潜力品种的攻击特征。介入此类股，要有耐心，而且不必急追，可在每次回落到通道两条下轨附近时，分批分次逢低介入。

要注意的是，蓄势型攻击通道会在股价开始逐步加速时，转变为强势型攻击通道。那时，该股将会成为市场的热点品种，从而形成加速攻击动作。但在转变为强势型之前，有一个最大的特点就是，短期均线的纠缠现象比较多，特别是 5 日、10 日两线，总是会比较频繁地出现交叉。所以，股价的反复无常也很多见。如果你仔细观察，还会发现，5 日线和 10 日线以及股价这三者虽然上下波动、反复纠缠现象出现比较多，。但都会以 21 日均线作为常态下的支撑下轨。只有在市场波动比较大或者某些特殊因素的影响时，股价或 5 日线或 10 日线才会短时间触及 48 日均线的支撑。所以，21 日和 48 日就组合形成了该股的蓄势型攻击通道的双下轨。

因为蓄势型攻击通道里的通道下轨多以中期均线为主，所以，其攻击速度上的特点是攻击缓慢、震荡多，是典型的蓄势攻击阶段。

而强势型攻击通道多以短期均线作为通道下轨，而且一般均处于加速状态，其特点是快速凶猛，是典型的加速攻击阶段。

了解掌握了两种不同性质的股价攻击通道，就可以比较清楚地区别各种已经形成了攻击通道的股价的运行特点和把握节点。在实战操作中，就可以灵活地跟踪和正确地运用相匹配的操作技巧来博取利润，并且可以有目的选择适合于自己操作风格的股票品种。避免买了盼涨，卖了又后悔，以及看见强势品种就追高这些带有盲目性的错误。

很多人不是选不到好的、强的品种，而是没有找到合理的认识角度来确定操作原则。

攻击通道是一种实战中最常应用到的实用性技术理论。准确地理解、熟练地掌握这一技术理论，是提高个人实战技术水平中一个重要的步骤。

第四节　树叶理论与“二二法则”

一、树叶理论

树叶理论是我通过多年的实践，把波浪理论中的几种典型攻击形态，依据它们共有的内在规律，进行组合而成的简单易记的攻击模式图。把这几种攻击形态组合在一起，刚好形似一片树叶，所以，称之为“树叶理论”。此攻击模式图，其中每种攻击模式里，还体现了不同攻击阶段中的攻击角度、攻击速度，支撑受力点、压制压力区域等内在规律波动变化。

“一叶知秋”之奥妙尽在其中！

“树叶理论”攻击形态模式图分为向上攻击(图 4-8)和向下攻击(图 4-9)两幅图，相互对应。

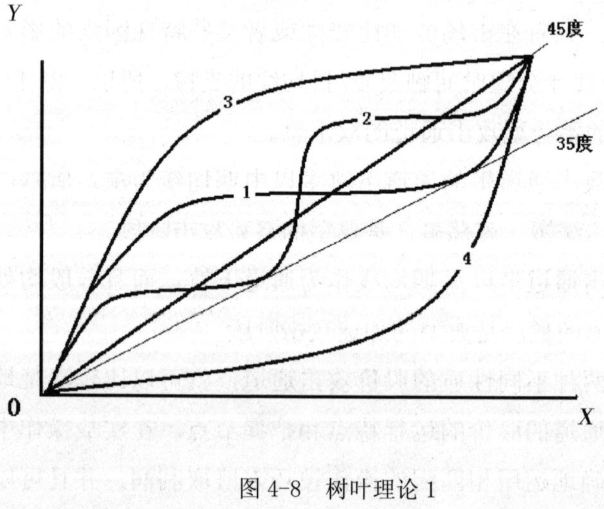

图 4-8　树叶理论 1

说明：1. 三波（浪）攻击；2. 五波（浪）攻击；3. 上弧线攻击；4. 下弧线攻击

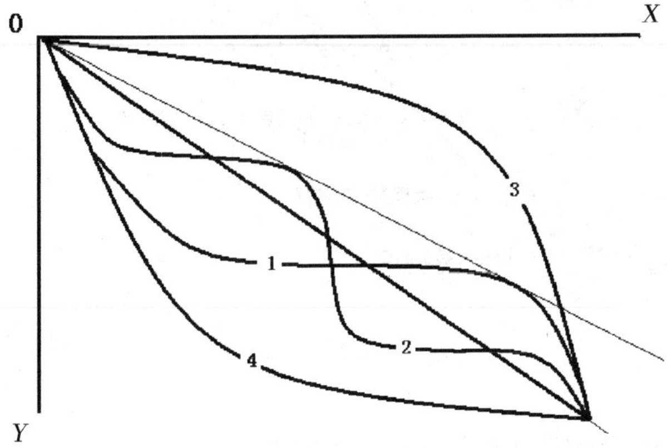

图 4-9 树叶理论 2

说明：1. 三波 (浪) 攻击；2. 五波 (浪) 攻击；3. 上弧线攻击；4. 下弧线攻击

“树叶理论”中包含以下几种攻击模式：

(1)三波(浪)攻击；

(2)五波(浪)攻击；

(3)上弧线攻击(先快后慢攻击)；

(4)下弧线攻击(先慢后快攻击)；

(5)45° 标准线攻击。

二、“二二法则”

1. 均线的“二二法则”

经过多年的经验和总结，我发现在波段趋势运行中，凡是具有重要的趋势支撑护卫作用的均线，都存在着一种规律性的现象，我把这种现象定义为“二二法则”。

第一条 一条趋势运行中具有重要支撑和压制作用的均线，对趋势状态中的股价一般具有至少两次明显的支撑 (或压制) 作用 (包括股价短时间穿破均线)。

第二条 两条趋势运行中具有重要支撑和压制作用的均线，在整个趋势发展运行中，相互间具有至少两次强有力的支撑 (或压制) 作用 (包括两线出现交叉现象)。

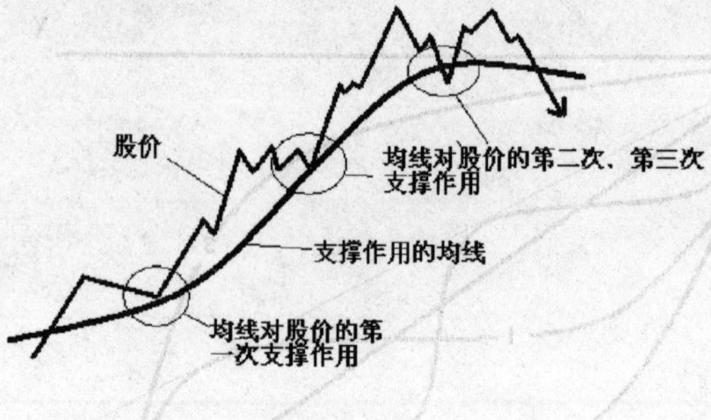

图 4-10　均线二二法则 1

说明：一条趋势运行中具有重要支撑和压制作用的均线，对运行中的股价一般具有“至少二次明显的支撑（或压制）作用（包括股价短时间穿破均线）”

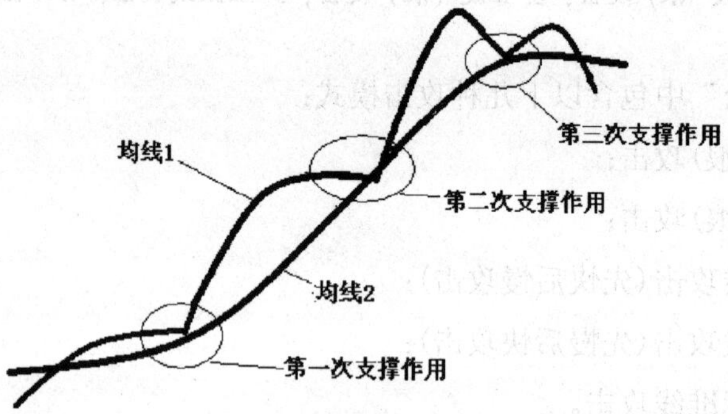

图 4-11　均线二二法则 2

说明：两条趋势运行中具有重要支撑和压制作用的均线，相互间具有“至少两次强有力的支撑（或压制）作用（包括两线出现交叉现象）”

根据这一法则：

(1)当股价正处于趋势运行状态期间时，股价在第一次和第二次回调(或反弹)到这条具有趋势支撑和压制作用的均线处时，均出现介入(或卖出)性质的时机点；

(2)当市场的运行趋势处于阶段性的上攻或下跌行情中时，两条具有重要支撑或压制作用的均线之间一般会有至少两次相互碰面或是出现交叉，在整个阶段性行情趋势中，这两次均是重要的介入或卖出时机点；

(3) 二二法则不仅仅适用于阶段性行情，也适用于中级以上趋势行情重要时机的判断，只是由于行情性质不同，所需要判断的均线周期要因地制宜。

2. 股价的“二二法则”

第一条　股价在每次攻击（向上或向下）时，会产生至少两次（或以上）的攻击动作；

第二条　股价在确认转折（发生扭转）时，会形成至少两次（或以上）的确认动作。

说明，股价的最后一次攻击动作和股价确认扭转的第一个动作通常是同时形成的。

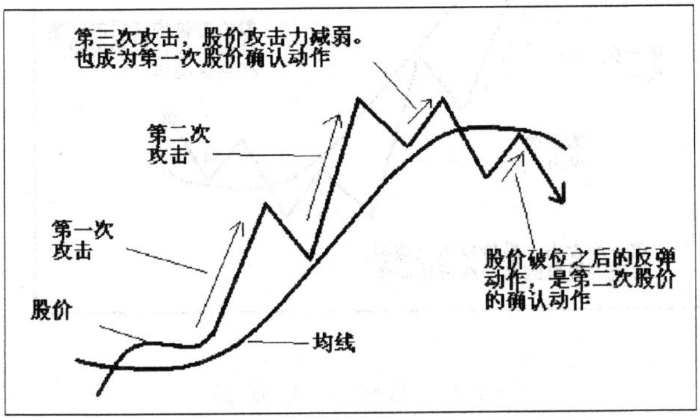

图 4-12　股价二二法则 1A

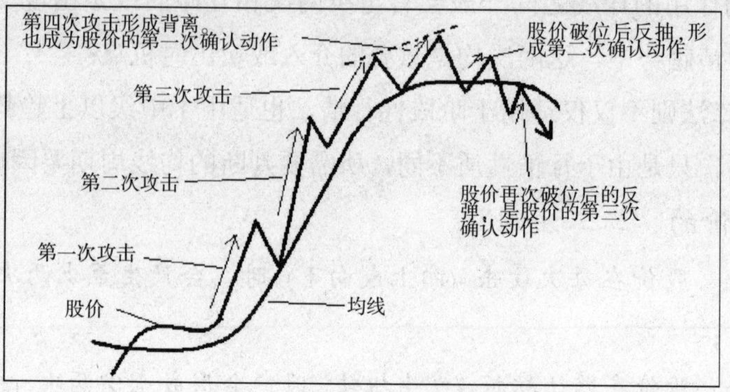

图 4-13 股价二二法则 1B

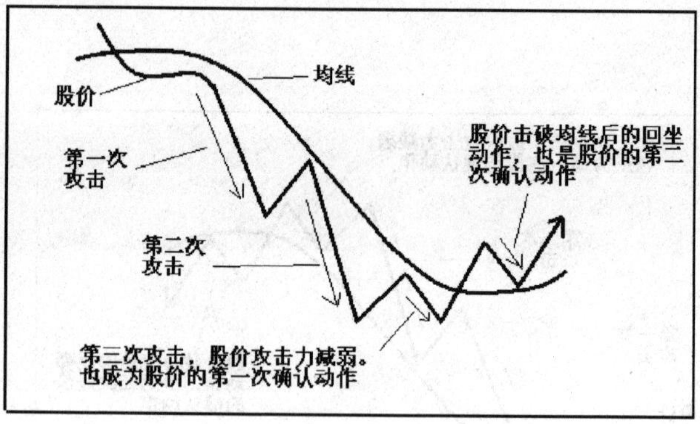

图 4-14 股价二二法则 2A

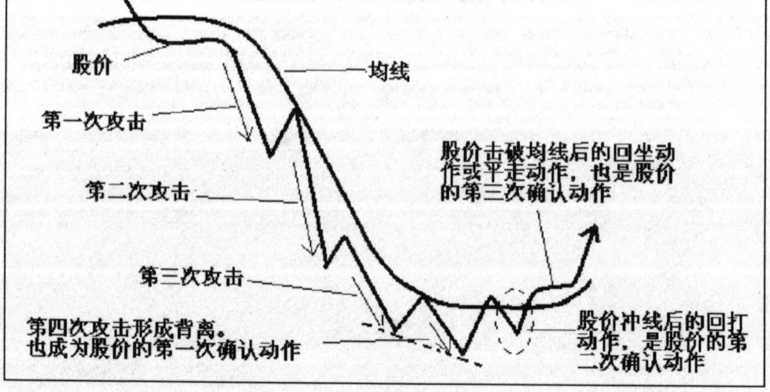

图 4-15 股价二二法则 2B

第五章 不上不下的时候
——七种横盘状态

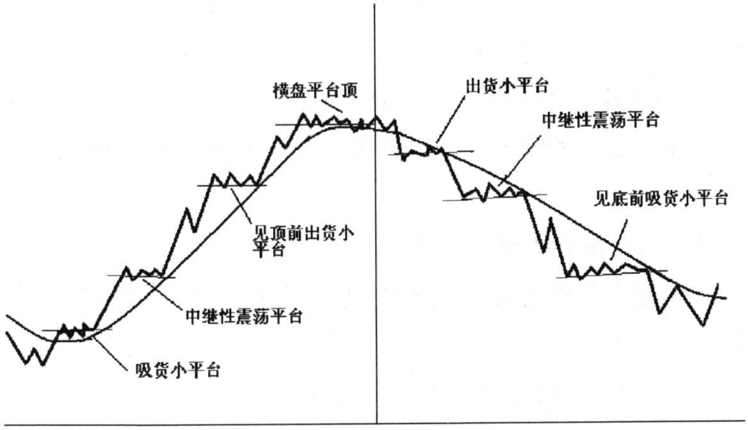

图 5-1 扭线原理之七种横盘状态

第一节 上攻状态中

1. 吸货小平台

吸货小平台一般出现在底部构筑之中，但在探底动作之后才出现。

在股价探底和构筑底部结构的时期，由于市场心理都比较谨慎以及割肉盘已经处于最后阶段，中小散户的抄底资金也由于前面的“一抄、一套和再抄、再套”，也已经处于“缩手缩脚”状态，所以此时市场的换手量比较少

(多为缩量状态)，主力资金很难在“凶狠”的打底中获得很多的筹码。另一方面，股价在构筑底部的震荡中，股价多是处于经过几次打压之后的再次打压状态，而这种再次打压股价总是会造成市场上的“回避风险心理”盛行。所以，主力此时很难再打出(恐吓出)更多的“浮筹”来。自然低位的筹码收集不会达到量的要求，那么，主力此时的再次打压目的，更多的只是把股价再压低一些，多数情况下也会根据当时市场情况做一些“破位”之类的“诱空”动作。然后再将股价“提起来”一些，做一个平台(一般这个平台的价格区域会与前面向下破位时的位置相平行)，这样一来，在市场上形成一个心理上的价格落差——大多数人会感觉“提起来”的这个价格会高一些，而由于市场心理又担心价格还会再次下跌，则会有很多的筹码会选择在这个平台的震荡中采取“先出心安”的策略操作。而对主力来讲，这个平台价格因为已经经过了多次下跌，价格则属于相当的低廉了，是很好的逢低吸纳的价格区域。一般来讲，这个平台上吸纳到的筹码会相对多一些，所以，我称之为“吸货小平台”。

“吸货小平台”的特点有这样几个。

(1)出现在探底动作之后。出现前一般都会有一打再打的破位性探底诱空动作相配合。

(2)这个小平台出现时，虽然底已经探出来了，但整个市场心理还是处于极不稳定之中，才会在这个平台上产生比较频繁的换手现象，主力也就容易吸纳到筹码。

(3)这个小平台出现时，一般股价的下方都会得到中期均线(甚至长期均线)的支撑。从大形态上看，此时的各个均线系统已经开始进入到“扭线”的状态中。

(4)这个平台的运行时间没有统一的标准。有时只有几天，有时会持续一两个月不等。但有一点是相同的，那就是最后都会出现“拉线”动作。也就是说，如果某次攻击起来时，不能够起到“拉线”作用。那么，股价基本上还会回落到这个平台区域，直到某次攻击起来时，出现“拉线”现象了，才会开始正式的攻击动作。

吸货小平台在实战中是随主力动作在震荡中逢低吸纳的好时机。

2. (上攻) 中继性震荡平台

(上攻)中继性震荡平台(中继性横盘平台)一般均出现在向上攻击的阶段性行情、波段性行情或趋势性行情的中部位置。

这个震荡平台的出现主要原因有以下几个:

一个是因为攻击中的股价换档整理消除了技术上的超买现象以及清洗了太多的跟风盘浮筹(因为这些浮筹的利润已经累积了很多)。控盘主力的水平高低主要就体现在对浮筹的控制上。既不能够没有浮筹(因为如果大家的筹码都处于沉淀状态,股性就太死),又不能够让浮筹跟的太多(浮筹太多也会削弱主力的控盘度),更不能够使浮筹累积太多的利润(浮筹累积的利润太多,就会形成沉淀筹码或增强主动性抛压的选择空间,也会降低主力的控盘稳定度)。

另外一方面,主力要利用一种技术状态和一段时间以及一个相对的股价震荡空间来完成清理"老浮筹",吸引"新浮筹"的技术动作。而且连续超买的技术状态也需要修复,从市场心理上,也需要"打断"前一个阶段攻击行情中所形成的"惯性心理跟盘节奏",必须重新再塑造出一个新的节奏状态。这些都需要通过这个中继性震荡平台(中继性横盘平台)来得到很好地完成。至于其中运用的技术手段,是震、是洗、是磨、是破位……这些都是根据实际需要来灵活运用的。实战中经常还会看到,有一些个股在比较长的趋势攻击中,会出现几个这样的"中继性震荡平台",其目的都是前面所述的,每一次都像是换了一次档。

在实战中,对很多人来讲,比较难的是不能确定,究竟这里做的是中继性震荡平台,还是在构筑顶部。

分析判断两者的主要区别在于:中继性震荡平台在前半段时,是比较难以和构筑顶部的技术动作相区别的。因为刚开始时的两者技术动作非常相像,只有当震荡平台进入后半段时,才可以逐步显露出主力的意图是不是在构筑顶部。比如中继性震荡平台中,股价的上下震荡区间多以逐步收缩为主,重要的支撑均线(比如21日"护盘线"或着48日"护航线")会始终保持着坚挺的向上运行状态。当股价横向震荡移动到这条重要的支撑均线附近时,就会出现带量的向上变盘攻击,并且这种攻击会成为突破震荡盘局的一个重要技术动作，并且一般此时超买的技术指标也会刚好修复到具备向上突破时的条件。有些情况下，此时的短、中期均线系统则会出现有几条均线多线聚拢的现象发生，而变盘出现时，聚拢的均线是向上开始发散形成新的攻击性排列状态。

而构筑顶部时的股价震荡多以“在顶上飘”为主，不仅仅是容易出现顶背离现象，技术指标的超买现象修复动作也不大，特别是此时的股价位置一般距离21日护盘线或48日护航线比较近，空间上就已经具备了股价向下跌时很快就会击破这些中期性质的支撑均线。短、中期两个系统之间的距离并不大，就难以排除股价会在短时间内就将整个短、中期均线系统同时击穿的现象发生。即使这里还将会构筑一次中继性的震荡平台，那么，这里股价的上下震荡空间和幅度也将会是比较大的，对于短期性质的跟盘筹码来讲，参与后面的震荡反而容易在震荡到低位时被迫退出，从而减少很大一块前期积累的利润厚度，有点得不偿失。

所以，一般对于那种当开始出现中继性震荡平台的技术形态时，而短期均线系统与中期均线系统距离靠得比较近，还是先退出，以不参与该震荡平台的构筑为好，先回避保利最实际。还有一种是顶部是在短、中期两个均线系统之间距离比较大时出现的。因为中期均线系统之间的空间距离过大，容易使短期均线系统向中期均线系统靠拢而形成波段顶部。但这种波段顶部在空间更大的趋势运行中来看，也相当于一次中继性震荡平台动作，只是在思维上要扩展大一些来看才可以。

顶部构筑中还有一个技术现象与中继性震荡平台有区别，就是构筑顶部中，股价是以向下运行击破或靠拢其重要支撑均线的；而中继性震荡平台中，股价是以横向运行的方式靠拢重要支撑均线的，很少出现有效击破该均线现象。

中继性震荡平台在构筑的前期是比较难以做出判断的。只有当进入后期时，比较容易与顶部的构筑动作加以区别。实战中，当中继性震荡平台出现时，最好先以回避保利为操作原则，待平台构筑后期临近再次突破时再考虑重新跟盘则比较稳妥。

3. 见顶前出货平台

见顶前出货平台，顾名思义，出现在见顶之前。

这种现象有时候会出现，有时由于动作比较“短促”而表现的就不是很明显，所以，也往往被很多人所忽略。但这种见顶前出货平台却是主力在高位进行提前减仓动作的重要一环，就像主力在最低的“打压中”很难拿到很多的筹码一样，一般在股价的冲顶最高位置上，主力也很难派出去太多的筹码。自然的，主力一般的派出筹码最为主要的区域，是比较集中在距离最高顶点价格不远的高位平台上进行的。以最高顶点为中间点，在这个高点价格出现前，则出现的一个震荡小平台就是“见顶前出货平台”；而在最高顶点之后打下来一段再做出的震荡平台，就是比较典型的“出货小平台”了，出货小平台属于二次出货动作平台。有些主力喜欢在最高点出现前就做一个震荡平台减仓出货，有些主力则会选择在最高顶点出现之后在低些的位置做一个减仓出货的震荡平台，有些则在最高点前后都有出货小平台存在。这没有定式，但主力想在高位减仓出货的战术思维基本是一致的。

见顶前出货平台的特点是：股价比较剧烈地、在短时间里上下震荡。大多数情况下，这个震荡小平台的换手量累计是比较大的。一般都不会有效击破 21 日线的支撑，就会再次形成攻击。但很明显这里的震荡平台会成为日后顶背离现象中的第一个顶的技术位置区域。这时市场的热情一般都处于比较“热”的状态。适合主力从容地、轻松地减仓出货，而且维持盘面的坚挺也容易些。再次攻击起来时，很容易出现八爪线形态形成见顶动作。

实战中作为跟盘者，当遇到见顶前出货平台时，理论上也应该随主力一同进行减仓动作。但更为重要的是当短线震荡结束再次强势攻击起来时，则必须逢高进行减仓出局或抓住冲顶时机出局。

4. 横盘平台顶

横盘平台顶是顶部状态中的一种特殊顶的形态。

只所以在这里讲，主要是因为这种顶的特点就是在横盘状态下形成的，很隐秘，也很“诡异”。当股价在高位开始横盘震荡动作时，很容易使大多数人认为仅仅是一种高位整理的技术动作。但最后的整理结果却并不是向上选择攻击，而是向下突然的变盘。我曾经讲过：“横盘可以成顶，但很难形成底”。原因就在于，主力的减仓出货动作，在高位时多以一个震荡平台来完成。但震荡平台完成之后，主力是可以选择再向上攻击一次、或不攻击了的。

如果此时变盘下跌，很多情况下主力会达到出其不意的效果，也就很有可能把看似“见顶前出货平台”演变为“横盘平台顶”的。

那么，我们如何来区别这两种平台的不同呢？

见顶前出货平台大多数情况下，是短期均线系统与中期均线系统两者之间的距离拉开比较大。但短期均线系统整体保持着比较紧密的攻击状态。

而横盘平台顶则是更多的由于前段股价攻击速度过快而造成在短期均线系统内部出现距离拉开过大。比如，5 日、10 日两线与 21 日线之间的距离拉开过大，股价就很容易在 5 日和 10 日两线相互靠拢时，形成股价的横盘状态而成为一个小平台。但由于此时 21 日线与 5 日和 10 日两线的距离还是比较大，股价一旦向 21 日线靠拢，就很容易形成一个横盘平台顶的形态了。

一般横盘平台顶的出现，也与当时的市场环境出现了一些新的不利于股价再次进行攻击的变化有关。主力在攻击前面的攻击动作上很急促而造成各条均线之间发散的比较严重，为后面在横盘过程中的随时“变盘”预留了向下攻击的空间。所以，每当某次股价的攻击角度过于“陡峭”、速度过于凶猛、换手量持续维持高位进行震荡时，如果股价形成横向震荡小平台，就要密切跟踪盘面，并提前进行减仓以防高位横盘动作演化为平台顶的出现。

还有一点，横盘平台顶出现时，多数先是伴随着高位的多个阴阳小 K 线，待到最后以大阴 K 线来“切断”均线的运行脚步。

第二节　下跌状态中

1. 出货小平台

出货小平台是比较常见到的一种主力高位减仓出货的技术动作。从整个顶部构造来看，它属于二次顶部的出货小平台(第一次是见顶前出货小平台)。它出现在股价已经冲出最高价格点之后，当股价回落下来一段后，借助技术上“反弹”的动作，而形成的一个震荡(出货)平台。

此时市场上的心理还习惯性地停留在前期的攻击节奏中，很多人也很容易在股价此时回落之际“逢低”跟盘介入，所以也就成为主力在相对高位减仓出货的一个好时机。

出货小平台属于股价“扭转”动作中的一个环节。短期均线系统的回落之势已经开始，只要保持相对的技术客观和思维理性，是比较容易鉴别出来的。

出货小平台往往是整个下跌波段里自上而下出现的第一个震荡平台。实战中，这里是震荡反弹动作，是跟盘者最后的减仓或出局的时机。很多人此时最容易犯的错误就是，总想等股价再次攻击到前高点附近时才卖，结果却往往“越等越低”。

2. (下跌) 中继性震荡平台

这里的中继性震荡平台是属于在下跌波段中出现的，与前面讲的上攻中出现的中继性震荡平台在技术动作上都是一样的，都是一种技术修复性质的震荡平台。区别只是前一个处于上攻途中，而这个处于下跌途中。结合前一个上攻途中的中继性震荡平台的技术分析，来反向分析判断即可。别的就不多讲了。主要是提醒大家，在下跌波段中这个中继性震荡平台只有短线高手可以进去博一把短利，大多数人还是应该以观望为主。耐心等待。

3. 见底前吸货小平台

见底前吸货小平台其性质与见顶前出货平台一样，它往往“承担”着底部构造中重要的一个环节。

当股价经过前期几次的下跌——反弹——下跌——反弹等下跌波段的技术动作之后，股价已经开始进入主力进行低位布局吸纳的价格区域了。此时，多数情况下可以见到一个在最低价格出现之前的震荡平台。虽然这个震荡平台的价格没有后面的见底价格低，但对于主力来讲，问题主要集中在能不能在目前比较低的价格区域里吸纳到尽可能多的廉价筹码。如果只是一味地打压再打压，只会将松散的恐慌筹码打成“无奈的沉淀筹码”。主力在低位区域吸纳到足够多地筹码的目的也就很难达到了。也就是说，此时对主力来讲，制造市场的“极度恐惧”并不是目的，而只是手段；主力的目的和注意力还是在低位筹码的收集上。

所以，在经过短线的又一次凶狠打压之后，形成的这个震荡平台是一次前期的收集筹码的技术动作表现。这里更多的也是一种心理落差形成的，很多本来就处于心理承受“崩溃边缘”的人，很容易在此区域选择“退出为上”

的保守操作。能够挺住的人，后面也还要经受再次破位(就是最后的探底动作)的折磨。因为见底前吸货小平台还并不是最低的价格底。在这个小平台之后还有再次破位动作的考验，然后是探出最低底时的市场绝望过程，之后还要接受股价扭转过来的吸货小平台中被主力多次折磨、恐吓和敲诈。

所以，如果把见底前吸货小平台、破位绝望探底、吸货小平台这三者结合起来看，是可以从一连串的技术扭转动作中，把握到主力在整个构筑底部过程中的各个技术动作手段背后的一些节奏规律，和主力技术动作组合的。虽然这种整个扭转的技术动作并不是这么简单地演化的，但它的运行主要轨迹基本上是如此演化完成。

中篇　技术分析

第六章　技术分析中的六大重要现象

第一节　时间与空间现象

在股票市场中，“时间与空间现象”是市场本身重要的一部分。因为股价的波动运行，离不开时间和空间的组成。在股价的产生变化中，时间并不是抽象的，而是与股价同时以具体的数据来显示的；股价的波动发展，就自然会产生一种直观的“空间”数据。进而，股价、时间与空间合为一体，再加上“换手量”这个使股价产生波动的能量源泉，以及数据化的各种衍生的股价 K 线系统、均线系统、指标系统等，共同组合成了我们目前每天可以直观看到的“股票交易系统图”。在这个融合了各个系统为一体的“股票交易系统图”上，如果你将所有的内容还原来看，都是一组组数据以点连成线或衍生成个体形态来形成的。这些一组组数据中，本身就体现着每一组数据的“时间属性和空间属性”。

可以这样说：换手交易量、股价、时间、空间是形成股票交易系统的四大根源性重要数据元素，是客观的、物质的属性。其他技术元素和技术数据值都是从这四大根源性数据元素的基础上衍生发展出来的，同时也是为这四大根源性数据元素服务或进行诠释的。

前面从原始状态方面讲了“时间与空间”的重要性，下面则主要从实战方面出发，具体讲一下在技术分析中“时间与空间现象”。

1. “时间”在技术分析中的重要性

我们知道，“时间”是与股价同时产生的。股价的原始状态只是一个点，时间也是一个点，股价不断地产生、不断地产生……就自然形成“线”状态的波动性运行。时间的运行却不是波动性的，而是以直线状态与股价同体运行的。

同体运行，就是对股市中的时间状态的最具体表现，这是股市中时间的一个特性。

不只是股价，这个市场中的所有其他的元素和数据，都是与时间同体运行的。所以，在技术分析中，分析任何元素和数据，甚至基本面和消息面的元素与数据，都无法把“时间”这个根源性元素抛在一边的。

时间自身都是具有“时效性质”的。所以，时间的时效性也是一个特性。我们都知道，现实中，过了这一秒，这一秒就成为过去了。但在股市技术分析中，有一个现象是，时间除了带有现实性质的时效性外，还具有一种模糊的“区域时间时效性”，这种“时间”特性的体现是在已经产生的某一“时间点”起，可以前后扩展延伸，形成一片相互直接或间接影响的“时效性区域”。在这个时间区域中，股价和一些量(比如沉淀筹码)都表现出某种时间上的滞留效应。所以，也都属于技术分析中时间的有效范围。

从另一个角度讲，我们掌握了股价的某一个点或某一天的客观数据表现，而不能掌握股价某一区域内的客观数据表现，是无法整体理解这某一点或某一天股价的股价变化的“前因”的，那么，对于股价的波动“后果”也就不能够有更准确的把握。

时间在技术分析中的另一个重要性，就是在股市中的股价波动运行中，有很多规律性现象都是与各种时间周期性密切相联系的，包括“神秘数字”的应用，就离不开“时间周期性”。还有股价波动中的攻击动作的速度、连续性，以及交易量相互对抗中的筹码换手、沉淀，包括空间性的拓展、延伸、转换等，都是无法与“时间”分割开来的。

2. 技术分析中的“时间”

在技术分析中，主要是以分时图开始，再到分钟图、日线图、周线图、月线图、季线图、半年图、年图等这些直观的“技术运行图”为基础，结合基本面、市场环境、消息面等方面影响因素，再运用各种分析理论和方法综合起来进行分析的。下面就主要讲一下各个周期性图表在技术分析中的一些要点和方法。

(1)“分时图”(图 6-1)。

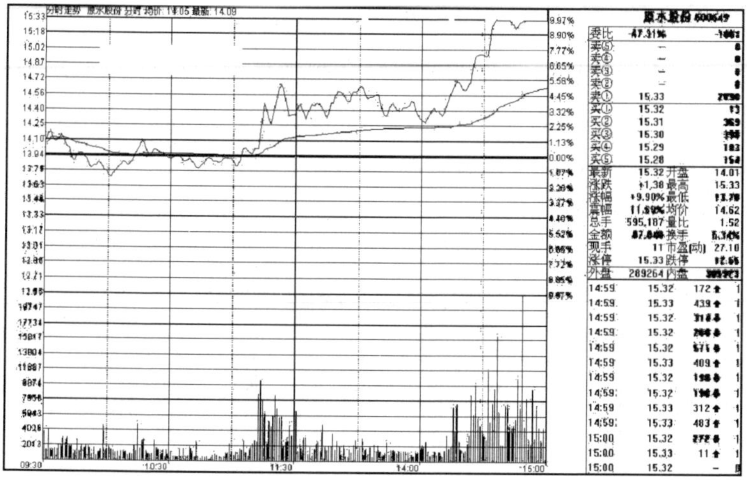

图 6-1　分时图

分时图是目前股市交易系统图里最小交易单位(1 分钟)形成的股价波动图。它不同于其他技术运行图，不是以 K 线形式来记录股价的波动运行，而是以很直观、简单的“股价波动线”来记录股价交易轨迹。它是以 1 分钟里最后一笔交易价格的收结价格为一个价格点，电脑自动地把这些价格点同前一分钟的价格点连成线来记录股价的微观波动轨迹。每分钟的换手成交量和资金量是用“线柱”来记录的，记录的是每分钟里的累积成交量和成交资金结果。

要了解掌握直观的每时每刻动态的股价换手交易波动变化，就必须始终注意着每一笔和每一分钟的股价与交易换手量的波动变化。这就是常讲的“盯盘”。

一般盯盘的重点：由于实盘操作的需要，在进行买卖操作前后，必须对股价短时间内的市场换手状态、多空双方的力量对比、主力控盘动作的主要表现、各种盘面攻防技巧的应用、一些影响股价出现方向性变化的交易量，包括开盘、收盘、当天最高价、最低价产生时的市场影响、股价盘中的急拉急打现象、股价与均价线(盘中黄线)之间的相互距离价差变化等，都需要在股价和换手量实时的波动变化中，不断地进行分析、修正，并做出迅速地正确判断。

时间的时效性体现在这些实时的盘面分析中，就是不但要注意当天的盘中实时变化，还要和以前的盘面变化结合起来分析、判断。包括从这个最小时间单位的分时图到其他分钟图、日周等图综合起来分析判断，才能够对实际操作中的最佳时机点，有比较准确的把握。

(2)成交明细表(图 6-2)。

原水股份 600649 成交明细

成交明细表

时间	成交	现手	笔数	时间	成交	现手	笔数	时间	成交	现手	笔数	时间	成交	现手	笔数
14:49	15.32	147↓	1	14:51	15.33	144↑	1	14:54	15.32	184↓	1	14:57	15.33	312↓	1
14:49	15.32	6475↓	1	14:52	15.33	43↑	1	14:54	15.33	4762↑	1	14:57	15.33	120↓	1
14:49	15.32	672↓	1	14:52	15.32	123↓	1	14:54	15.33	174↓	1	14:57	15.33	537↓	1
14:49	15.33	6536↑	1	14:52	15.33	152↑	1	14:54	15.33	489↓	1	14:57	15.33	51↓	1
14:49	15.33	663↑	1	14:52	15.33	288↑	1	14:55	15.33	388↓	1	14:57	15.33	2067↓	1
14:49	15.33	3990↑	1	14:52	15.32	331↓	1	14:55	15.33	172↓	1	14:57	15.33	171↑	1
14:49	15.33	[illegible]↓	1	14:52	15.32	216↑	1	14:55	15.33	266↓	1	14:58	15.33	209↑	1
14:49	15.33	266↓	1	14:52	15.32	45↑	1	14:55	15.33	427↓	1	14:58	15.33	166↑	1
14:49	15.33	287↓	1	14:52	15.32	869↑	1	14:55	15.33	75↓	1	14:58	15.33	204↑	1
14:49	15.33	253↓	1	14:52	15.32	106↑	1	14:55	15.33	312↓	1	14:58	15.32	47↓	1
14:50	15.33	215↓	1	14:52	15.32					247↓	1	14:58	15.32	165↓	1
14:50	15.33	730↓	1	14:52	15.31					274↓	1	14:58	15.32	332↓	1
14:50	15.33	211↓	1	14:52	15.32	159↑	1	14:55	15.33	333↓	1	14:58	15.32	96↓	1
14:50	15.33	[illegible]↓	1	14:53	15.31	273↓	1	14:55	15.33	349↓	1	14:58	15.32	359↑	1
14:50	15.33	129↓	1	14:53	15.31	162↑	1	14:55	15.33	69↓	1	14:58	15.32	482↑	1
14:50	15.33	141↓	1	14:53	15.31	30↑	1	14:56	15.33	86↓	1	14:58	15.31	156↓	1
14:50	15.33	1162↓	1	14:53	15.32	293↑	1	14:56	15.33	808↓	1	14:58	15.32	197↑	1
14:50	15.33	211↓	1	14:53	15.32	178↑	1	14:56	15.33	88↓	1	14:58	15.32	232↑	1
14:50	15.33	192↓	1	14:53	15.32	165↑	1	14:56	15.33	104↓	1	14:59	15.32	421↓	1
14:50	15.33	307↓	1	14:53	15.31	104↑	1	14:56	15.33	236↓	1	14:59	15.32	200↓	1
14:50	15.33	287↓	1	14:53	15.32	139↑	1	14:56	15.33	438↓	1	14:59	15.32	172↑	1
14:50	15.33	378↓	1	14:53	15.33	171↑	1	14:56	15.33	285↓	1	14:59	15.33	439↑	1
14:51	15.33	594↓	1	14:53	15.32	261↑	1	14:56	15.33	4971↓	1	14:59	15.32	314↓	1
14:51	15.33	275↓	1	14:53	15.31	68↑	1	14:56	15.33	58↓	1	14:59	15.32	248↓	1
14:51	15.33	341↓	1	14:53	15.33	332↑	1	14:56	15.33	66↓	1	14:59	15.32	571↓	1
14:51	15.33	3339↓	1	14:54	15.32	57↓	1	14:56	15.33	187↓	1	14:59	15.33	409↑	1
14:51	15.33	212↓	1	14:54	15.32	252↓	1	14:56	15.33	44↓	1	14:59	15.32	190↓	1
14:51	15.33	612↓	1	14:54	15.32	84↓	1	14:56	15.33	171↓	1	14:59	15.32	108↓	1
14:51	15.33	[illegible]↓	1	14:54	15.33	719↑	1	14:57	15.33	288↓	1	14:59	15.33	312↑	1
14:51	15.33	578↓	1	14:54	15.33	353↑	1	14:57	15.33	184↓	1	14:59	15.33	483↑	1
14:51	15.33	902↓	1	14:54	15.33	900↑	1	14:57	15.33	244↓	1	15:00	15.32	272↓	1
14:51	15.32	114↓	1	14:54	15.32	[illegible]↓	1	14:57	15.33	185↓	1	15:00	15.33	11↑	1
14:51	15.33	123↑	1	14:54	15.32	316↓	1	14:57	15.33	162↓	1	15:00	15.32	0↑	[illegible]

图 6-2 成交明细表

成交明细表一般设在“F1”里。它是把当天每一笔的交易换手(时间、价格、成交量)如实地记录成表。但一般每天的“成交明细”在第二天就看不到了。因为次日开盘前，电脑会在初始化时，自动消掉前一天的“成交明细”数据。

成交明细表的作用，主要是方便大家在盘中或盘后复查当天的每一笔交易而设的。这样，对重新复盘当天的交易变化轨迹是一种补充。因为分时图是按每分钟最后交易的一笔价格点来形成每一分钟的价格点和每分钟累积换手成交量的，不能够记录一分钟里每一笔的交易情况，“成交明细表”则补充了分时图的这个缺点。

将“分时图”和“成交明细表”结合起来看，应该成为每天对所操作和关注的股票进行“复盘”的最基本的微观分析基础资料。最主要的是可以补充分时图里没有表现出来的某些密集换手的分钟时间里“隐藏”着的重要换手信息。比如，通常讲的“掩护性换手单”(就是在1分钟内的某一、两个价格点上，大单买后小单打回，或大单卖后小单顶回等)在“分时图”中每分钟过后就难以表露出来。

还有换手成交量的变化，在分时图的每分钟过后，只是以“柱体”形式进行每分钟的累积性记录，如果在这一分钟里，出现密集的大单换手成交，其中的主动性买单或卖单那个多，就难以了解了。只有通过“成交明细表”中的每一笔记录来补充了解。当然，成交明细里的每笔交易记录有时也不是最真实的反映，因为主力操盘手是可以应用目前电脑自动“撮合”中的一些缺点，在某笔成交单“做手脚”，把买单“变”为卖单成交显示，或把卖单变成买单成交显示。很简单，利用手快和电脑的时间差，用不同的电脑同时挂单成交，一个单是大的卖单，一个是小的买单，同一个价格，电脑最终显示本笔成交的却是“大买单”。只要用心盯盘，看多了，就会看出来很多这些操盘手的“诡计”了。

最后讲一点：很多人太过于专注的只是一味盯着看分时图，而且钻进这些细节变化里“跳不出来”，就会有点“走火入魔”了。因为“分时图”和“成交明细表”只是微观的股价和换手量的波动变化，要全面地掌握股价的波动轨迹，不能只是钻在微观里分析，而是先从微观开始，一步步从小到大地从当时当天拓展开来，分析到一个波段、一个阶段、一个趋势的整体性波动运行变化。这样，才可以更为科学地、客观地、准确地来做出操作性判断。

(3)“5分钟图”(图6-3)。

前面讲的分时图和成交明细表的分析重点方法，主要只是盘中价、量即时波动方面的，而从5分钟图开始，才真正进入到综合技术形态方面的分析之中。

5分钟图是以K线形态记录股价波动轨迹的，换手量仍以柱体方式记录，最大的不同是开始以“色差”来体现股价的“上攻、收盘”或“下跌、收盘”；而成交量和成交资金的“色差”反应是跟随股价K线的“色差”来决定的(K线红，量柱红，K线绿，量柱也绿。这也是为了统一、直观)。

5分钟图的时效性表现形式就比较多了，有K线、均线、量、指标等。特别是在技术分析中，对时效性区域的把握就是其中的一个重点。每一根股价波动的K线都是整体中的一部分。一定要有“以点带面，以面确点”的立体思维来进行分析。基本上可以这样讲，每一根K线的产生都与前面的短时间里的K线组合波动轨迹以及更大面积的K线形态波动运行趋势连为一体的。只有把这些时效区域里形成的股价轨迹用各种科学理论的方法或分段、或成片地分析才更能够贴近股价波动的真实状态。当然，还要把量、均线、指标，市场的环境、基本面、消息等多种因素也结合起来。

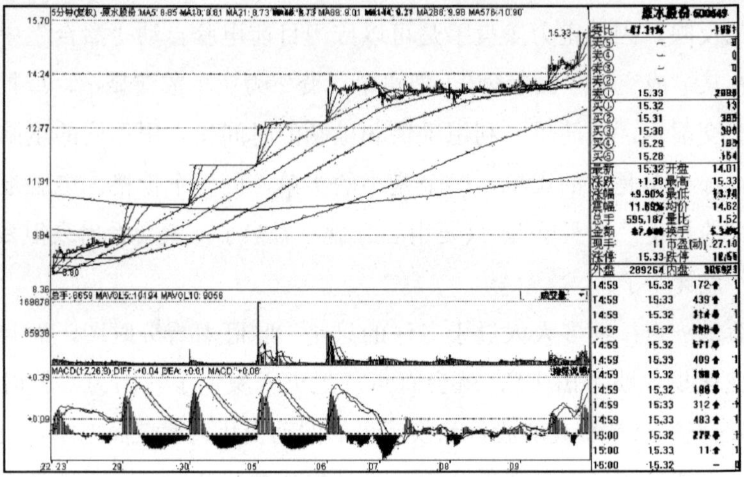

图6-3　5分钟图

在分析5分钟图中有一个现象要注意一下：由于每5分钟形成一根K线，每天4小时240分钟，会形成48根5分钟K线。分析时，要更注重多根5分钟K线组合形成的股价或换手量的波动变化。如果仅仅只是以某单根K线来判断，往往会失之毫厘，差之千里。而多根K线的组合也有一个特点——同一个技术动作(比如探底或冲顶)都会反复地出现几次来完成，和日线等大图相比，动作的频繁度是很高的。就像我在背离现象里讲的，5分钟图要反复出现几次背离现象，才会在15分钟图上形成一个背离形态。这就象钟表里的齿轮配合原理，小的齿轮要转很多圈，大的齿轮才转一圈。所以，特别是在实盘中分析5分钟图里的某些技术动作时，不能急于下结论，而是要等到整个技术形态完成后，并且被更长的时间周期图上出现确认动作信号时，才可以下结论做判断。这一点很重要，否则容易出现错误判断。

总之，5 分钟图上的股价变化属于微观状态，它的波动变化是比较快和频繁的，必须用更大的时间区域来统一起来分析做出确认性的判断。所以，从 5 分钟图看起，下一步就是扩展到 15 分钟图。

(4)15 分钟图(图 6-4)。

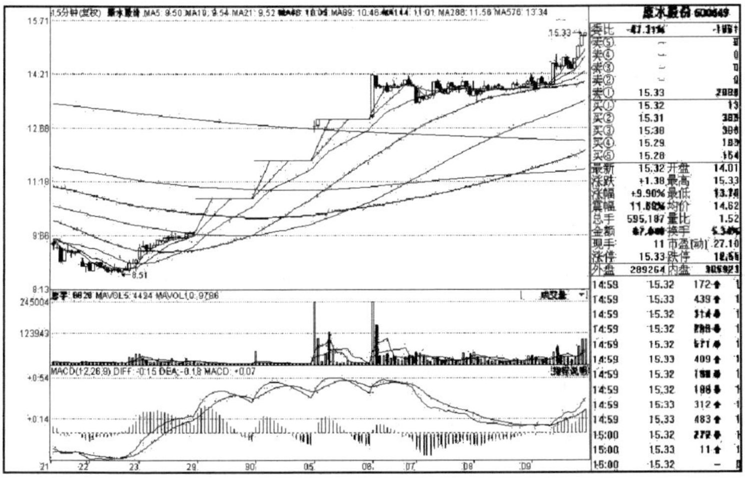

图 6-4 15 分钟图

前面讲的 5 分钟图只是很多技术形态组合动作的开始，而 15 分钟图可以从再大一些的区域来反映这些技术动作对整体技术形态是否产生了重要影响，也是对 5 分钟图技术动作信号的一个确认。

15 分钟图在每天 4 小时里产生 16 根 K 线，比起 5 分钟图的每天 48 根 K 线要少很多。单从 K 线形态角度来讲，稳定性和确认性要比 5 分钟图高一些。那为什么不用 10 分钟图或 20 分钟图呢？具体原因我也不知道。但我是从交易时间这个方面来估计，可能是从大到小平均分拆推算下来的原因。因为每天我们的交易时间是 4 个小时，从时间的固有特点分拆的话，4 个小时可以分拆为两半，所以，就有了上午交易 2 小时，下午交易 2 小时。4 小时还可以分拆为 4 个 1 小时，每小时是 60 分钟(就是 60 分钟图)。每个小时又可以分拆为两半，就是两个30分钟，就有了“30分钟图”。而每30分钟又可以分拆为两半，就是两个15分钟，就有了“15分钟图”。30分钟也可以分拆为3个10分钟，但目前大多数证券软件中多用的是“15分钟图”，“10分钟”和“120分钟图”在有些软件里有，但大多数没有。我们就以主要的多数应用图为主来讲。这里磨点嘴皮讲各个“分钟图”的划分来源，并不是废话。因为在技术分析中，必须清楚地了解这些带有重要特点的“时间划分图”的来源和图与图之间的“时间的不同区域”，才会在结合起来的技术分析中，考虑到全面的时间的连贯性，特别是股价变化的连贯性反应的总体形态和技术动作的连锁反应。同一个技术动作，由于不同的时间区域划分来表现，往往会形成各自不同的形态表现特点。而分析这些不同的时间图的目的，就是从不同之中，找出相同的东西出来。这样，才会从整体上分析判断出股价目前的波动意图和将要发展的方向。

“时效性”在15分钟图里的表现区域就会比5分钟图里大的多，特别是实盘中，15分钟图稳定性高一些，就“省略”了很多5分钟图里那些过多的反复波动动作，对股价的运行轨迹看起来更为清晰些；而且结合多天以来的整体运行状态，可以从较大的时间区域来把握和确认5分钟图里的新动向对整个股价运行形态的影响大小。

那是不是可以不用看5分钟图而直接看15分钟图呢？不可以。因为5分钟图是股价以K线形态表现图里最小的图(由于1分钟图和3分钟图只是有些软件中有，这里就只讲大多数软件中的)。而一般K线变化组合(从扭转动作上讲)中3根K线形成一个扭转动作占大多数的量。而3个5分钟K线刚好可以完成一个最小的扭转动作，刚好3个5分钟K线形成一根15分钟K线。需要把5分钟图和15分钟图两者结合起来看、分析，才可以更为准确地抓住一些最先开始的技术动作的变化。所以，不能单独的分析某一个“分钟图”，而是要结合起来看。在分钟图中的时间划分上，从5分钟到15分钟有一个时间区域的跳跃现象存在，就更要相结合地分析才对。

(5)30分钟图(图6-5)。

分析完5分钟图的初始变化(相对的)，再通过15分钟图的变化和K线确认，以及对15分钟图整体形态的影响演化，还是不能对某个技术动作的变化对整体股价的波动运行的影响演化下判断。那么，再扩展开一步，延伸分析 30 分钟图。

30 分钟图是关键的技术运行图。为什么这样讲呢？因为在很多情况下，股价的“微幅波动动作”到了 30 分钟图里，都被“消化”掉了，而不能对 30 分钟图的整体运行趋势形态产生大的影响。30 分钟图里每天交易会产生 8 根 K 线。“过滤”了当天很多的微幅波动动作后，形成的这 8 根 K 线从更大的形态上来看，稳定性则更高了，对整体形态的演化影响的确认也更准确了，而且有“承前启后”的作用——把前面各“分钟图”里比较大的技术动作，特别是那些持续时间比较长的技术动作，都表现出来了。这就为我们更好地分析把握那些足以能够对股价波动，产生重要影响或扭转变化的信号引起重视，也进一步确认了前面“分钟图”里反复出现的一些技术动作信号中处于主导性力量的对比结果。这些信号会不会继续持续地出现，以至于影响到更大的技术形态和时间区域呢？这还需要再进一步扩展开来看，就自然要看 60 分钟图上的反应了。

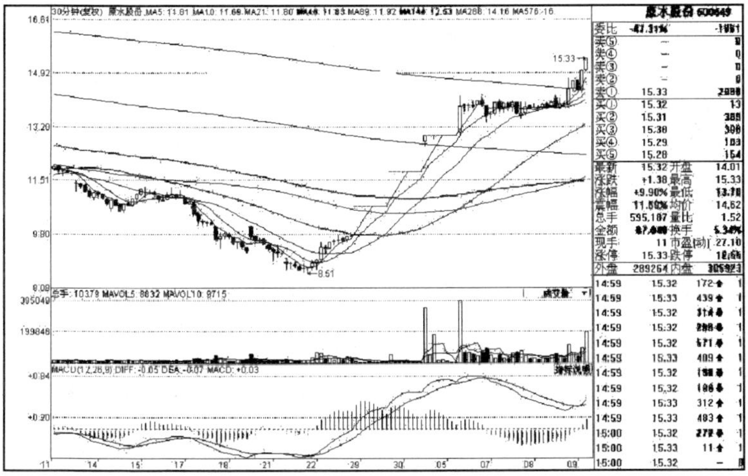

图 6-5　30 分钟图

(6)60 分钟图(图 6-6)。

如果说 30 分钟图是过滤掉那些股价细微波动的动作，而留下了持续性比较长、主导性力量比较明显的信号的话。那么，60分钟图就是进一步确认和反应这些主导性力量占优的信号的更关键的图了。

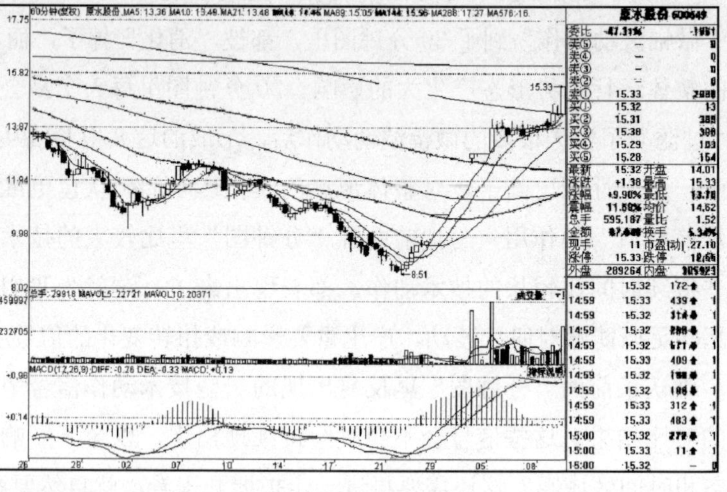

图6-6 60分钟图

60分钟图有一个特点，凡是被60分钟图上确认的技术动作或者扭转性信号，必然会在“日线图”上产生重要影响。60分钟图里每天交易4个小时，产生4根60分钟K线。而这4根K线的技术信号变化，就会形成当天的日线图上的一根K线上的具体形态。简单地讲，如果这4根K线中，多方力量占据主导力量，那么，日线当天收阳的概率就很大；如果是空方占据了主导力量，当天日K线收阴的可能就很大，进而影响到整体“日线图”上的形态和趋势变化。如果60分钟图的技术形态已经出现扭转性的迹象，基本上就可以做出短线的股价方向性的分析和判断，实战实盘操作中，也可以通过60分钟明显的扭转性信号，来进行操作决定。比如，60分钟图上已经出现股价攻击乏力，冲击出现背离顶(底)信号，均线技术支撑或压制，指标发出买、卖信号等，这些都是可以作为实盘操作决定的技术依据，而且也会比较及时。熟练运用以后，是可以达到扩大利润空间或者缩小损失幅度的实际利润影响的。比如，介入时价格点位较低，卖出时价格点位较高。分析时间上也可以提前一步确认出一些技术动作对“日线图”上的整体运行状态的影响。

在以上的4个“分钟图”里，其实每个图都有自己的“使命特点”。

5 分钟图是 K 线系统图中最小的单位图，往往也是股价技术形态变化中的初始起点图。

15 分钟图是“初次过滤”股价“微幅波动动作”和延续确认 5 分钟图重复出现的技术动作信号的重要一个环节图。

30 分钟图是“强化过滤”股价“微幅波动动作”和延续确认前面“分钟图”里持续时间比较长、能够对股价产生重要影响，以及可能发生扭转性变化信号具有“承前启后”作用的关键图。

60 分钟图是能够作为操作判断并且直接影响到日线图形态的重要性图。但如果只依据 60 分钟图来做操作决定，有一个缺点无法回避——只能做短线的操作决定，而不能够从全局的角度来做出是阶段性的买卖操作，还是中期性的买卖操作决定，还是属于大趋势性的买卖操作决定。这些判断，就需要掌握更加全面的股价波动形态和趋势了。所以，下一步，怎样判断这里的操作决定应该是属于哪一类“时间区域性质”的，就要再进一步扩展开，来看日线图了。这在技术分析中又是一次“质”的飞跃！

(7)日线图(图 6-7)。

日线图是人们最常关注，也是股价技术运行图中处于标准地位的技术分析图。因为从交易所的交易结算时间单位来讲，是以每一个交易日(天)来作

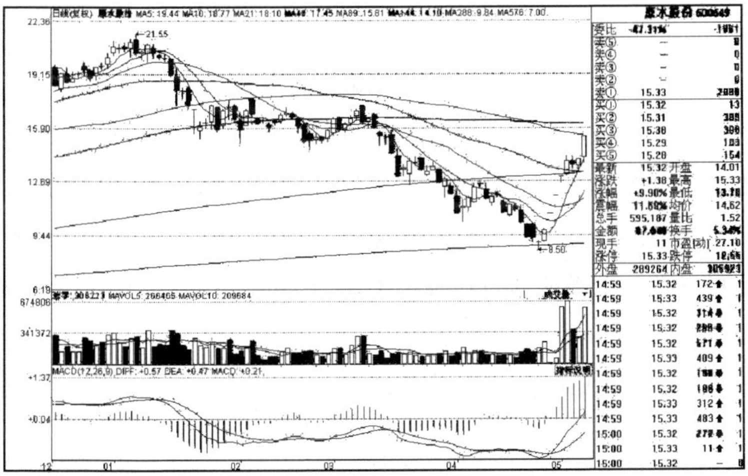

图 6-7　日线图

为基本交易结算单位的。以日线图为标准点，向前推延就进入分钟图等小的时间周期图；而向后推延，就进入周线图、月线图等大的时间周期图。也可以这样说：日线图是标准交易技术分析图，而其他的时间周期图均为衍生性质的交易技术分析图。从即时交易的实际来讲，分时图是和日线图形成一体的标准交易图。只是在技术分析方面来讲，多以日线图为主，而把分时图作为一种日线图的实盘配属图。

下面是分析日线图的一些重点。

①先确定当天的股价 K 线的性质，即当天的 K 线是属于攻击性的，还是属于震荡性的；是属于蓄势性的，还是属于释放性的。

②确定当天股价 K 线和近期 K 线组合的关系，即当天的 K 线与近期其他 K 线形成的组合状态是属于哪一种技术动作，是某一个技术动作的延续，还是某一个技术动作的扭转性动作。

③判断目前的技术动作处于这个波段趋势的哪一个环节和位置，也就是目前本波段运行到了哪个阶段性的环节处。比如，是本波段初期的攻击环节，还是本波段攻击中的一个整理、震荡、修复环节，还是加速冲击的环节，还是处于加速攻击之后的波段顶部(或底部)构筑环节等。

④更大一点时间区域的判断，目前的这个波段是处于什么性质的浪型中运行，处于这个性质的浪型中的哪个部位。

分析判断以上这些具体的问题，当然不能够只单依靠股价 K 线，还要结合日线图上的均线系统的运行状态、空间幅度的扩展状态和预期、换手量系统的变化状态、指标系统的演化状态、目前所处的时间周期等。这些都只是从技术方面来分析判断的，再加上宏观政策背景方面、公司基本面、市场资金流动、市场消息面、市场心理面等综合起来从小到大、再从大到小地双向梳理，才可以基本准确地判断和确定出每一个的具体位置来，从而确定出目前当天的技术动作的意图和下一步的股价波动方向。

那么，日线图上的每一根股价 K 线是不是都必须这样来做分析呢？理论上是需要这样的，但实际中，大可不必每天如此做。因为股价不是在延续着前面的方向和技术动作，就是出现扭转性的方向改变和技术动作的切换，只要每当发生一次股价方向扭转信号或技术动作发生切换信号的时候，重新全面地做一次分析判断就可以。在股价波动方向、技术动作，没有出现明显变化信号的情况下，只要每天密切注意有没有这些方面的变化信号就可以了。

(8)周线图(图 6-8)。

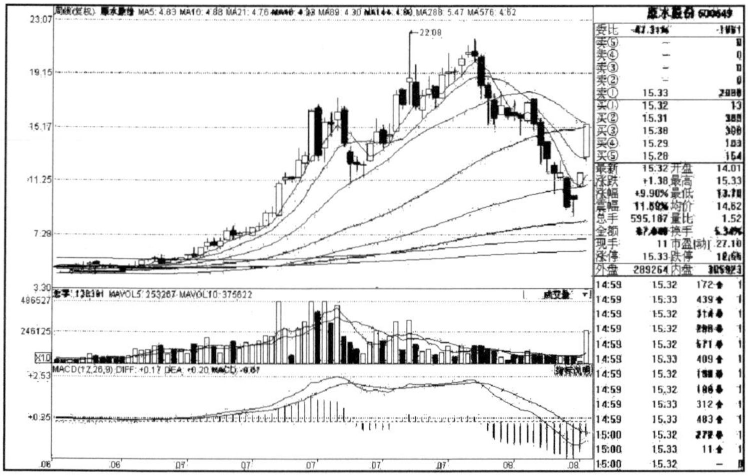

图 6-8　周线图

周线图也很重要，原因就是 60 分钟图、日线图、周线图这三个周期图相互内在的联系非常紧密，彼此都可以产生直接的相互确认影响，从而对股价的波动方向和运行状态的技术分析判断形成重要的技术支点。周线图的动作比较日线图要缓慢一些，但当周线图上股价运行方向确定之后，往往在一个时间区域里会反向制约和影响日线图上股价总体运行的发展方向，特别是股价具有方向性扭转动作时。

周线图的另一个特点是，它基本上只反应波段性的状态。对于比较小的阶段性的股价变化，反应的不是很明显。所以，这种对攻击状态的相对稳定性反应会对日线图上股价短时间里的阶段性波动影响进行“过滤”，从而稳定了股价的方向性判断。不能小看这一特点，它往往会用事实来纠正我们一般会经常犯的“因小失大”的错误判断。

(9)月线图(图 6-9)、季线图、半年图、年线图。

这几种技术运行图的应用，由于目前我国还处于股市的初期，在这些周期图方面的技术数据还产生的不多。从技术分析方面讲，参考数据和积累资料也不多。现在更多的只是一种参考性的股价波动范围和时间区域性分析。月线图更多的是把握股价整体运行形态的多空趋势性方向的分析和判断。

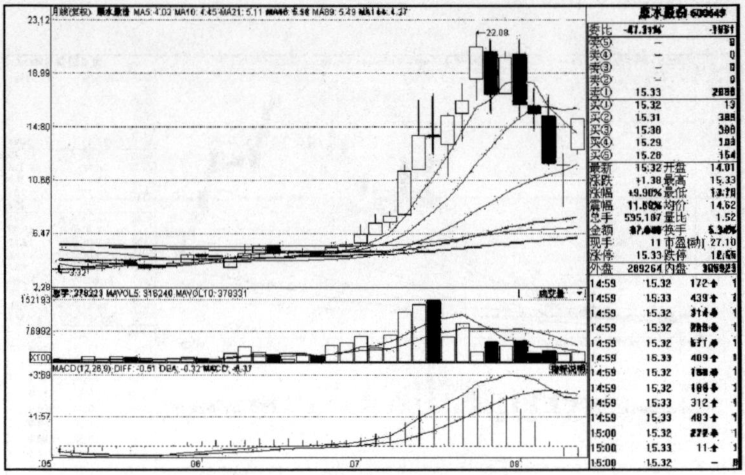

图 6-9 月线图

3. “空间”在技术分析中的重要性

空间，在技术分析中具有两面性。一方面，空间对已经成形的形态区域来讲，股价的上下空间区域是确定的、清晰的、可以直观地看到；另一方面，空间还对未来的股价波动区域会产生一定的影响，但无法具体地提前掌握，这也就是一种空间的未来模糊性。而技术分析的目的之一，就是以目前可以掌握的确定的股价波动空间，来评估未来的股价波动空间。波浪理论、切线学等很多理论中都包含着对未来股价波动空间区域的分析评估目的。最实际的例子就是，有些人总爱问，某股能够涨到多少价格，其实，也就是在问该股未来的股价波动空间区域的大小。未来股价的波动空间分析评估可以用基本面来进行，也可以用技术面来进行评估。只是方法上的不同，但都有各自的局限性。所以，通常是把两者结合起来综合进行评估。但这是属于静态的，是“省略”了股价动态波动和整体市场自身波动的影响的。局部的、某种时效区域里可以提前掌握的信息因素影响所做出的评估是可以实现的；但具体的、清晰的空间区域毕竟还是比较模糊的，还需要在股价的日后运行波动中不断修正和判断，才会更贴近实际。

但理论上，股市运行的未来模糊空间区域是存在的，是值得去探究的。因为这里面有一种股价波动自身的规律存在。比如，某股价处于攻击状态时，均线的支撑和压制现象就是对股价上面或下面空间的一种阻挡作用。某种基本面或市场面的因素也会对股价的上下空间区域有一种支撑或压制作用，而多空双方的阶段性力量的强弱也可以影响股价未来的波动空间区域的大小。

股价的波动空间区域是无限性的，但也是有限性的，为什么会是这样呢？

说无限性，是从整体股价的未来波动区域这个模糊的概念来讲的。股价波动空间永远都处于无限波动状态。说有限性，是从股价相对短的波动状态来讲的。股价在相对短的波动状态中，由于受到自身波动规律、均线运行规律、量的换手堆积释放规律、公司基本面因素延伸规律、市场背景的有效影响规律等诸多因素的影响，股价的波动空间区域是可以相对提前评估和掌握的。所以，又是具有有限性的。

买股票就是买股价波动空间区域的未来(利润空间)。否则，谁会花钱去买股票？

技术分析中，把握股价未来的波动空间区域，有以下几个方面的参考。

(1)运用股价自身波动规律来把握短时间内的股价波动空间区域。比如，股价在进行攻击时，一个技术动作之后的另一个技术动作是确认或修正前面的技术动作的。如果确认动作的空间幅度太大，反而就演变为了一种否定性质的确定了，甚至演化为方向扭转性动作。所以，这个确认动作幅度一般都是在有限的动作空间里完成的。

(2)均线系统的状态也直接影响着股价短期的或是中期的波动空间区域的大小。如果股价在攻击时，距离某个均线系统太远，形成了较大的乖离率现象，就会有被均线吸引拉回的现象出现。但当股价回落到该均线系统附近时，又会由于受到均线系统的支撑作用，而形成股价的有效企稳。

(3)换手量的影响也很直接。当股价在多方能量持续占优时，就会不断地向上攻击，一旦多方能量转弱，又会在空方能量持续占优时向下攻击。这种换手能量超买和超卖现象转换变化，在股价的波动运行中是交替出现的，也影响着股价的波动空间区域的拓展。

(4)消息面的刺激也对股价的波动空间区域产生影响。虽然这种影响属于效应递减状态的，但也牵制着股价在相对一个时间段里的波动空间区域。

我们要了解股价波动空间区域的无限性，但更多的要把重点放在有限性上来进行技术分析和把握。一般要对相对的一个时间段里，股价的波动空间区域有一个提前性的评估和把握。这在实战中是相当重要的一种能力。

4.“时间换空间现象”和“空间换时间现象”

在市场的趋势运行中，股价是波动运行的。这个波动有微幅的，也有比较剧烈的；有短时间的，也有持续时间比较长的。如果从实际的市场运行波动轨迹方面看，是带有相对论和平衡理论的一些现象，即攻击性行情的持续时间和它的攻击空间之间是有着正比关系的。也就是说，如果攻击的持续时间越长，它的攻击空间就越大；攻击的持续时间越短，它的攻击空间就越小。这种正比关系是指在股价的攻击幅度处于正常匀速的攻击状态中时的现象，但实际的市场中却不会总是这样中规中矩来运行的，并且这种正比关系的情况并不是经常出现，经常出现的往往是反比关系。比如股价在攻击中速度发生不断变化的情况下出现的股价逐步加快攻击动作，这种加速攻击就使得股价运行中原有的时间与空间的正比关系出现逆转性的变化，则会经常出现时间与空间的反比关系现象。这种反比关系就是，股价攻击由于加速现象的激化作用，形成攻击的持续时间短而攻击的空间却很大，以及攻击的时间长攻击的空间却并不大的现象。这就是我们经常说的时间换空间，以及空间换时间的特殊现象。

这种不平衡现象在市场中和股价波动运行中最具代表性的表现，就是在一波上攻趋势的行情中，按照时间与空间的正比关系，应该是前面的攻击阶段持续了比较长的时间和攻击了比较大的空间，那么，当股价出现下一阶段的调整时，调整的时间理应持续的也长一些，空间也要大一些。但往往实际情况是，调整的时间并不长，但调整的空间幅度却很大，股价在调整中是处于明显的向下加速急跌来完成的；或者是调整的时间持续比较长，但调整的空间幅度却并不大。股价在调整中出现急跌的现象时持续时间并不长，相对空间幅度也不大。大部分的调整时间是形成一种横向的震荡方式来完成的。在一波下跌的趋势性行情中也会经常见到这种“反比关系”的不平衡发生。

如果再细心地探究，这种正比关系和反比关系，还是存在着某种带有规律性的东西。

(1)时间与空间的正比关系现象，实际中并不多见，只是偶尔发生在比较大的波浪性质的波动运行中。可能是与这个市场中的“人”的因素密切相关的，因为参与这个市场中的“人”都有人类自身带有的贪婪和恐惧的本性。所以，当市场中的股价在向某一方向持续运行时，“人”的贪婪和恐惧往往会使股价从正常状态走向一个极端。而当运行方向发生扭转变化后，又从这个极端走向另一个极端。这就使得股价的运行经常会打破匀速运行的状态，从一个加速状态又走向另一个加速现象，所以，时间与空间的正比关系现象，不是不存在，而是比较少见到。大多见到的是时间与空间的“反比关系”不平衡现象的出现。

(2)反比关系——以时间换空间和以空间换时间，在市场中出现的非常多。那么，在实战中如何来分析、判断呢？

首先要根据目前市场所运行的大形态趋势是属于哪一种，来做基础性的定位。然后根据最近的一个波段运行的形态来判断，目前是处于这个波段的哪个位置(初始、中间、尾段)作为判断下一个阶段是属于什么性质的(向下调整或向上反攻)。如果大形态趋势是向上攻击的大浪，目前又是初始浪，目前的运行波段是这个初始浪中的第一个攻击波段，而且已经持续攻击了比较长的时间。那么，下面的运行阶段必然是向下调整的。这些定位，就是基础性的定位。

下一步就是分析、判断下一波的调整空间幅度和调整的时间。假如在调整一开始的时候，股价出现的是急速向下调整状态，这就是一种股价加速调整的现象，在很短的时间里，股价的调整幅度就已经比较大了。当第一个扭转底出现之后，就可以基本上确定这里的调整是属于以短的时间达到深幅调整的目的，这就是“以空间换时间”，后面的调整时间将会是缩短了的。再假如，调整开始后，股价并不是急速地向下调整，而是以震荡下跌的方式进行，那么，这种股价运行的向下空间就可能并不大，但在调整持续的时间上会加长。做这样的分析、判断最大的实战意义，就是可以基本上判断本次调整的时间周期的长短和空间幅度的大小，以便于在调整初期或结束时，可以相对准确的抓住操作地正确时机。

我只是从市场中的一个现象例子来解释这种时间与空间的反比关系现象，大量的实例，只要细心些，很容易找到很多。了解得多了，其中的奥秘也就摸准了。

第二节 背 离 现 象

将背离现象这一实战中具有重要地位的技术现象作为技术分析的六大重要现象中第二大技术现象，是因为这种现象在日常的盯盘、跟盘、复盘中经常碰到，并且在市场的运行中对股价往往会产生重要地影响。背离现象在实战中随处可见，但不同的背离现象的技术反应却有着很复杂的区别。背离现象不是单一的一种技术形态，而是有很多种类的背离现象。每一种背离现象的出现也都有着各自不同的技术影响作用和股价攻击意图。实战中，很多人为的错误判断都是受到了不同情况下，不同背离现象的干扰才出现的。因为不同种类或数据背景情况下产生的背离现象，所反应的多空博弈力量以及股价未来的发展变化方式、方向均有着差异区别。所以，对于这一重要的技术现象，我们必须要详细来分析其技术特点和内在规律。

1. 背离现象的内在规律

背离是指两种(或两种以上)同步运行波动的技术数据值，在运行方向上出现了相互背离性的波动，而发生的这个技术现象，就称为“背离现象”。

在股市的技术波动形态中，背离现象是一个比较多见、比较复杂又非常重要的技术现象。

背离现象的出现，其内在的本质包含有两个方面的反应。

(1)市场中最基础的价、量等数据值，在波动动作中的内部多空双方攻击能量数据，发生了明显的矛盾变化的一个重要反应。这种变化一旦出现，必然会对股价在下一段时间里的运行方式甚至运行方向造成重大影响。通常情况下，当股价内部的多空攻击能量发生巨大变化时，就将导致一个攻击波段、或一个阶段性趋势，发生扭转性的结果(比如常见的“顶背离”和“底背离”现象)。

(2)各个技术数据值由于受到价、量变化的影响，而出现了超常状态，其后在其自身计算公式的作用影响下，则会出现一种“技术纠偏动作”。但在“纠偏”过程中出现了与价、量的背离现象。我们把这种技术数据值自身的“纠偏动作”称为“修复性背离现象”。

所以，在实战中，“背离现象”的主要技术表现形式分为三种：

(1)顶背离现象(图 6-10)。

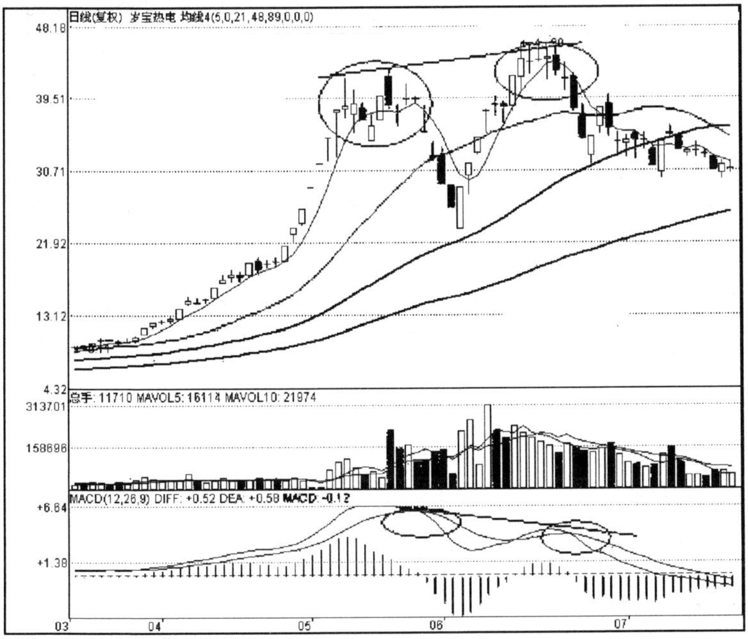

图 6-10　顶背离现象

“顶背离”中的顶，通常由两个(或两个以上)的单顶组合而成，所以应该叫“顶部”，指的是相对情况下的攻击波段小顶部、中期阶段性的顶部、中期以上的趋势性顶部等。出现“顶背离”现象后，在一段时间里，股价运行方式和方向都会有扭转向下探寻低位支撑区域的动作变化。

(2)底背离现象(图 6-11)。

“底背离”中的底，通常也是由两个(或两个以上)的单底组合而成，所以应该叫“底部”，指的是相对情况下的攻击波段小底部、中期阶段性的底部、中期以上的趋势性底部等。出现“底背离”后，在一段时间里，股价运行方

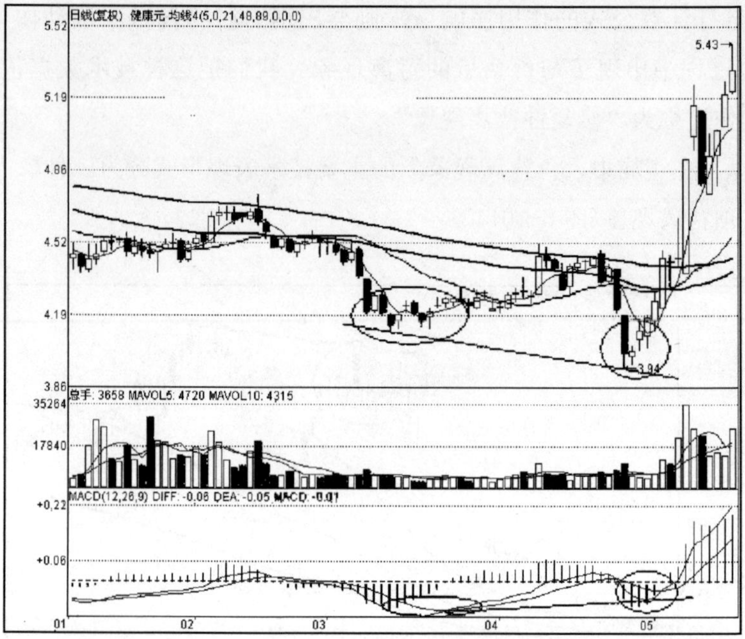

图 6-11 底背离现象

式和方向都会有扭转向上进行攻击的动作变化。

(3)修复性背离现象(图 6-12)。

“修复性背离”现象是比“顶背离”和“底背离”现象更具复杂性的一种“背离现象”。但产生原因很简单，是股价波动中技术数据值自身一种比较常见的纠偏动作。在出现“修复性背离”的初期阶段里，是比较难以和“顶背离”、“底背离”相区分的。因为在相对比较短时间的市场走势里，其技术形态走势与“顶、底背离”形成时是很相似的。只有到了修复性背离的中后期阶段，由于股价始终横向波动在受到某条中长期均线的支撑之上或压制之下，才会比较容易区别和确认“修复性背离”的成立。“修复性背离”现象基本上都出现在股价波段运行的中部位置，也就是通常所见到的股价横盘震荡位置区域。一般在此运行位置本身就增加了分析判断市场的难度。如果过早地下技术判断，反而往往会把“顶、底背离”现象和“修复性背离”现象相混淆，从而出现操作上的混乱和错误。

“修复性背离”的产生原因比较简单。重点是“技术纠偏”和“修复性”，

“背离”只是由于股价在做“修复性”的动作时才引起的背离现象，所以，这里的“背离现象”不同于“顶、底背离”。在通常情况下，并不对股价的总体运行方向产生扭转性影响，而仅仅只是对股价的运行方式产生一定程度的影响，也就是说，在某个数据值(比如某个指标)出现“修复性”动作而产生“背离现象”的过程中，股价的运行方式会有一些变化(比如从攻击形态改为横向震荡形态)，但股价的总体运行方向却并不会发生扭转性质的改变。“修复性背离”的现象还有一个特点，就是它基本上都发生在一个阶段性攻击形态的中间部分；而且“修复性背离”现象的持续时间一般要比“顶、底背离”现象长，有时也会由三个以上的单顶(底)背离现象组合形成。“修复性背离”现象在一波趋势性的阶段行情中不一定只出现一次，有时在比较长的攻击趋势行情过程中，会出现两次或三次。

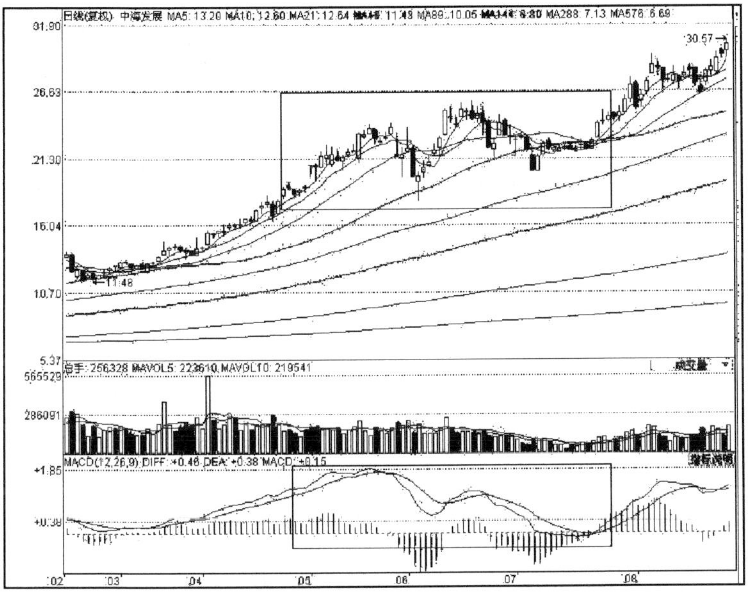

图 6-12 修复性背离现象

实战中，很多人经常百思不解的是，出现背离现象后，股价只是出现了一些比较小幅度、短时间的波动动作，但股价的运行方向却没有发生什么变化，这就是“修复性背离现象”的典型表现。

以上只是从大的形态概念中了解认识技术背离现象，如果从背离现象的具体技术表现来区分，还可以分为：股价与量的背离现象、股价与指标的背离现象、均线与均线的背离现象、指标与指标的背离现象等。

2. 股价与量的“背离现象”

股价与量的背离也就是通常讲的“价、量背离”现象。“价、量背离”现象比较常见，典型的就是“价升量缩”、“价跌量升”。

实战中，分析“价、量背离”现象的重点主要抓住两个方面进行就可以了。

(1)抓住关键点的单日价、量背离现象作为重点来分析和判断。所谓的关键点，就是指凡是“价升量缩”、“价跌量升”这种现象比较明显，价、量差距比较大的单日；或是具有明显的脱离正常运行状态下的单日价、量背离现象(比如出现跳空、脱线时)；以及容易出现扭转性走势的敏感时间段出现的价、量背离现象(比如攻击动作连续加速后，容易出现股价变盘的敏感时间周期等)。在这些关键点上出现的“单日价、量背离”都是很容易对后面股价的运行出现扭转性变化产生直接影响的关键点，所产生的变化有时是短时间的，有时候则会持续相当一段时间。

单日的价升量缩、价跌量升现象，只有在关键点上出现，并且价、量反差巨大的情况下，才会对股价的波动趋势产生影响，而在大多数情况下，多是主力控盘动作的一个技术手段而已。

(2)对于持续多日的(或多个时间周期单位)的价升量缩、价跌量升现象是必须要重点细心分析和判断的。因为一般情况下持续多日的价升量缩、价跌量升现象往往表现出主力的控盘强度大小，股价的跟风程度多少、市场大多数参与者的心态是否稳定等。

比如，持续多日的“价升量缩”现象，在上攻波段中，说明主力控盘程度比较高，股价在波动中的盘面浮筹较少，换手量的缩减现象只是股价上升阻力和压力小的表现，也是大量筹码出现“沉淀”的典型特征，所以股价攻击的持续性也就更强些。如果在下跌波段中，则说明这只是市场中的散资参与占多的反弹性行情，盘面中出现的偶尔大单多是诱惑性换手单，股价上方压力和阻力随时会出现。而如果出现在横盘震荡波段中，这种现象多是洗盘中的一个动作，或是市场参与者趋于谨慎的表现。

对持续多日的“价跌量升”现象，在上攻波段中，多发生在主力的连续震仓动作中，或是股价遭遇到突发因素的影响，而出现的盘中浮筹“多杀多”现象。在下跌波段中，则是市场恐慌、股价暴跌的表现。在横盘震荡中出现，一种情况是主力洗盘到最后的破位震仓“诱空”动作，一种就是开始快速暴跌的表现。但这里要提一句，如果是在波段顶部出现的快速暴跌现象，不应该跟风杀跌，因为这种带量连续快速下跌之后，技术上由于乖离率太大和超卖严重，一般都会有强劲的反抽或反攻现象出现，出局时机应该把握在那个时间里操作，往往会减少损失，甚至平仓出局。

3. 股价与指标的“背离现象”

股价与指标的背离现象，在盘面中比较容易多见。分析“股价与指标的背离现象”时，重点把握住股价的第二个顶(底)的扭转开始和指标的第二个顶(底)的扭转开始，是同步还是不同步出现的。如果是三个顶(底)，就主要看第三个顶(底)，关键在于同步和不同步上。如果同步，说明这种背离现象对股价波动方向所产生的扭转影响度高；反之，就不排除后面股价还会有反复情况的出现，甚至也要考虑到这里的背离现象，只是指标自身纠偏的“修复性背离”现象。但有一点是可以肯定的：股价和指标出现了背离现象，至少短时间里，股价都会有一个反向的波动动作要出现。

4. 均线与均线的“背离现象”　(图 6-13)

均线与均线的背离现象是一种比较特殊的技术性背离现象。大多发生在波动次数比较频繁的各种分时周期图中。这个现象的产生，是因为在分时图中，股价波动的速度远比均线速度快得多。那么，各时间周期的均线在股价的快速上拉均线和下拉均线的波动中，有时就会出现各均线之间的短时间“混乱”现象(在震荡幅度比较大的日线中，有时也会有这种现象发生)。比如，有均线在向上运行，同时也有均线向下运行，而股价处于两条线的中间位置——我称其为“老虎嘴”，此时往往成为均线技术分析里的一个盲区。之所以，称其为“老虎嘴”，就是告诉大家不要盲目“虎口夺食”为好。最好耐心待其股价从“老虎嘴”里走出方向选择之后，再做操作的决定。

还有经常见的短期均线与中期均线出现背离现象，这是正常的股价短期性波动造成的，只要多以中期均线对股价的支撑(或压制)力度强弱就可以做出判断。

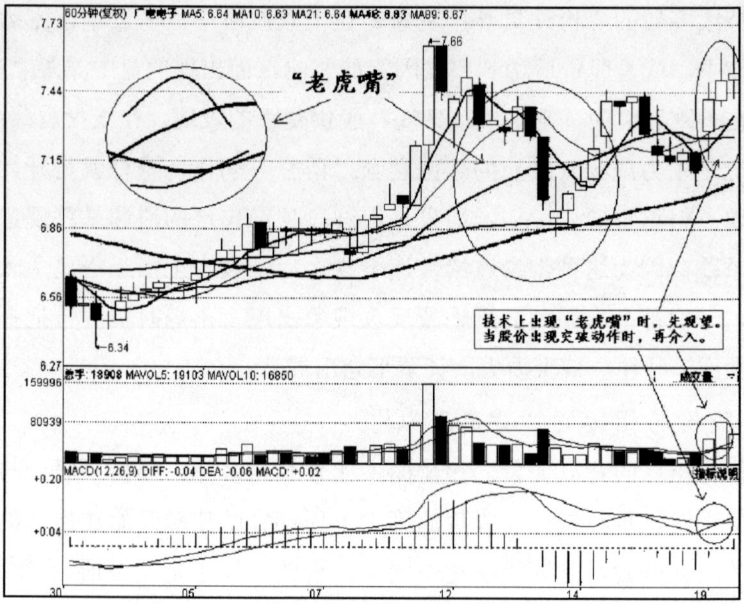

图 6-13 老虎嘴

5. 指标与指标的“背离现象”

指标与指标的背离现象也比较多见到。往往是这个技术指标发出向上攻击信号，而另一个技术指标却发出向下攻击的信号。这里先要解决一个图表的分时差的问题，当 5 分钟图上某个指标开始发出向上攻击时，15 分钟或 30 分钟图上的指标还在向下攻击中，这是一种正常的演变现象。因为往往是从 5 分钟图上先开始演变扭转趋势，再到 15 分钟、30 分钟、60 分钟、日线、周线、月线……从微观到宏观，从细微到全面，从小到大，每一个变化都是这样有次序的演变的。在分析这方面时，要把握住一个标准：变化是从小到大演变的；制约则是从大到小影响的。这个辩证的思维逻辑要始终清晰。

还有一种指标与指标的背离现象，是在同一个图上的几个技术指标发出的信号是相反的。对于这种现象的分析，要先明白，每个指标所反应的标的物不同，比如，有些技术指标是反应价的波动数据值的，有些是反应量的波动数据值的，有些是反应价格的衍生平均现象的，有些是反应量的组合平均现象的，有些是反应价量组合平均的某一个方面数据的，等等。主要是由于每个技术指标的计算公式的选取的数据样本的不同和计算方法的不同。指标与指标之间有时候出现相背离的数据信号也是一种正常现象。再加上指标与指标在动态的时间表现上也有差异，比如有些技术指标属于快速反应指标，有些则是慢速的反应指标，等等，诸多的各不相同就会经常出现指标与指标的背离现象。

问题是出现这种背离现象后该如何分析判断？

有以下几个侧重点。

(1)首先要明白每一种指标都有自己的局限性。分析某个指标的数据值时，只能够抓取它自身所主要反应的某一个方面的变化因素，再把其他几种反应不同方面因素变化的指标结合起来分析，就基本上会把握到目前股价波动和换手量配合下的总体波动方向。至于某一、两个指标所反应的相反运行方向的数据值，先作为一个警惕信号来看待即可。后面，随着股价的波动，多个指标都开始出现一致性的方向信号时，这种警惕信号就会成为一个主流信号，那么此时就可重视该信号将对股价所产生的重大影响。

(2)属于快速反应数据值的指标(如 KDJ 等)，往往会先于其他慢速指标发出警告信号，但通常会反复出现几次信号才会对股价的波动方向产生影响。这种连续几次的反复警告信号的出现，就要引起特别重视了。

(3)属于慢速反应数据值的指标(如 MACD 等)是反应较慢，但一旦发生扭转信号后，至少短时间里，难以再发生扭转信号。这类技术指标虽慢但应该更为重视其方向性变化。这类指标最难分析判断的只有一种情况，就是前面讲过的“修复性背离现象”。它并不改变股价的运行方向，而只是指标本身的一种自我技术修复现象。

6.“修复性的背离现象”分析判断

实战中，修复性背离现象多出现在上攻趋势的中部横盘震荡阶段和下跌趋势中部的横盘震荡阶段。

上攻趋势中，虽然出现顶部背离现象，但横盘震荡阶段中股价的每个回落底，呈现一底比一底高。重要的趋势型均线(多以中、长期均线为主)，始终保持着坚挺的向上攻击形态。当股价震荡到该均线附近时，技术指标往往也修复回到 0 轴或是回落到低位值区域。此时技术指标与股价同时出现坚决的向上攻击扭转，新的攻击再次开始。

下跌趋势中，虽然出现底部背离现象，但横盘阶段中股价的重心始终在缓慢地继续向下移动。重要的趋势型压制性均线(也多为中、长期均线)，始终向下延伸压制着股价。当股价震荡到该均线附近时，指标也基本上修复回到0轴或反弹到高位区域了。此时股价与指标再次同时出现加速向下扭转攻击，新的一波下跌开始。

还有一种情况比较恶毒。在上攻(或下跌)趋势中的“修复性背离”动作中，当均线修复回到0轴附近，股价也靠近重要支撑或压制均线时，股价先快速地向下(或向上)击破该重要均线。然后才开始真正地向上攻击(或下跌)动作。这种先反向“引诱”一下，再开始真正攻击动作的现象，很恶毒，往往会欺骗大量的技术跟风者。所以，当出现这种情况时，看轻股价的反向动作，应该把重点放在“价穿线不穿”的要领来仔细辨别。(注：关于“价穿线不穿、拐点必出现”的技术动作分析判断在本书“中篇”第十三章“十六种技术现象”中有专门论述。)

7. 背离现象的时效性分析判断

这里主要是以“顶背离”和“底背离”时的技术走势为基础论述的。

“背离现象”有一个很重要的特点，就是具有时效性，即每一种“背离现象”在发生以后，只是在相对的时间效应的背景下对股价的波动状态产生直接影响，而超过了这个时效期，影响效果就会降低，甚至消失。

但如何来分析判断“背离现象的时效期”呢？

首先注意的一点就是，不同周期(比如分钟分时图、日、周、月等)背景下产生的“背离现象”，其时效期会不同；不同性质的技术数据之间相互产生的“背离现象”的时效期也不同。

再一个就是，“背离现象”往往是从5分钟图开始演变，依次扩展在每个图上出现的。所以，背离现象不能够简单地以一个图的现象单独来分析，而是要把各个时间周期的技术图综合起来分析、判断，准确性才会提高。

(1)顶(底)背离现象的演变过程。

一般最早出现的双顶(底)背离现象是在5分钟图上，此时只会促使15分钟图上出现第一个单顶(底)。但30分钟图上股价走势，只是出现短时间的震荡变化。60 分钟图的股价攻击趋势依旧。

当 5 分钟图经过一段时间后，再次出现顶(底)背离现象时，15 分钟图上就形成背离形态中的第二个顶(底)，完成了一个背离形态。此时 30 分钟会形成第一个顶(底)。60 分钟图总的攻击趋势还在继续。

当 15 分钟图出现第二次背离现象时，30 分钟图上完成了一个双顶(底)背离形态。此时，60 分钟出现一个单顶(底)。日线有时也会在此时形成第一个顶(底)。

当 60 分钟完成双顶(底)背离形态时，一般会造成日线上的第一个顶(底)。但有时，60 分钟图和日线图也会同时出现双顶(底)背离形态。

当 30 分钟图和 60 分钟图上出现明显的“背离现象”时，基本上就要在操作上做出初次的反应了。

在以上的“背离现象”依次形成时，要注意：有时会有两个周期图同时出现“背离形态”(比如 15 分钟和 30 分钟，或 30 分钟和 60 分钟，或 60 分钟和日线)，这种现象是股价发生扭转时的一个加速变化的异常信号，是股价将会很快出现重大扭转变化的警告信号，也是“技术共振现象”的强烈反应。必须重视！如果经常仔细观察，就会在“小变化演化为大变化”的过程中，将自己的技术分析能力得到极大的提高。

这里再重复一次时间周期的分析标准：变化是从小到大演变的，制约则是从大到小影响的。这个辩证的思维逻辑要始终清晰。

(2)“背离现象”在各周期图上的时效性分析(以下“作用时间”只是一种多年经验积累的平均值，实战中不可死板使用)。

发生在 5 分钟图上的“背离现象”作用时间一般只有 2～4 个小时。

发生在 15 分钟图上的“背离现象”作用时间一般在 4～8 个小时。

发生在 30 分钟图上的“背离现象”作用时间一般在 8～16 个小时。

发生在 60 分钟图上的“背离现象”作用时间一般在 16～32 个小时，或是一波扭转性攻击波段的开始。

发生在日线图上的“背离现象”作用时间一般在 1～3 个月。

发生在周线图上的“背离现象”作用时间一般至少在半年以上。

发生在月线图上的“背离现象”因为数据的原因，并不多见，但按一般推测，将是跨越数年的作用时间，或者可以一个完整的大形态波浪来看待。

这里还有一个附带条件：当“背离现象”出现扭转趋势开始后，如果在短时间里出现过于猛烈和超出正常行情运行速度的走势后，则很可能出现“以空间换时间”的方式，快速消化掉背离现象所产生的作用力，缩短背离作用的时效周期。

第三节　支撑与压制现象

股市中的第三大重要现象是支撑和压制现象。这种现象，并不只是发生在人们所熟悉的均线系统上，而是在股市中的很多方面都有体现，仅在技术方面就有股价自身的支撑压制现象、均线的支撑压制现象、换手量的支撑压制现象、技术密集区域支撑压制现象、基本面的支撑与压制现象等。

支撑与压制是一个整体的两个面，也就是说，支撑和压制是两种现象，但为同一个整体。也可以这样讲，没有了压制现象，也就没有了支撑现象的存在。它们相互依存，又相互对立。比如，今天某股换手巨大，股价很强的攻击，但可能就在明天，市场突然发生了方向性变化后，这种就在今天还显示多方能量占优的攻击能量，却变成了巨大的空方向下的攻击力和多方向上攻击时的压制力。例子也许有些极端，但刚好可以解释支撑和压制的自身转换现象，也是一个整体两个面的具体反应。下面我们对市场中几种重要的支撑与压制现象一一做些了解。

1. 股价自身的支撑与压制

股价在波动运行中，每个价格点(股价)其自身都是同时具备支撑和压制作用的。

分解开来看，股价在不断的波动中，前一个价格点既是在支撑着后一个价格点的产生和变化，同时也压制着后一个价格点的产生和变化。

如果从技术形态图上看，可能就更容易理解。比如，在向上攻击形态中，股价的顶和底都是一个比一个高的。这种“垒叠”起来的顶和底，自身就具有对后面产生的股价一层层的支撑作用。而如果反过来，股价在向下攻击时，一个顶比一个顶低，一个底也比一个底低。这些层层的顶和底，自身又形成了对后面产生的股价的层层压制作用。这只是简单地来看。实际中，即使在某个阶段里股价整体是向上攻击的，但也总是会上下波动的前进的。那么，在这一上一下的波动前进中，股价的支撑压制身份就处于不断地变换。一会儿是起支撑作用，一会儿又是起压制作用。这就增加了股价波动运行中分析、判断的复杂性。这也是很多人容易犯追涨套、杀跌踏空的错误的其中一个原因，即不能够认识到股价自身的“两面性”。这是股价产生以后自身所带的一种基本现象。

2. 均线的支撑与压制

均线的支撑压制现象就是当股价在均线上方运行，一旦股价出现回落到均线上时，均线就具有对股价形成支撑的作用；当股价在均线下方运行时，股价反击到均线，均线就对股价形成一种压制作用。

我这里讲的均线的支撑和压制现象，是比这个简单现象更为复杂一些的现象。

我们都知道，均线是一段时间内的股价的平均值形成的。但在均线的运行中，对股价的支撑和压制作用，并不只是会在股价和均线“相碰”在一起的时候才出现。实际当中，只要股价和均线之间保持着一种“和谐的距离”，均线自身就已经在起着对股价的支撑或压制作用了。这是一种价格换手形成的“辐射作用”。这就解释了，为什么实战中常常会出现，股价在持续的攻击时，虽然和均线有一定的距离，但并不需要回落到均线上进行修正。但有一点，如果股价和均线之间的“和谐距离”发生了变化，比如越来距离越大，那么，股价就必然会向均线靠拢进行一次支撑力的修正动作。在下跌攻击状态时，也同样是这样的。如果股价和均线之间距离和谐，股价也可以不需要修正的，因为均线在这时候，已经在起着压制的作用。但如果这当中距离发生了突然性的拉大变化，股价就必须向均线靠拢，进行一次压制力的修正动作。

此外，由于均线系统是由多条均线组合而成的，无论是在上攻阶段中，还是在下跌阶段中，有时候会出现上下都有均线在运行，而股价在中间的情况。也就是说，上面有均线形成压制作用，下面有均线形成支撑作用。

这种“矛盾”的现象，在分析、判断时要把握以下几条。

(1)先确定目前股价运行的状态是属于短线性质的修正，还是阶段性质的扭转性动作。如果是攻击状态中的短线性质的修正动作，一般会是中期均线的支撑力大于短期均线的压制力。如果是中期性质的扭转性动作，这时的中期均线如果已经走平，那么，这时的短期均线的压制力会大于中期均线的支撑力作用。所以，就有可能会出现短期均线击穿中期均线的现象发生。直到整个形态扭转过来后，又变成了中期均线的支撑(或压制)作用大于短期均线。

(2)当均线攻击的角度和力度处于较强势状态时，均线对股价的支撑(或压制)作用是很强的。即使出现股价在短时间里回头击穿该均线，随后也会再次走回原有方向运行，直到均线出现扭转，股价才会出现彻底的扭转性走势。均线的内在原有的支撑(或压制)也才会转变为压制(或支撑)。

3. 换手量的支撑与压制

股价所具有的“一个整体的两面性”现象，在换手量上也是具有的。换手量一旦产生，也同时具备了支撑和压制两种作用。当后面的换手量产生时，前面的换手量不是对后面的换手量有支撑作用，就是有压制作用。

换手量的支撑和压制作用，除了这个简单的两面性外，还要更进一步，即换手量形成的区域性堆积(筹码沉淀现象)，也具备支撑和压制后面的股价波动运行和后面换手量的作用。当然，这里有一个条件，就是这种支撑和压制作用是具有时效性的。也就是说，这种区域性堆积的换手量的支撑和压制作用是随着时间的推移，处于逐步的衰减状态。当经过相对长的一段时间以后，由于筹码出现了新的转移变化，原来形成的区域性堆积的换手量的作用效应，就被新的区域性堆积换手量作用效应逐步取代。原有的区域性堆积的换手量的支撑和压制作用就逐步消失。当然，有时候，这个作用转移和消失的时间是很短的，但有时候会很长，甚至长达几年。这是换手量所特有的一种特殊的转移现象。

4. 技术密集区域支撑与压制 (图 6-14)

了解了前面的换手量的支撑和压制作用，特别是区域性的堆积量的支撑和压制作用，对于技术密集区域支撑压制就很容易理解了。它们是“异曲同工”的现象。技术密集区域是指股价在运行中的某一个区域里盘横时间比较长，K 线排列比较密集，但股价的上下空间却并不是很大。

这种现象多发生在攻击波段的中间阶段。其中包含着股价反复在这一区域里上下震荡，换手量也在这一区域里沉淀堆积，只是大多数情况下，换手的单天量并不是很大。但由于持续盘横的时间要长一些，所以，密集区域里累积起来的换手量也是很大的。在形态图中，凡是技术密集区域的支撑和压制作用是很明显的，而且往往是对整体运行形态的支撑和压制作用要大于对阶段性股价和换手量的作用效应。因而，在技术分析、判断中，这种技术密集区域对整体股价、量、均线、形态、市场状态的影响需要加以足够的重视。

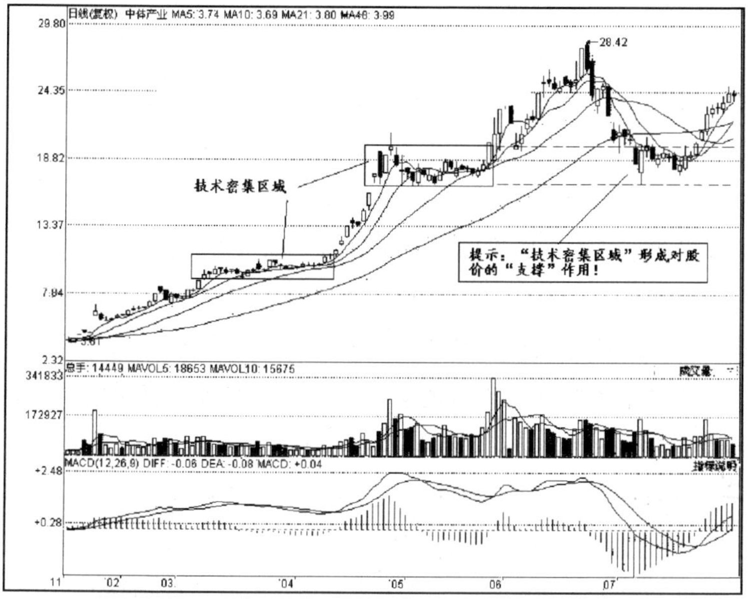

图 6-14　技术密集区支撑压制

5. 基本面的支撑与压制

基本面的支撑和压制现象，和前面的股价、均线、换手量的支撑和压制形式有些是不一样的。因为，基本面方面的这些作用影响，有时候是属于技术支撑压制作用的，有时候却是属于心理支撑压制作用的。比如，政府政策方面，有些政策对市场的支撑作用就是很明显的。但当市场处于"非理性"状态时，政府出台的政策又是属于压制作用的。可能有人不解，为什么有时候，政府的政策明明是属于压制作用的，但市场却是向上攻击的？这不是政策的原因，而是市场对政策反向表现的结果。“出利空涨、出利好跌”只是市场中的“人”对政策“利空出尽是利好，利好出尽是利空”的反向思维心理的表现。这其中更重要的一点是在于，当时的市场主力对政策的“时效差的利用动作”的体现。因为很多政策都具有一个现象，就是“政策时效的滞后效应”。主力利用了这个时间差，反而加速完成比如进场或离场的脚步，所以，必然导致市场经常会出现股价有一段时间与政策背离的走势过程。

第四节 攻 击 现 象

攻击不是指单边的向上攻击，而是把向上攻击(上涨)和向下攻击(下跌)这两个方向的攻击都统称之为“攻击”(注：本书中所有的“攻击”一词都是含有上、下两个方向的意思，除非指明了攻击的方向)。

攻击现象在这里是以股价的攻击现象为基础来讲的。

攻击现象是技术分析中一个重要现象，而且是股市中股价波动的最主要表现形式。因为股市的波动性是建立在股价的波动运行上的，而股价的上下波动，自然就产生了股价的攻击现象。基本上，股市中股价的攻击现象要占到整体运行中的80%以上，而平衡现象只占到20%左右。甚至这20%的平衡现象如果再用“微观”的眼光来分析，也不是像一条直线一样地在运行，其中也是在不断地产生微小的攻击动作中波动运行的。我们只是从相对模糊的理论概念上来讲，攻击占80%以上，平衡占20%左右。这样划分的目的，也是为了便于大家把技术分析的重点放在股价比较明显的攻击现象上。从实战角度出发，利润的主要来源基本上都产生于比较明显的股价攻击(向上)过程中，而损失的出现也是出自于明显的股价攻击(向下)中。简言之，股价没有明显的攻击现象发生，就难以产生明显的利润和明显的损失。

把股价的攻击现象和股价相对的平衡现象划分开来，本身就是把股价在波动运行的两种状态划分开。这样，就更容易把握住在技术分析时的重点。而占80%以上的股价攻击现象中，也不是就简单的只有一种攻击动作，又可以大致划分为股价的缓攻动作、加速急攻动作、转折性攻击动作以及比较特殊的跳攻动作四种(图6-15)。

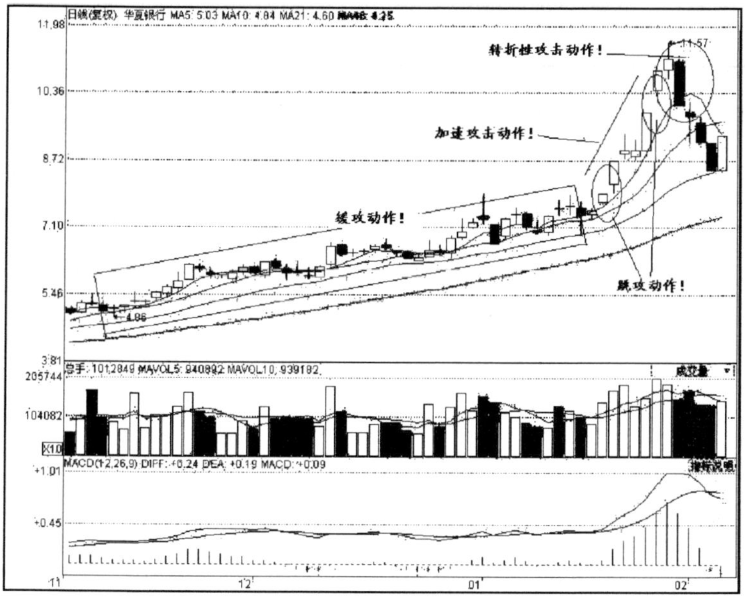

图 6-15　四种攻击动作

1. 缓攻动作

股价的缓攻动作是指股价在攻击时，以一种股价上下波动幅度不大，但攻击方向持续，时间上有时短、有时持续长一些，角度较缓，整体攻击速度缓慢的姿态形成的攻击。K 线的特点是密集，小 K 线上下波动排列。

缓攻动作大多出现在阶段性攻击的初始时边洗、边蓄势、边攻击的形态中，或着是在攻击的加速动作之后遇到阻力时出现。缓攻动作在上攻形态中，一种是蓄势性的边吸筹码、边洗浮筹、边攻击的典型动作。还有一种是在前面加速攻击动作之后股价遇到阻力时，攻击能量逐步衰减的一个动作信号。缓攻动作在下跌形态中，一种是属于通常讲的股价向下“滑跌”段，这种从高处开始的“缓攻(滑跌)动作”速度也是比较缓慢，但最后会演变为向下的加速攻击。还有一种是先加速下跌攻击，之后经过一次反弹之后，股价的再次下跌就演变为了缓攻动作。

但要注意，实盘实战中，缓攻动作无论是在上攻波段中，还是在下跌波段中，大多是发生在攻击刚开始的时候，这就预示着股价一般在缓攻动作之后会出现加速攻击的动作，或见一个顶或见一个底出来。所以，在上攻波段开始初期出现缓攻动作时，应该以介入为主；而在下跌波段开始初期出现缓攻动作时，要以及早出局为好。

2. 加速攻击动作

股价在攻击中出现的加速攻击动作，是一种攻击能量加速释放的现象。股价往往以比较大的K线形态和比较陡峭的攻击角度，大多也配合着明显的放量现象来表现。基本上股价在出现加速攻击动作之后，最终都会攻击出一个股价的拐点(顶或底)出来。有时是短时间里的一个拐点(顶或底)，有时候是波段性的甚至是中期性的拐点(顶或底)。是什么性质的拐点，不是单靠股价的攻击动作来分析判断的，而是要结合整体的各方面数据因素和信号来综合分析判断。

但基本上股价的利润或损失加大的空间幅度都产生在这个加速攻击动作中。所以，在实战中，上攻阶段中出现这种动作时，既要密切注意见顶信号的出现，又要能够沉住气守住筹码；下跌阶段中出现这种动作时，就要注意见底信号的随时出现。

加速攻击动作中有两种不同持续时间的攻击形态：一种是短时间(或只有几天)的，一种却会出现连续性的加速急攻(比如以连续涨停或跌停方式加速攻击的可以长达几十天)。实战中判断是属于哪一种，要结合分析均线系统的状态、攻击换手量的状态、指标的攻击状态以及基本面、市场面、行业、热点等方面，综合进行分析判断。但这样做可能太复杂了。简单的方法就只有一个——跟着走，直到股价出现扭转性动作后在上下震荡中或进场或离场(上攻顶出现就离场，下跌底出现就进场)。这样做，可能“傻”了点，但实际中往往很有效。当然，还要与本书中讲的股价的脱线、八爪线等现象结合起来分析判断，也是可以很有效地提前预判股价的拐点时间。

3. 转折性攻击动作

当股价在每一次加速攻击动作之后，基本上都会出现一个转折性的攻击动作来作为一个拐点(顶或底)的确立。无论这个拐点是小拐点，还是比较大的拐点，确立这个拐点的“转折性攻击动作”却是必不可少的。

什么是转折性攻击动作？

前面的技术动作是攻击动作，紧接着出现拐点时的扭转股价运行方向的动作也是攻击性的，这一前一后两个攻击动作就合称为转折性攻击动作。最常见也最典型的K线形态就是，前面出现的是上攻大阳线(或下跌大阴线)，后面又出现了下跌大阴线(或上攻大阳线)。当然，这两根线的中间有时夹着几根K线也是常见的。但是一个转折性的前后都属于攻击性质的整体组合。

这种转折性攻击动作在实战中还比较多见。当遇到这种攻击动作时，要及时把原有攻击动作所造成的顺势心理调整过来，应该做出符合股价转折性攻击动作相一致的操作决定。为什么要这样讲？因为实战中，大多数人是很难适应在短时间里把心态调整过来的，而往往利润或时机的“丢失”就出现在这种转折性攻击动作中；也因为股价在转性折攻击动作之后，还会有连续的后续攻击动作相连接一起。

4. 跳攻动作

跳攻动作是股价攻击动作中比较特殊，也比较强烈的一个攻击动作。“跳”，本身就是一种脱离于常态的一种动作，是反应最为强烈的一种攻击表现。在股价的攻击波动中，通常情况下股价的交易轨迹是比较连贯的，即使在加速过程中，也大多形成一种股价价位相互连贯的逐步加速运行。但跳攻动作的出现往往会使本来比较连贯的价格交易，出现一段空白交易区域。这个空白的区域里没有形成换手，也没有形成交易。这就是大家通常讲的“缺口”。这里我主要是从股价的攻击动作中来讲，有些方面与“缺口”理论是一致的，有些则可能会有所区别。

跳攻动作的发生，其原因有时比较复杂。因为有些是由于股价自身当加速到一定的极限时，市场内的换手交易猛增，从而加速追逐股价脚步所引起的股价“跳跃”现象。有些却是“人为的诡计”所导致的一种“引诱性跳跃”现象形成。再加上目前我国实行的涨跌停板制度致使股价的每天涨跌幅度，都存在一种制度性的“极限限制”，从而在人为因素、或消息面刺激的情况下出现的一种通过跳跃动作减少股价梯次价位交易空间的一种现象。

跳攻动作的出现有个规律，即经常会出现在一个攻击波段的两头(启动时和结束时)和加速攻击的两头(加速攻击开始时和加速攻击结束时)。

在攻击波段的中间阶段也有跳攻动作出现，但如果从大多数实际情况看，则是加速攻击的开始时的动作。

刚才提到，在跳攻动作中经常会出现股价的空白交易区域，不要忽视这些空白的交易区域，它们往往影响着股价的后续动作。从某种角度来讲，这些空白的股价交易区域，除了价格初始启动时的个别跳攻缺口外，其他的最终均会被股价的交易换手来填补。区别只是在时间上的远和近。也就是说，一般都会填补的，但有些空白区域会在短时间内填补，而有些可能会在很长时间以后才会填补。从实战角度讲，我们只重点关注短时间里的填补还是不填补现象。

一般来讲，连续出现涨／跌停的跳攻动作的股价空白区域，短时间里不填补的占多数；在一个波段、一个波浪这种比较大的运行形态，开始时的跳攻动作的股价空白区域，短时间里不填补的占多数；在波段的攻击中部，前面有缓攻动作配合，后面开始加速攻击时，出现的跳攻动作的股价空白区域，短时间里不填补的占多数；在中间部分的横盘阶段结束时，出现的跳攻动作的股价空白区域，短时间里不填补的占多数；出现跳攻动作后，马上就回补股价空白区域的，多数是人为因素形成的跳攻动作。

第五节　突　破　现　象

在技术趋势的波动中，突破现象经常会发生。因为股价在波动的同时，也是一种寻求空间拓展的现象。所以，从某种角度来讲，股价的空间总是处于“创新状态”的。这种股价对未来空间的拓展和创新，必然也是一种攻击动作的表现（无论这种攻击动作和空间的拓展现象是向上还是向下）。所以，从其内在的本质上看，有攻击，才会有突破现象出现。突破现象又是一种股价拓展未来空间的必然现象。

如果从股价换手能量的积蓄、释放的变化方面来看，突破现象也是一种带方向性能量进行释放的表现。这种换手能量的释放现象往往会在一个时间段里，推动着股价朝着某个方向进行延伸。股价内在的换手能量，在延伸中不断地被释放消减，直到这种攻击能量衰减到难以继续突破新的股价空间，这个阶段的突破现象就会停止，转入股价的技术性修复阶段（股价的震荡阶段）。

股价的突破现象不只是局限于股价在一个阶段的横向震荡区域之后的向上(或向下)拓展新空间的单一动作。也就是经常讲的创新高或创新低动作。实际上，很多情况下，这只是突破现象中的一个单一攻击动作。或者可以讲，是突破现象中的一个启始动作。后面如果该股的股价一直向着某个方向攻击的话，其实股价就一直处于不断的突破现象中，直到阶段性拐点出现。

为什么一定要这样看待突破现象呢？

主要是，要提前理性地理解突破现象不只是单一(只是某一天)的攻击动作，而是带有内在“能量”的持续释放。如果从这个角度在实战中看待和把握突破现象的重要性，就自然也会明白突破现象中所包含的一个规律性的现象——突破现象是一种能量现象的持续释放。

可能有人会提出一个实战中经常遇到的问题，当某只股价出现创新高或创新低的突破现象后，该股价却在短时间里甚至就在次日出现了猛烈的回归动作(一般都称为“假突破”)。

这个现象在实战中出现比较多。我下面要讲到的就是专门来分析和判断突破现象在实战中要注意的三个重点：突破前的条件准备(发生前)、突破时的技术手段(突破时)和突破后的确认动作(突破后)。

1. 突破前的条件准备

股价一般在形成突破前，必须要有一个充分的条件准备阶段。在这个阶段，股价一般采用的是一种相对比较强势的横向震荡，股价波动空间是以逐步收缩的状态进行的。中期的重要均线支撑(上攻趋势中)或压制(下跌趋势中)的力度是比较强劲的。在时间上准备阶段一般要延伸到中期(支撑或压制)均线运行到和股价相近的位置时，才进入到“突破”的时间窗口。换手量在这个准备阶段一般都经过了从大到小再到中等的几个变化，如果量在突破前放得太大，说明盘面跟风浮筹现象加重，往往在突破前还会增加几次快速震仓。

有些股价在形成突破前还会出现缓攻现象。缓攻现象也是一种能量逐步积蓄的典型现象，一般具有收拢筹码的意图。

在股价的准备阶段，在突破现象发生前，会有至少一次的试探突破动作出现。这种试探突破动作相当于一种突破前奏曲。从技术上来讲，这种动作，首先可以测试突破区域内的阻力大小和盘面的跟风热情强弱，再一方面是将均线系统进行收拢的动作，并将短、中、长周期均线的上下次序排列位置理顺。此时如果出现震仓动作，只是对很短的均线有影响，中、长期均线和整个均线系统均是处于“待战而发”状态的。

这里再多讲一种股价突破现象前均线系统的特殊“打散再聚拢”的现象。这种现象，是在股价经过横向震荡逐步收拢，均线系统也逐步收拢之后，整体形态明显地处于突破前状态，盘面显示跟风盘潜入太多。主力就会“人为”地采取先用连续几天的回撤攻击，把几条均线(主要是短期组合的均线系统)“打散开”，然后股价拐头开始连续强势突破动作，把散开的几条短期均线迅速重新聚合形成交叉。如果是向下突破前发生的回撤动作(也就是反弹动作)，最好先逢高收回资金；而如果是向上突破前发生的回撤动作，这个时候还不能急于决定进场。

2. 突破时的技术手段 (突破动作)

突破时的技术手段(突破动作)具有很典型的人为控制特点，一般可以归纳为三种动作：震荡突破，缓攻突破，强势突破。

(1)震荡突破(图 6-16)。

震荡突破的技术动作，是比较多见的一种，就是股价在攻击到与前高(或前底)水平一线处附近时，先突破，但很快又回收，之后再突破，就是在震荡中化解突破时的阻力，并且进行突破确认动作，最终实现突破成功。

采用震荡突破的技术动作进行突破时，换手量有时会很大有时却并不用放的很大。为什么会这样？我前面讲了突破时的技术动作是人为因素起主导作用，那么，这样一来，控制者就可以在突破时，灵活地根据盘面的力量对比变化来控制调整突破时的节奏。而突破之后的回收动作，是一种确认突破的技术动作。借力打力是这种技术动作的最好说明。

采用震荡突破技术动作的主要原因是受制于技术条件限制而采取的。在分析判断时，一般从均线系统的状态就可以发现。比如由于短期均线出现了“八爪线”，或是前面的准备阶段不是太充分，均线系统没有理顺到位，或者是突破时动作太快，造成“脱线”，短线必须要有一个回收的动作出现。

震荡突破的技术动作还会有一个现象发生，就是出现两组震荡区，两次突破确认动作。即当突破水平颈线时会出现第一次股价震荡区，出现第一次突破确认动作，之后在不远处又会出现第二次股价震荡区，再出现一次突破确认动作。两组(次)震荡区合成为一个完整的震荡突破技术动作。这一前一后两组震荡突破动作和两次确认突破动作，控制着突破时的节奏。

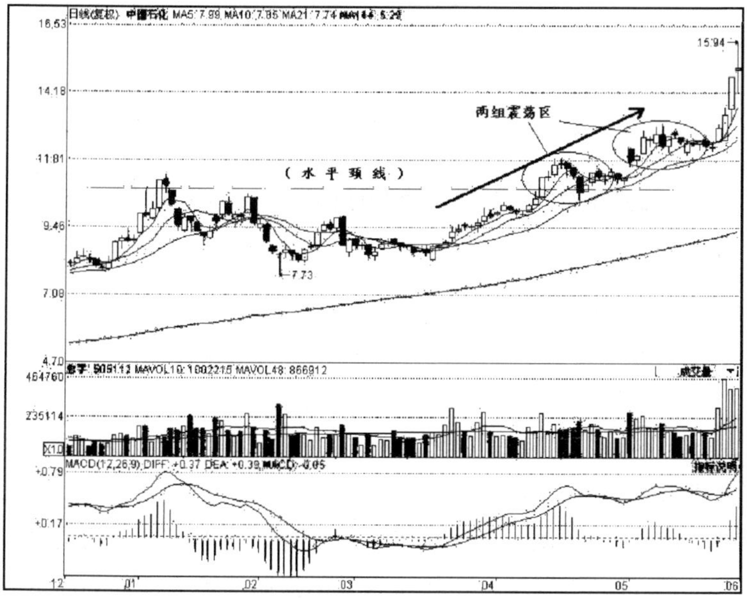

图 6-16　震荡突破

(2)缓攻突破(图 6-17)。

缓攻突破的技术动作，并不是很常见到，因为这种突破动作比较特殊。

缓攻突破的特点是：股价处于连续性推升中，但攻击动作不大、不急，换手量明显处于人为控制中，股价基本上紧贴着短均线，多为小 K 线，稳步把股价推过(或压过)水平颈线的阻力区域。这种突破技术动作代表了该股价的人为整体控制性很高，盘面浮筹也不多。突破时并不引人注意，当引起注意时，股价会出现猛震或加速攻击，同样让很多人望而却步。

缓攻突破的确认突破技术动作，大多出现在距离水平颈线远一些的位置，也就是将要出现加速攻击动作前的快速回收动作。

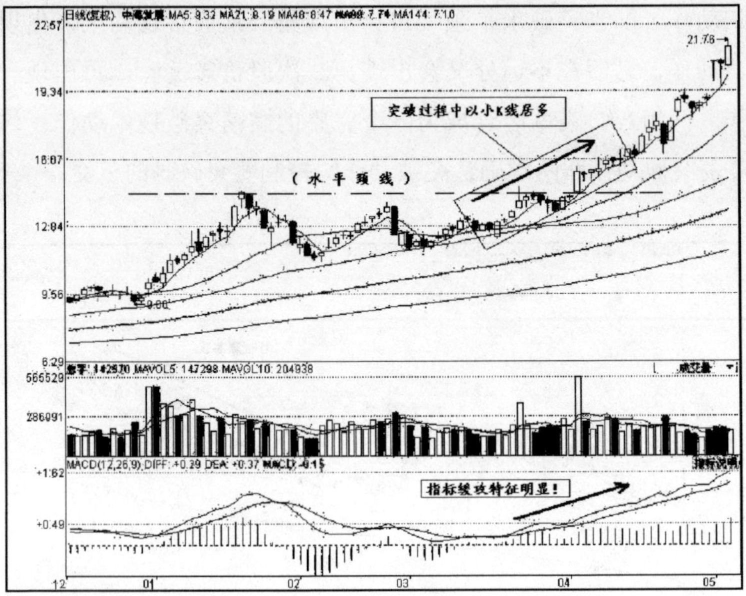

图 6-17　缓攻突破

(3)强势突破(图 6-18)。

强势突破的技术动作，是比较多见的一种。简单归纳，就是大 K 线、大成交量，雷厉风行的那一种。往往是市场中很容易被人注意到的。有很多这种突破，经常还带有“跳攻动作”来进行强势突破。回收动作幅度也很大。但其确认性动作，并不是用很多人容易注意到的回收动作来进行，而是在回收动作之后的再次突破动作上进行突破完成的确认技术动作，这很有意思，与其他的突破确认动作不同，别的是以“回收”动作来确认突破动作的成功，它却是以再次突破动作为确认突破成功。

由于这种强势突破技术动作比较容易引起浮筹跟风，如果前面的准备阶段时间不充分，换手量出现异常放大现象，均线系统也没有调理顺畅，就很容易出现引诱性的假突破结果。所以，这种突破技术动作的确认动作是在回收动作之后再突破时才完成的。这一点很重要。

这里补充讲一下，如何来确定突破时的那条水平颈线？

水平颈线最好用最明显的至少两个顶(或底)的股价价格连接成一条水平线来形成。这几个明显顶(或底)应该是处于股价相对横向震荡的同一个区域里的，而且它们的价格相差不能够太大(注：向上突破时的水平颈线以几个顶的连线为标准；向下突破时的水平颈线以几个底的连线为标准)。

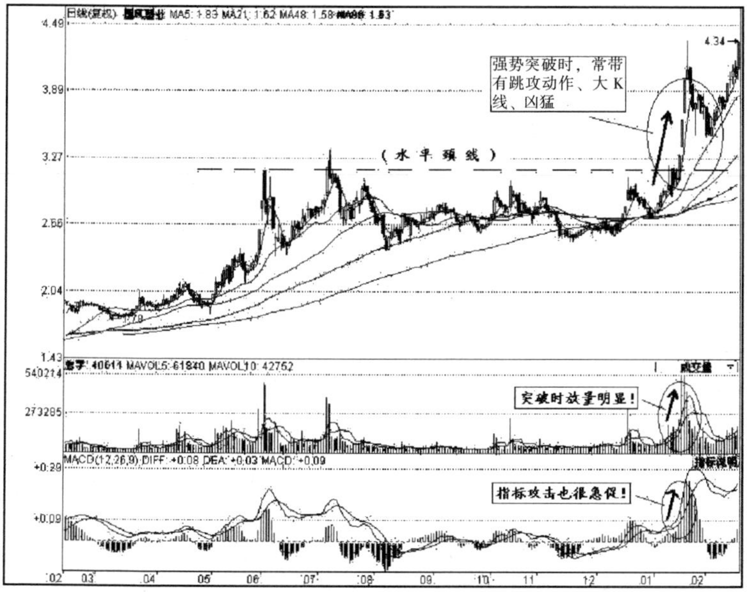

图 6-18　强势突破

这个水平线上连接到的几个顶的上方，代表着股价向上攻击的阻力区域(压制区域)；这个水平线上连接到的几个底的下方，代表着股价向下攻击的阻力区域(支撑区域)。

3. 突破后的确认动作

前面已经讲到几个突破后的确认动作，这里再重点讲一下几种不同的确认动作的划分。

大多数的突破动作之后，是用回收动作来进行技术确认动作的。

在具体实战中，技术确认动作可以大致分为三种。

(1)回收颈线确认动作。

回收颈线确认动作是最常见到的先突破颈线，之后再回收到颈线位置进行突破成功的确认。回收确认动作中，换手量会有一个缩小的现象出现，而且也是修正脱线或八爪线技术需要的动作。

(2)平走靠线确认动作。

平走靠线确认动作是在股价突破水平颈线之后，并不进行明显的向颈线回收来确认突破的成功，而是形成短线的股价横向平走，等待与均线靠拢后，形成一种技术上的支撑或压制力的作用下，股价再接着继续突破。这种确认动作中；一般换手量会有一个快速的缩减。

(3)再次突破确认动作。

再次突破确认动作是在股价形成突破之后，先回收颈线(有时再次击破颈线)，然后当再次进行突破时，这个再次攻击动作才是确认动作。这种确认动作必然会伴随着换手量的放大现象，甚至可以说，换手量大一点，确认动作更扎实些。

第六节　共　振　现　象

共振现象是指两种以上技术现象在同一时间周期内，同时出现相同的带方向性信号指示现象、或技术攻击动作表现。

共振现象可以是同类技术数据值(比如某个技术指标)在不同的时间周期图上，同时出现相同的带明显方向性指示现象或技术攻击动作表现(如 60 分图和日线图上同时出现这种现象)，也可以是不同的几个技术数据值(如股价、均线、指标等)，在同一时间内同时出现相同的带方向性指示现象或技术攻击动作表现。

最简单的例子，比如，某股在某天的下午 2 点交易时间中，该股的 KDJ 技术指标，在其 60 分图、日线图、周线图上，同时形成了金叉现象，此现象就是一种共振现象。

又比如、某股在交易中的某天当中，该股的股价出现向上突破水平压制颈线位置，而且当天的 5 日均线上穿 10 日均线，5 日均量线也出现上穿 10 日均量线(换手量放大)，当天的技术指标中，MACD、KDJ 等几类指标也都出现金叉或向上攻击现象等，这些向上攻击的各类技术现象或技术攻击动作都在同一天单位时间里出现了，那么，这也是一种典型的共振现象(图 6-19)。

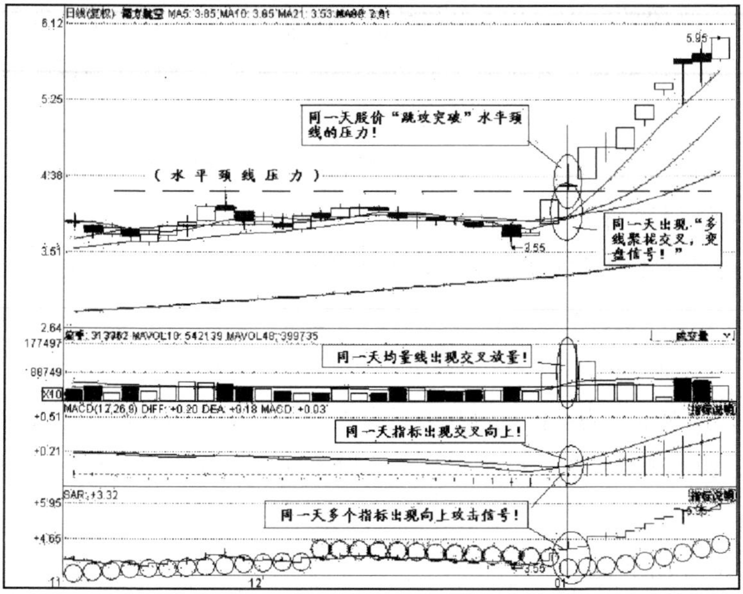

图 6-19　共振现象

分析和重视技术上的共振现象，是因为这种现象平常每天也在不断地出现，比较频繁。但有很多频繁出现的技术共振现象，经常只是比较小的波动技术指示现象。而对于那些共振现象比较少见、或多种类技术数据值同时出现共振现象时，往往对股价的方向性指示作用是比较准确和重要的。特别是在一些比较重要的阶段性顶，底或特殊市场情况下的快速顶、底出现时，这种共振现象的出现往往是可以起到四两拨千斤的快速判断作用。

还有在不同的周期图上，同时出现某种技术共振现象，其准确性让人惊叹!

为什么共振现象会对股价产生这样大的作用呢？主要有以下几点是其他的一些技术现象所无法达到的。

(1)我们知道，不同的时间窗口都有着自身的运行技术轨迹和时间轨迹，就像宇宙中不同的星球都有着各自不同的运行轨迹，但又是在同一时间环境中运行。如果不同的空间中的星球(特别是多个星球)在同一个时间点里，重叠在某一条直线上、点上，就不是那么容易经常出现的现象。股市中的技术共振现象虽然人为因素可以起影响作用，但很难做到人为操控多种因素同时发生。这个现象的发生，基本上都是多种因素循环轨迹发生重叠现象而融合在一起发生的。就算要人为操控某一次，也必须把整体性影响该股的很多种(在自身波动)的技术数据值，同时控制起来操作才可以。但这对利益集团来讲，成本太高了，所以，主力往往更多的只是采取“借力打力”，反而可以起到“四两拨千斤”的作用。

⑵技术共振现象的技术操作有效率是比较高的。基本上，在每次发生技术共振现象时，股价的波动都会出现拐点效果。区别只是在于这个技术拐点是小拐点还是大拐点。

⑶共振现象其内在的剖晰比较复杂，但有一点比较清晰——股价的技术数据值在运行波动中的一种必然存在的规律性现象。所以，把它列为一种重要的技术现象。在实战中，要格外引起注意。

1. 多周期共振

多周期共振现象是指在不同的时间周期(图)上，某一个时间点同时出现了带有方向性指示或同种技术动作的共振现象。

比如，某股在某月线图上本月出现了指标或均线金叉攻击现象，同时周线图上某周也出现了指标或均线金叉现象，在某周的某天也出现了这样的现象，特别是在该日中的分时图上也出现了同样的现象，那么，这就是一种多周期共振现象。其实，在这个现象发生的同时，技术上也已经提示出了可以操作的时机点了。问题只在于，你是不是细心的发现了。

或者，在某一天里，5 分、15 分、30 分、60 分，包括日线图上都出现了某种技术共振现象或技术攻击动作，这也是多周期共振现象。

当这种技术共振现象出现时，如果指示出的方向是向下攻击的，就应该考虑卖出操作；如果方向指示是向上攻击，就应该考虑买入操作。

这种共振现象可能只是发生在某一种技术指标上，也可能只是发生在另一种技术数据上，需要细心来分析判断。

顺便提一句，目前市场上有些所谓神奇的证券软件，就是通过技术数据归类总结分析方式来监测这种技术共振现象，以达到捕捉技术买卖点的操作提示。但由于技术共振现象，不是一个简单的数据值的共振现象，还需要结合其他多方面因素来做最后的人为判断——哪些技术共振现象会产生比较大的拐点信号提示，而哪些又只是某个大的技术趋势动作中的正常的短时间性质的技术共振现象，所以，软件中有时出现的操作提示，出现虚假提示现象就是一种必然。但大部分还是比较准确的，因为这种共振现象的发生本身是具有技术波动内在规律性的特点，所以，其信号的准确性本身就比较高。

2. 股价与均线共振

股价与均线的共振现象是比较常见的一种。简单讲，就是当股价出现某个明显的方向性攻击时，均线也出现了向上(或向下)交叉现象。这就是一种共振现象在发生。这种现象发生在不同的时间周期图上，具有不同的方向性攻击的有效时间段(有时只是短时间的攻击动作)。但如果在不同的时间周期图上，在同一时间点上发生这样的共振现象，却是必须要引起重视的一个信号。它的信号提示往往准确性很高，而且股价的攻击力量也很强。

3. 股价、均线、量、指标共振

这几种不同的数据值，在某一时间点上，同时发生共振现象，要格外重视和注意。如果同时发生在不同的时间周期图上，方向指示准确性很高，也是股价将发生至少阶段性攻击的重要信号。

4. 技术数据共振与时间窗口共振

在各种不同的共振现象中，有一种技术数据共振与时间窗口的共振现象是比较难以分析和判断的。因为它是两种现象在同一个时间点内同时出现，就需要仔细、谨慎地分析。当然，这也是股价将发生重大变化的技术表现。我们已经讲过“时间窗口”这个技术现象，时间窗口的出现与股价的波动重大变化是紧密相连的。但如果在时间窗口内，又发生了技术数据的共振现象，就自然必须要高度重视了。这种重叠现象并不是经常见到。一般只是在比阶段性趋势要更大一些的趋势行情拐点中才会见到，出现这样的现象，需要把整个市场的环境背景以及各方面技术因素都结合起来分析判断才好。也就是说，要用大一些的思维宽度来把握整体市场的方向性变化。

5. 指标与指标共振

技术分析指标非常多，而且归为几大类，比如，趋势类、价格类、能量类、累加类、统计类、分项类、反向类等。有很多专门书籍介绍，这里不一一列举。这里所说的技术指标与技术指标的共振现象，主要是两种：一种是同一种技术分析指标在不同的时间周期图上同时发生的共振现象，在发现判断股价波动时，要重视；还有一种是代表不同的技术数据值种类的技术指标，在同一个时间周期图上，或着在不同的时间周期图上，同时发生的共振现象，也要特别的重视。这些指标与指标之间(相同的指标或不同的指标)只要是在同一时间点上，发生共振现象，都会对股价的方向性波动或扭转产生影响。特别是不同种类指标之间同时发生的共振现象，就更要在平常实战中多加分析。

掌握了解了技术共振现象，在实战中得益是很大的。我们经常讲“时机”，其实很多人认为的“运气”，就是“时机”在技术上的体现。所以，从某种角度来说，把握住时机，就是把握住运气。运气是不可测、不可抓取的；而时机是较为科学的、可以预设的、可以抓住的。股市技术分析中的共振现象，就是一种看得见、摸得着、可以人为地通过分析判断来把握的操作时机。当然，并不是抓住了技术共振现象，就可以打遍天下。任何技术现象都会有它的缺点，共振现象也不例外。它的缺点就在于数据是死的，而市场是活的。这个市场又是人来交易的。而人又存在着很多的人性弱点，再加上市场消息面的“影响”，其变化的复杂性就更大，要多掌握贯通各类技术现象，不能只看局部，只关注点的现象，而要综合分析、判断才会提高实战中的准确率。

背离现象、时间与空间现象、支撑压制现象、攻击现象、突破现象、共振现象等这六大技术分析中都有一个共同的特点：它们揭示的都是股价技术波动运行中所产生的规律性现象，也是我们必须要掌握的基础性技术分析的载体。它们并不只是理论上的东西，在实战中它们时时处处都提示着、揭示着股价下一步将要波动的方向，或下一个技术动作将会是如何进行的奥秘。

第七章 实战中的转折关头——十六种技术现象

在实战中，由于每天需要分析的各方面信息繁杂无数，所以，经常对于一些不是很重要的现象往往投入太多的精力，反而忽略了一些能够对股价产生重大影响的很关键的现象。而恰恰就是这些关键的现象对后面的发展演化却起着举足轻重的影响。这里，是多年来归纳出的一些技术经验，如果在实战中发现了，一定不要忽视。

1. 多线聚拢，变盘窗口 (图 7-1)

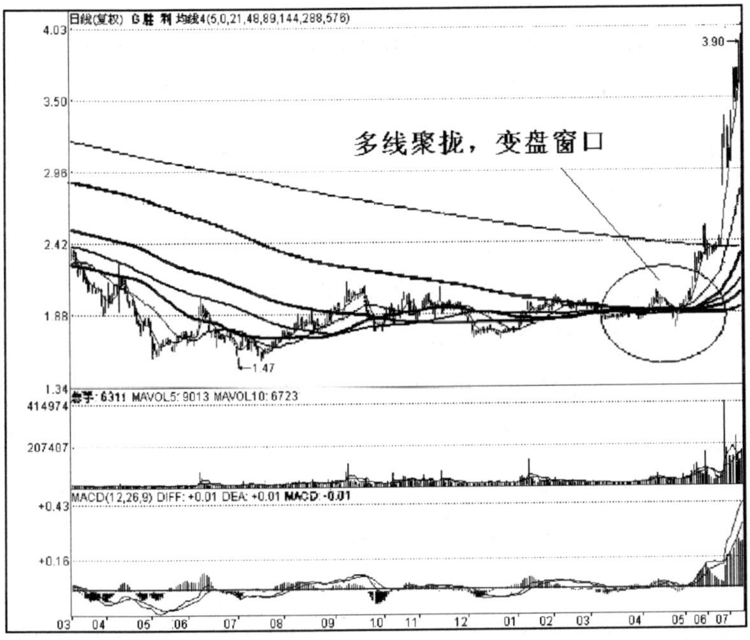

图 7-1 多线聚拢，变盘窗口

我们常用的5日、10日、20日、30日、55日、60日、120日、250日等移动平均线，组成了比较容易识别的带变化轨迹的移动平均线系统。我个人也将21日、34日、48日、89日、144日、288日、576日等均线形成另外一套均线系统来穿插使用，主要是为了弥补均线在个股上贴身监控的需要。但一般只要使用超过三条以上均线时(时间周期比较相近)，会经常出现几条均线在某一时间点里形成“聚拢现象”。这是一个很重要的变盘信号和敏感时间段。“多线聚拢，变盘窗口”就是指这种特殊现象的。

“多线聚拢，变盘窗口”是指至少要 3 条以上的均线，经过相互拉开(不管上升还是下降的趋势中)距离之后，由于股价出现横走动作而使多个均线逐渐聚拢在一起。此时间段里就要特别注意股价的波动，因为随时都有“变盘和扭转动作”可能出现。这里的变盘不是单指大趋势的扭转，而是纯粹的指股价运行方向将发生扭转，也许是阶段性上攻的开始，或阶段性下跌的开始，有时是短期性、有时会是中期性的、有时也会是整个趋势的彻底扭转。若想准确判断需要配合此时(前段已经上攻或下跌)的幅度大小、前面的攻击角度经过了几次改变、量能换手的大小(低位向上扭转时多见量温和放大，高位扭转向下时多见量缩小)、盘内吸筹或出货的手法是哪种、技术指标的状态处于高位值还是低位值(高位值时警惕向下，低位值时注意向上)、中长期均线目前的运行位置和趋势状态(能够依然坚挺向上预示向上扭转概率大，反之则向下)、有关基本面方面(个股公司面和市场当时环境冷热)的市场反应、目前所处的时间季节阶段等统一起来综合分析，就可基本把握变盘和扭转发生的可能性有多大、变盘和扭转的性质属于何种性质(短期或中期)、变盘和扭转的方向是什么以及变盘和扭转之后运行时间和空间的大小、趋势走向等。

注意，这里讲的变盘和扭转，主要是指股价从目前的横向波动状态转变为向上或向下波动状态。

“多线聚拢，变盘窗口”会发生在大顶、波段顶、横向整理的末期以及发生在大底、反抽反弹底以及在起波段浪的底部位置等。

不同时间周期的几条均线聚拢现象的发生，通常预示着变盘扭转之后的趋势延伸周期有多长。比如，5日、10日、21日线形成聚拢现象意味着两三个月时间的运行期(此为阶段性变盘扭转)，而10日、21日、48日线的聚拢现象意味着 5 个月左右的运行期(此为中期性变盘扭转)，21 日、48 日、89 日线的聚拢现象意味着 8～10 个月的运行期(此为次趋势性变盘扭转)，48 日、89 日、144 日线聚拢现象一般会出现两三年左右的运行期(此为整个趋势性的变盘扭转)(以上运行期数据仅供参考)。

另需说明的是：

(1) 在出现多线聚拢现象发生变盘扭转时，有时也会有股价先出现短时间的向上攻击或向下破位(就是主力的“诱惑”动作)，然后开始真正的方向性攻击动作。要判断是不是“假动作”，最好的方法是通过回打或回拉动作支撑或压制力度来判断。向上扭转时，回打动作中支撑力度会很强,一般缩量很快形成量坑；向下扭转时，回拉动作中压制力度会很强，多数表现是放量快但难以持续。

(2) 当出现比较多的多条均线形成聚拢现象时，在发生变盘扭转之后的股价攻击力度通常会更加强烈。出现此现象，绝对不可小视其威力。

2. 均线的平走现象

均线在运行时只分为三个方向：向上、向下和平走。而当均线出现平走现象时，股价均会处于最为敏感的时间段。这主要因为以下三点。

(1) 当某条均线处于平走时,是其支撑和压制力度最小的时候，也是最容易被股价(或指数)轻松击穿的时候(不管是向上还是向下击穿)。

(2) 就是当股价处于阶段性高位时、或股价处于阶段性低位时,均线出现平走现象常常预示着股价将发生阶段性的扭转现象。特别是该均线在高位距离股价很贴近的时候，即使股价短时间是在均线上面波动，股价扭转击破平走均线的概率非常大。当出现有几条均线都开始有平走现象发生时，市场往往在酝酿着一个比较大的变化拐点的到来。这里插一句，平走的均线周期越长,股价扭转后的下一个运行阶段的时间也就会相应地越长。

(3) 当几条均线都出现平走现象时，如果这几条均线相互又比较靠拢，就是即将进入变盘窗口拐点的强烈信号。

那么当阶段性高位，均线平走现象出现时,如何分析判断后面的走势是什么样的呢?

通常后面只有两种现象发生：①如果整个浪型没有走完，股价就会选择横向在一个区域里上下震荡(一般中期线，或长期线会在下面形成向上延伸的强劲支撑)；②如果整个浪型走完了就会向下调整(一般股价要先调整到距离最近的那条长期均线处才会有比较强的反弹行情产生，比如 144 日均线或 288 日均线，也就是大家经常讲的半年线和年线位置)。

3. 支撑、压制性均线

股价在阶段性的上攻波段中和阶段性的下跌波段中，都会出现平台震荡的阶段(最少会出现一次)。关键是当第一次出现平台现象时，股价必然要横向移动，向一根具有重要的支撑或压制作用的均线靠拢。当股价靠拢到该均线时，就会形成再次的攻击波。此时，这根均线一般都会是处于比较强的上行或下行状态中(均线角度坚挺移动)。那么，这根重要的支撑或压制作用均线就是在本次整个阶段性波段中最重要的一条支撑、压制性均线。按照扭线原理中均线的“二二法则”，该条重要均线会有至少两次以上的支撑、压制作用。该条均线也许是 21 日线，或是 89 日线，或其他的周期均线。

而我们分析的重点并不能仅仅停留在这些表象的判断上，还有其他重要的内容需要我们判断。

(1)通过该条均线的时间周期来分析判断本波攻击的持续时间有多长。

比如，该条均线为 21 日线，那么，基本可以判断出本波攻击阶段的持续时间是短期性质的。如果该条均线为 89 日线，那么基本可以判断出本波攻击阶段的持续时间为中期性质的。如果是超过半年线以上，比如是 144 日线或更长周期的均线，那么，都可以归为中长期性质的攻击波段。

具体的持续时间周期都可以根据这条重要的均线时间周期来分析确定。每只股票确立的每个波段的运行时间周期都是具有个性化的，没有固定的标准周期。

但要注意，一旦该条均线的支撑、压制作用被击破，那么该时间周期也将随之转变到另一个时间周期中运行，整个股价的运行趋势也会相应地发生一次改变。

(2)通过该条均线的时间周期，来分析判断目前该股的攻击强度大小。

攻击强度的大小，是可以根据这条均线的时间周期来界定的。比如，这条均线是 21 日线，那么说明目前该股的攻击强度很高但持续时间短，因为，股价的攻击角度和均线的多头排列支持力度以及市场的参与程度都很高。

如果是 48 日线，那么说明该股目前的攻击强度相对要和缓一些，因为，股价的攻击角度相对和缓，均线的排列支持力度也平和些，市场即使参与度比较高，但激烈程度并不高，运行时间上会加长。

如果是 89 日线，那么可以确定该股是一种慢速的攻击状态，每一个攻击动作要持续相当一段时间才会完成。股价运行稳定是稳定了，但如果是处在下跌波段中，就会有“跌势不止”的现象发生。

也要注意到，股价的攻击强度是可以转变的。一旦股价的攻击强度发生了转变(比如，从攻击强度很高转变为比较和缓的攻击)，整个股价运行的整体趋势也会相应地发生改变，但只是运行框架之内的技术动作上的调整。

(3)注意股价的攻击强度大小状态，重视该条均线的支撑、压制变化，确定波段时间周期的长短，才能够顺势做出比较准确的操作动作。

可以看到，前面两点是可以相互影响而发生转变的。所以，在实际操作中，特别是当股价运行到该条重要的均线附近时，就要密切注意股价的变化对该条均线的影响。而当该条均线出现走平现象，或股价大幅度击破该均线时，基本上都会发生本波段结束现象，而转变到另一个新的时间周期中运行。股价的攻击强度转变是导火线，均线的支撑、压制力度的转变是过程，整个趋势的运行状态发生变化是结果。

最后再讲一句，重要的支撑、压制性均线会在股价运行的不同阶段，而出现转换。主要是与该股的控盘主力的整个操作计划有着密切的关系。

4. 靠而不交，方向延伸 (图 7-2)

当股价处于明显的上攻阶段(或下跌阶段)中运行时，总是不断会出现股价拉一段回收一下(或打一段回收一下)的技术动作。这就像呼吸一样，一呼一吸，一攻一缓，是股价运行正常的表现。但现实中很多人的错误，却发生在这“一收”的时候，上攻阶段中容易被恐慌心理影响而失掉本来想守住的筹码；而下跌阶段里，则是在这“一收”的时候，忍不住诱惑而贸然把资金变为筹码，反而被套。这时候，可以注意一下短线的两条均线的“靠而不交”的现象。两条均线出现“靠而不交”的现象则意味着这个阶段的攻击动作还没有被扭转，是均线攻击中比较强势的一种表现。虽然 K 线上穿下跳得很唬人和充满诱惑。但均线由于比股价的走势要稳，多注意均线的变化，会过滤掉很多K线波动活跃而带来的很多表象化的“杂波”影响。靠而不交的结果，就是股价会再继续进行原有方向的攻击，所以我称之为：“靠而不交、方向延伸”！

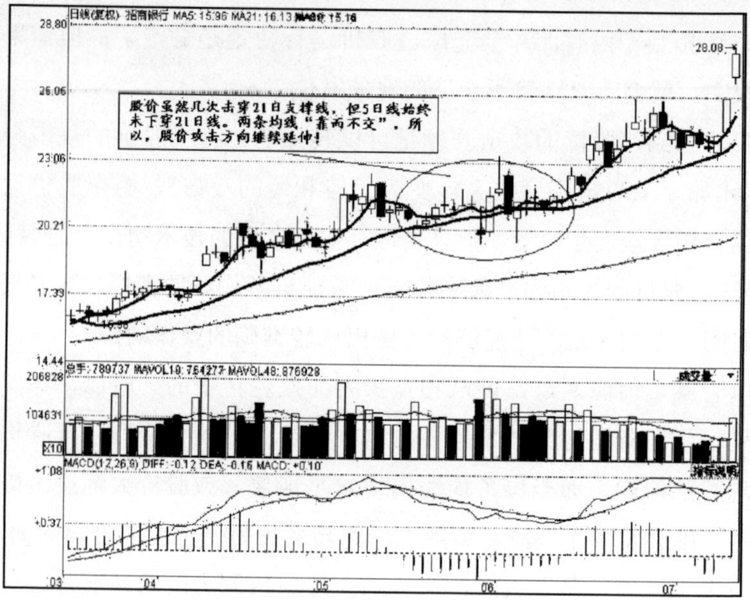

图 7-2　靠而不交，方向延伸

5. 多线交叉，起涨起跌（图 7-3）

“多线交叉、起涨起跌”现象在实战中会比较多碰到，它是三条(或三条以上)均线在同一个点上，出现了集体性的交叉现象。这是一个很重要的特别现象。我讲过“多线聚拢，变盘窗口”这个重要现象。“多线聚拢”现象后就会演化为“多线交叉”的出现。“多线交叉”现象从原理上讲，是多个周期的平均持股成本在某一时间点(或某一天)合并为同一个价格点。当几个周期(比如5天、10天、21天等等)的平均价格点合并为一个价格点时，是这几个周期的股民心理盘口达到一致性的时间窗口之时，也是发动攻击(向上或向下)最合适的时间，因为这时候也往往是控盘主力的某一个技术目的完成的时候。所以，起涨起跌就经常发生在这个时间窗口里，我称之为“多线交叉、

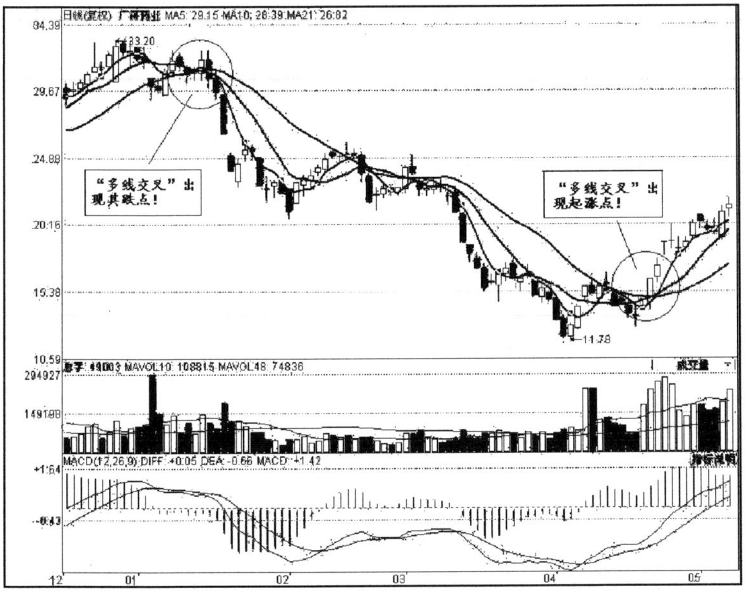

图 7-3　多线交叉，起涨起跌

起涨起跌！”

另外，判断是起涨还是起跌，除了很多别的方面的因素外，比较简单地可以先看几条均线的交叉位置是在股价的上面还是下面形成，在上面形成，要注意起跌；在下面形成，要注意起涨。当然，再配合此阶段里的股价波动节奏以及其他市场方面的技术、信息因素，是基本可以把握到准确的结果的。

6. 价穿线不穿，拐点必出现 (图 7-4)

股价击穿重要的支撑(或压制)均线时，短均线却并不随股价击穿该均线。

这种现象出现得很多。但这里一方面是指在明显的上攻阶段(下跌阶段)的中间阶段里。股价有时候，由于控盘主力的震仓、洗盘(反抽、反弹)等技术动作对股价的影响，股价会在短时间里击穿重要的支撑(或压制)均线，但短均线却并不随股价击穿该重要均线，就是“价穿线不穿”。这种现象一般会表现为主力的震仓、洗盘(或反抽，反弹)技术动作的完成。如果是上攻阶段过程中，将会继续拐头上攻；如果是下跌阶段过程中，将会继续拐头下跌。

还有一个方面，是专指在上攻阶段中的调整段里，此时，下面一般都会有几条重要的均线形成支撑，而某一条重要支撑线只是被股价下穿，但短均线并没有随着下穿它时，短线就会有拐点必然出现了。在下跌阶段的反弹、反攻段里，上面一般都会有几条重要的压制均线形成压制。而某一条重要的压制均线在反弹反攻中被股价上穿，但短均线并没有随着上穿它，那么，短线必然也会有结束攻击的拐点出现，与“靠而不交，方向延伸”有相似之处。所以，我称之为“价穿线不穿、拐点必出现！”

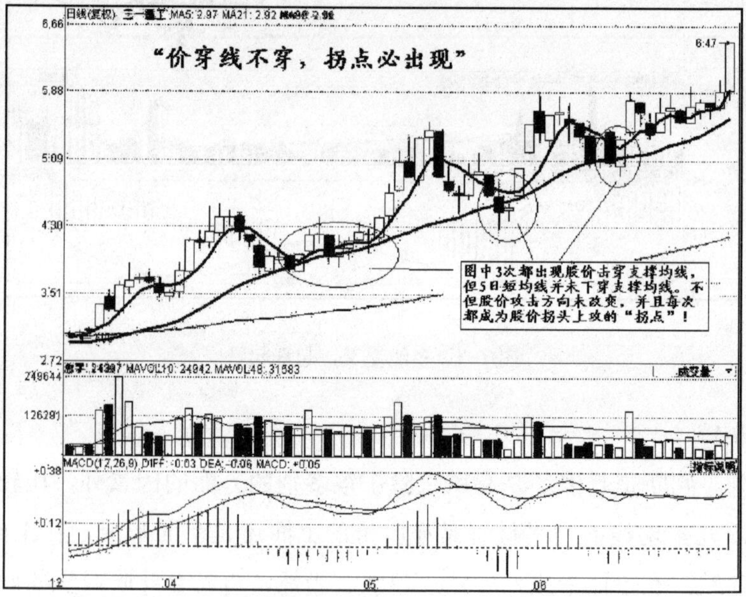

图 7-4　价穿线不穿，拐点必出现

7. 交叉见底，交叉见顶

“交叉见底，交叉见顶”是均线分析中的一个重要现象。任何两条均线发生交叉现象时，股价都会出现转折变化。

其实，这种“均线交叉，股价转折”的现象，是非常普遍的一种规律现象，而“交叉见底，交叉见顶”只是其中的一种现象，也是区别与其他的均线交叉现象所蕴涵的不同意义。可以这样讲，只要均线出现交叉现象，股价就会有异动出现，只是不同的交叉现象，带有不同的实战意义判断。

要明白“交叉见底，交叉见顶”这个现象的本质，首先要把自己的思维调整一下，就是抛开股价的趋势形态和均线的趋势形态这些大的范围，只是单纯地看股价的上下波动变化。如果这样来看股价的上下波动，不管是在哪种趋势形态里，股价都是不断地出现一个顶之后又是一个底，之后又有一个顶出现，再后面又有一个底出现……股价就是这样在不停地一个顶一个底地波动前进的。这也就是一上一下的基本波动规律。具体到实战中，本来看似简单的一上一下的波动规律，却经常迷惑着很多股民的分析判断。其主要原因是因为一上的时候，持续的时间有时候长，有时候短；一下的时候，也是有时候时间持续长，有时候持续时间短。要把握这个节奏的时间点，除了我讲的别的方法外，如果有均线出现相互交叉的现象，是可以根据均线发生交叉的时间点，判断出某个节奏的转变时间点来的。

可能很多人还是不太明白，我下面简单地用实战中的一个片段来描述一下。

例如，某股的股价开始上攻，当连续上攻了 5 日后，下面有两条均线出现了交叉现象，比如是 21 日线上穿了 48 日线。这时，股价就会从上攻转而回落下来(这就形成了一个顶)。回落了 3 日后，又有均线的交叉现象出现，比如这次是 21 日线上穿了 89 日线。那么，股价就会结束回落的这个动作，转而又开始了上攻(这里就会形成一个底)……像这样的一个顶、一个底的波动，在某股的上攻阶段里是会不断地反复出现的。并不是每个顶和每个底的出现都是均线发生交叉而产生的，但均线发生交叉时，确实总是会出现股价的转折现象，虽然大多数情况下，并不是我们通常简单认为的某个大顶或大底。如果你是一个喜欢操作短线的股民，在自己的短线操作中掌握一下这个现象，也是多了一种实盘分析判断的方法。

还要再说明一下，“交叉见底，交叉见顶”中出现更多的是在 5 日、10 日、21 日这三条线中出现交叉，为什么？因为股价的大部分时间是在趋势中运行的(上攻趋势，下跌趋势)。那么很多比较中长期的均线在大多数时间里是不会发生交叉的。因为经常是 5 日、10 日、21 日这几条线发生交叉，所以，对于股价来讲，短期的波动性也就增加了转折上来又转折下去的波动次数。对于普通股民来讲，短线比较难把握的原因也就是在股价的波动太频繁。这里只是给大家多提供另一个简单判断的方法。

8. 上攻重底，下跌重顶

股价在攻击状态中，上攻时重点的分析判断在每个底上，下跌时重点的分析判断之处在于顶上。

人们一般的思维规律是，在股价形成趋势性向上攻击时，总是自然地去注意逃顶的机会；而在股价形成趋势性的向下攻击时，则会专注于抄底的机会。这当然也没有错。但我提出的“上攻重底，下跌重顶”的讲法，更多的是从股价波动的内在规律中来探求的。

当股价形成向上的趋势性攻击时，股价每冲击出一个顶后，必然要有一个回落休整的过程，这也是股价内在一攻一回的波动节奏所致。但如何才能够确认股价回落之后还会有新的攻击出现，重点不是在冲击出的顶上，而是在回落后形成的这个底上来分析判断。这也就区别出哪个重、哪个轻的逻辑关系。

也因为这里有几个分析的重点都落在了“底”上：

(1)回落的幅度决定再次攻击的难度；

(2)回落时的换手量变化决定主力在这里的意图是出、是震、是洗、还是短时间的修复超买超卖的技术动作；

(3)回落后下面的技术支撑强度决定再次攻击的市场基础；

(4)回落后的均线排列状态决定后面再次攻击的技术条件是否具备，等等。

这些实际的问题都与回落后的这个底密切相关。如果把上攻阶段中的每个底的问题分析判断准确了，也就会在实战中确认出这个顶之后是否有新高出现以及这个顶的性质。

当股价处于下跌趋势中时，一般都必须以每次反身冲击出的顶来做为重点分析和判断。因为下跌阶段中每个反抽、反弹、反攻形成的顶，都包含着多方能量和空方能量对抗的内在变化的结果。可以这样思维，向上攻击时，每次的回落底，是在试探空方压制力的强弱；而向下攻击时，每次反冲都是在测试多方攻击力的强弱。如果多方的反攻击只是一种“引诱”动作，那么，其反攻击必然快而不扎实，求高而不求稳。如果是多方实力资金出击，则会有步骤地稳扎稳打，攻击节奏清晰，甚至“示弱实强”。这些内在的变化都需要在反冲击中细细加以分析判断。

9. 首攻在势，再攻重质

股价在攻击状态中时，二次攻击的重要性往往要大于前一次攻击。因为当股价首次开始攻击时(不管是上攻还是下跌，都属于攻击状态)，一般都是控盘主力发起的，因为主力要达到一呼百应的效果，挑起股民的热情，所以，必须要先重于冲击力的布置。这就是“首攻在势”的道理。如果首攻软绵绵，也是有的，但对于我们来讲，问题的关键并不在首攻上，而恰恰是在二次攻击上，这是最关键的地方。因为不管首攻是真是诱、是试是探、是猛是软，当再次发动攻击时，多空双方都会拿出真家伙来抗衡的。因为如果二次攻击多方取胜，不但可以巩固首次攻击夺取的“领地”，而且还为第三次攻击减轻了攻击的阻力。“呈前起后”的重要性就是这个道理，而如果是空方取胜，不但会将多方逼退，甚至空方还可以乘胜追击一举夺回前面的“失地”。那样的话，多方是必须回到首次攻击的区域位置或更低，再次经过一段时间的蓄势后才可以发动新的攻击。所以，当股价发起二次攻击时，要特别注意攻击能量有没有加大、攻击优势大不大，如果阻力明显加大了，就要及时做出操作上的反应。可以这样讲，在股价的攻击中，出现问题的地方，基本上都是在发动“再次攻击”时出现的(比如最典型有二次见顶和二次探底)。所以把“首攻在势，再攻重质”扩展到股价确认顶部或着确认底部时，再次攻击的质量好坏和其重要性，就一目了然了。

这是股价攻击动作中一个普遍的规律性的现象，要学会举一反三来应用。

了解这个规律性的现象对于自己盘感的培养也有好处。分清和区别出重点应该在哪里，就会得益非浅。

10. 急攻一口气，缓攻气不绝

股价的攻击方式不同，所对应的操作手段也应不同。

这个问题是针对股价不管是在趋势型的波段攻击中，还是缩小到分时图的盘中攻击中等，都共同具有的一个典型现象。

这是由于受到主力的攻击意图、技术动作、目的和其他的影响而造成的。单从股价的波动攻击节奏、攻击角度、攻击能量的消耗等方面来总结，也可以发现这个带有规律性的现象的。

(1) 急攻一口气。

当股价出现急攻现象时，无论是盘中分时的一气呵成，还是日线上的连续涨停，都是贯穿着一口气的原理在里面。当这口气出尽时，攻击一方的能量自然也就处于衰竭中，这时，也是攻击一方最“脆弱”的时候，而阻击的一方如果采用“先撤再出击”(主动地一退然后全力一击)的手段。攻击一方的最后能量就会在对方一退之中被泻掉了，之后阻击一方的全力一击是攻击方难以招架的，败退也就必然。之后阻击一方将主导一段时间的市场全局，攻击一方的重新积蓄能量则需要时间。这期间攻击一方最多只有搞些短时间的偷袭。以上只是描写了股价在攻击中“急攻一口气”的双方逻辑性的对抗方式。但这也揭示了一个规律——任何情况下的急攻，都只是一口气(持续攻击能量)在支撑着，而且攻击的时间越长，一旦这口气衰竭了，再积蓄能量是需要相当一段时间来完成的，在技术攻击形态上也需要相当的时间来重新修正。

相对应的，跟盘操作的股民必须从此内在规律中了解这个现象，把操作节奏与股价的攻击节奏调整到一致的思路。跟盘中当出现这种“急攻一口气”时，应该做好上攻阶段中气出完时准备走，下跌阶段中气出完可以考虑做个短线操作。

(2)缓攻气不绝。

如果股价出现缓慢的攻击方式时，首先要明白，这种攻击方式不是一口气攻击完成的，这种攻击会延续较长的时间，而且中间会不断地换气，一呼一吸的节奏很明显，颇有些“绵绵不绝”之感。虽然整体上股价攻击的不是很凌厉，但稳扎稳打就是很有雄厚攻击基础的表现，这就是“缓攻气不绝”的特点。对于这种攻击方式要极其有耐心，不能够浮躁，节奏要踏准，否则很多人会被甩掉。

还有一点要讲，这种攻击方式，到了某个阶段的时候，股价的攻击速度会越来越快，也就进入到了“急攻一口气”的状态。那么，就要参考前面讲的“急攻一口气”的操作方法来应对了。

11. 横盘可成顶，难成底

我们都知道，股价的运行方式分为上攻、下跌和横盘三种。在一般情况下，上攻和下跌的运行方式同横盘形态相比较的话，要容易分析和判断。横盘，则是三种运行方式中最难分析和判断的一种运行方式，或者叫运行状态。

这里主要是指在股价明显进入下跌趋势中时，基本上都是“横盘多见成顶，但难成底”。而在上攻阶段里，很多情况下，加速攻击之后形成的小横盘现象也会形成阶段顶。但横盘成为底部这种情况不是绝对没有，而是很少见。

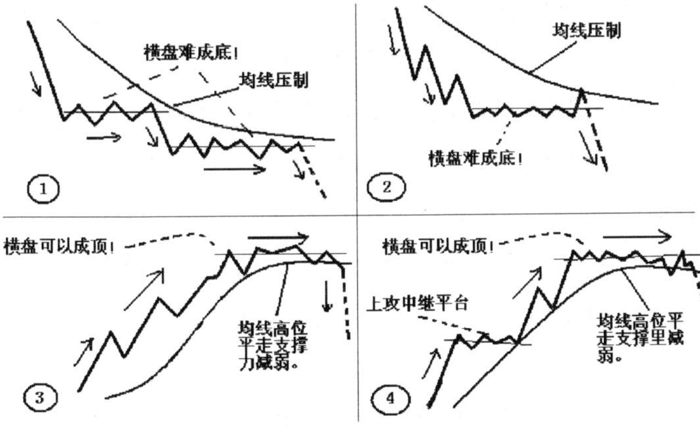

图 7-5　横盘可以成顶，难成底

“横盘可以成顶、但难成底”不仅仅是主力狡猾或者形态破位的原因所致，而是有这么几个重要的分析判断原则。

(1)下跌运行中股价的横盘基本上都会成为下跌中的一个中继性质的横盘平台。

(2)下跌中股价的中继性横盘平台都会被一条重要的均线反复压制着。

(3)下跌中股价的中继性横盘平台虽然很难成为底部，但很可能会成为见底前吸货平台,在打破此平台后的破位中就见到真正的底。所以，对已经下跌达到一定的幅度后出现的横盘平台要引起特别的重视，但不要急于介入，只在股价击破该平台之后可以用小仓试探性介入。

这个底能不能做成功，关键有两点：①压制该横盘平台的那条均线一定要出现横向平走现象，这样当股价击破平台下跌时，就会自然拉开与该均线的距离，从而容易形成短线的“八爪线”现象，而“八爪线”现象必然会导致股价反身向该均线靠拢，形成技术扭转中的一个动作。②股价最终经过几次冲击后(比如先顶、后冲、再穿的动作)要站稳于该条均线之上。这里要说明的一点是，判断这个底是反弹底(短线底)、反攻底(短线底)、还是阶段性底(中线底)、趋势性底(长线大底)，是非常重要的。否则，在短线底的位置上建中线性质的仓位是一件比较危险的事情。要根据是什么样的底，建什么样的仓，采取什么样的操作手段。要因地制宜！不要糊里糊涂地建仓，底是被你抓住了，但因为你没有判断出是什么样性质的底，而把该收的利润没有收，把不该早收的利润却赚了一点就草草收了。

(4)上攻运行中股价的横盘平台只要分析判断出是上攻中继性横盘平台(也可以是见顶前出货平台)，还是横盘平台顶，就可以帮助自己做出正确的操作决定：持有、买入，还是减仓、卖出。

判断的标准是：①这个横盘平台出现时，如果股价是向一条重要的均线横向靠拢过去，并且该条均线还处于坚挺的上移运行中，基本上就可以判断出这是一个中继性质的横盘平台。但如果该股价已经经过了大幅度的上攻过程，现在出现的横盘平台虽然也是横向靠拢均线，但该均线已经被靠拢过超过两次以上了，目前该均线也已经有“疲乏尽力”的减速现象。那么这个横盘平台成为见顶前出货平台的可能性非常大，至少要先做出减仓的操作。在此平台后，不断出现的新高中，最好逢高减，再减。基本上，顶就在眼前。②如果出现横盘平台时，重要的支撑均线已经开始走平，而且股价明显是压着该条均线在平走。那么，这里我要告诉大家一个均线的一个原理的秘密，即均线的支撑和压制力度最弱的时候，就是在该均线平走的时候，很容易被股价在稍微的外力作用下击破该条平走的均线，而出现转折性的扭转走势!”掌握了这一点，再结合很多成顶的一些技术判断因素，就会比较准确地判断出这个横盘平台是不是横盘平台顶了。这里再提醒大家一下，如果在股价横盘平走时，不只是一条重要的均线，而是好几条重要的均线都出现平走现象，那么，可以判断出两种结果：或者这里是一个“中期性质的横向震荡调整阶段”，或者这里会形成一个至少具有“中期性质的顶部”。

再讲一下：为什么横盘难成底呢？

我分析最主要的原因是，一方面假设在这个平台期间主力是以吸货为主的，那么后面进行一次破掉该平台的“诱空动作”是非常好的一种效果。否则就需要用“时间换空间”的方式采取长时间的横盘来达到均线走平减少均线对股价的压制力度，使均线从压制状态扭转为对股价的支撑状态。这种现象会发生在比较长时间的盘底周期中，比如，股价波动逐渐变得非常小，量的换手也逐渐变得非常小，多条均线逐渐都呈现平走靠拢甚至纠缠状态，市场一般会逐渐变得“人丁稀少”。但一般在股价要彻底拉起前，主力很多还是会采取一次快速的短期探底动作，来达到“震醒”盘面的目的。另一方面股价横盘的本身就是一种“消耗多空双方能量”的平衡过程。量能一般是呈现逐步缩小状态的平衡，打破这种平衡的最有效方法，就是利用“不破不立”，再次检验目前股价的市场承受度在更低的哪个位置。那么向下破位就更能够达到这个检验的目的。当然，主力乘机再把恐慌盘收进来，可谓是“一举两得”。所以，大多数情况下，横盘是难以做成底的。

12. 三天脱线，筹码变换 (图 7–6)

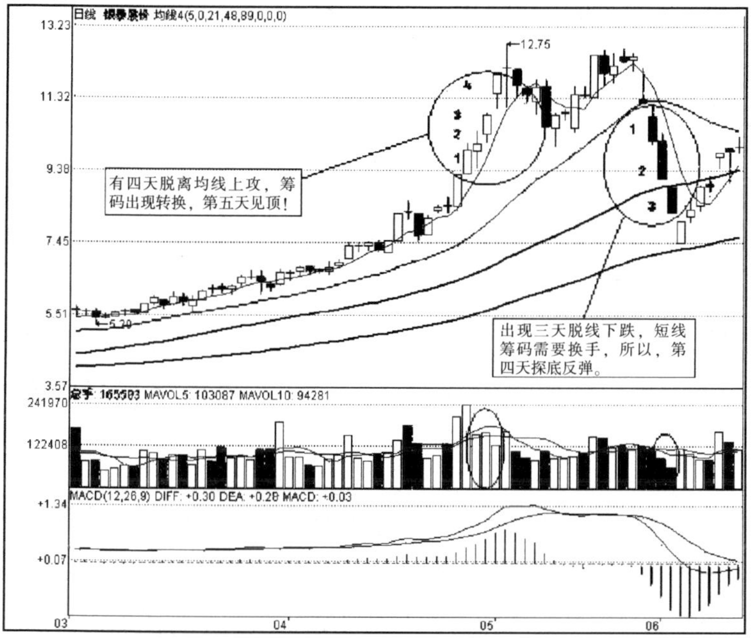

图 7-6　三天脱线，筹码变换

在正常情况下(区别于极端的连续涨跌停现象)，股价只要出现了加速攻击现象，就必然会出现脱线现象。特别是连续性的加速攻击动作，就会使这种脱线现象演变为一种短时间的极端现象，这种极端现象会造成市场筹码的换手欲望加重。因为短线股价加速三天，一般就会出现超买或超卖、获利盘短线收利套现、杀跌盘短线出现衰减、股价短时间里的空间扩展达到极限状态等，从而引发股价的短线震荡回收动作，出现靠线现象。所以，一般连续三天股价脱离均线的出现加速攻击动作时，实盘操作中是不易追买或杀跌的。这种现象比较普遍，所以总结为：“三天脱线，筹码变换”。

13. 缓上急出顶（图 7-7）

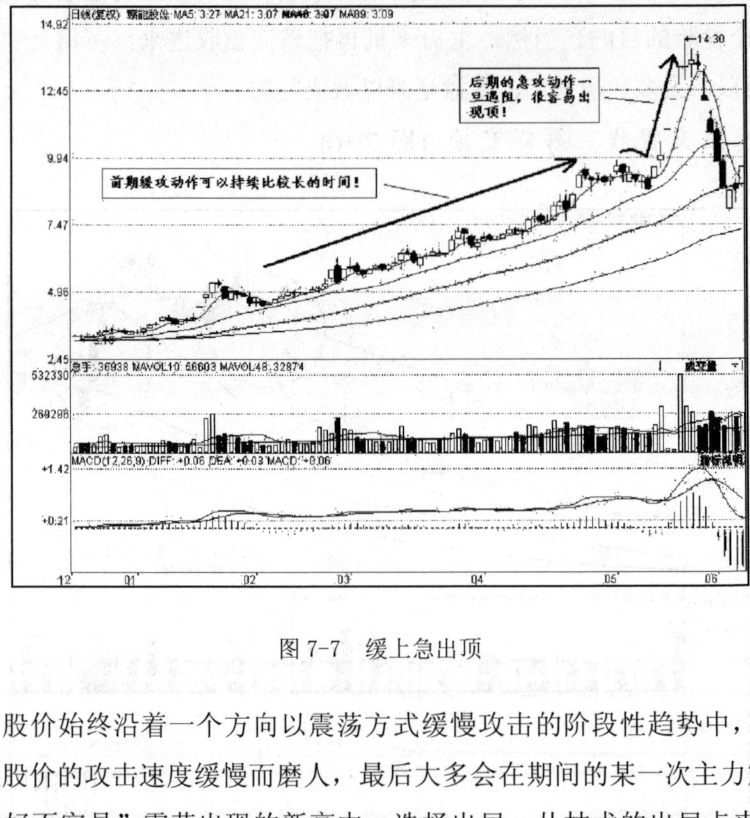

图 7-7　缓上急出顶

在股价始终沿着一个方向以震荡方式缓慢攻击的阶段性趋势中，很多人由于该股价的攻击速度缓慢而磨人，最后大多会在期间的某一次主力震仓中，或是“好不容易”震荡出现的新高中，选择出局。从技术的出局点来讲，这是一次失败的操作。

因为从技术攻击的规律来看，只要已经构建了上攻通道的股价，刚开始时，如果攻击缓慢，是可以耐心持股的。每一个阶段性的顶部出现前，股价都会有一次明显的加速攻击现象出现，演变为急攻之后才会见到顶。先缓而后急是这种技术攻击动作的一个普遍规律。“先缓攻”是一种蓄势攻击的动作，“后急攻”是一种加速释放攻击能量的动作。没有只蓄势而不释放的阶段性攻击波。而且，基本上该类股价的见顶动作都以“最后的急攻”完成。在没有出现加速急攻之前，只需要始终注意上攻通道的保持就可以了，而对于股价的“上蹿下跳”现象不要太过于“钻牛角”。阶段性出局的时机要选择在加速攻击(一般都会连续加速几天)出现之后，逢高可以择机走，也可以分批走。所以，实战中要注意区别“缓上急出顶”这种带有规律性的技术攻击动作。

14. 急顶下平台 (图 7-8)

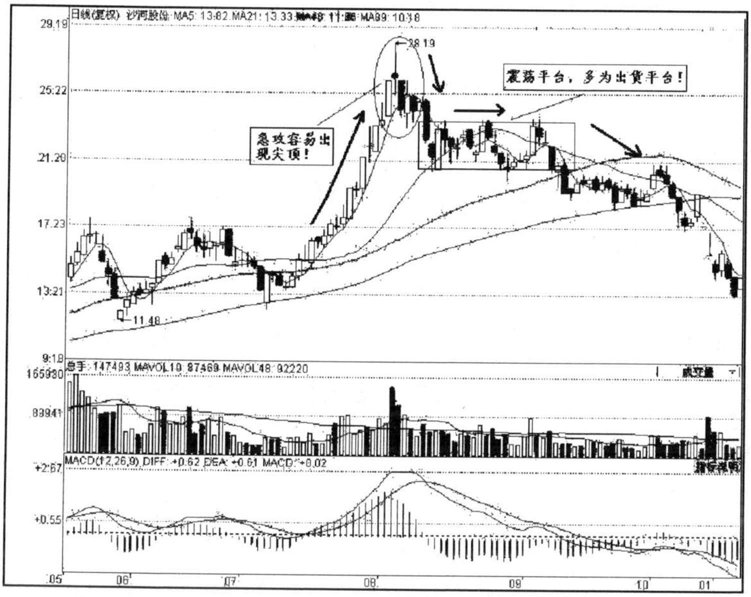

图 7-8　急顶下平台

在众多的阶段性见顶技术动作中，有一种是见顶后的“急顶下平台”技术动作，其杀伤力很大。

这种技术动作中的“急顶”是指连续加速攻击见顶(多为尖顶)后，基本不在顶部多做停留，就快速打下来，然后在距离顶部有一段幅度的地方，形成一个震荡平台，一般主力的第二个出货区域(第一个是见顶前小平台)，就集中在这个震荡平台上，这种急顶下平台的出货技术动作其杀伤力是很大的，往往会有很多追高的人，短线损失会很大。这里主要讲的是，一旦出现短线连续加速攻击的技术动作后，要警惕会出现见顶后的急顶下平台的技术动作。所以，选择的离场时机最好把握在连续加速攻击的动作中，碰上这种股价攻击动作，切不可贪高出局点。

如果从一个普遍的规律上看，凡是在加速攻击动作出现之前，股价就已经上涨了一段幅度空间，那么，一旦出现加速急速攻击现象(除非连续涨停)，均要警惕形成“急顶”。

15. K线在实战分析中几个注意的要点

(1)分析K线时，要多注重K线的实体问题。

我们都知道K线在表现各方的攻击力度时，是可以用K线实体的大小(或长短)来显示的。注重K线实体大小的分析，有助于了解攻击一方的得失成败，也有助于来分析换手量内在的对抗激烈程度。阳线实体越长说明多方攻击越强，阴线实体越长说明空方攻击力越强。再配合均线、指标等其他方面的现象，就会比较简单准确地看懂这根K线所包含的内容了。

(2)分析K线时，在上攻状态下，重点在于上影线的长短；下跌状态时，重点在于下影线的长短。

当股价处于上攻状态时，K线的上影线往往代表了空方压制力度的大小、空方是否出现反击的动作等。这时的下影线更多的只是控盘中洗、震浮筹造成的，不能够作为重点来分析判断。

当股价处于下跌状态时，刚好是反过来看的，重点在下影线上。因为股价已经在下跌状态中了，说明空方占优势。怎样改变空方占优的局面，就只能看多方在哪个位置出现反攻了。这时的上影线只能够代表多方的试探性反攻动作，而关键是多方稳扎稳打收复下影线的失地。往往多方收复失地的第一步就是先收复下影线区域，并力求保住，才能够继续向上拓展反攻空间。

(3)分析K线时，要注重多根K线的组合分析。

很多人习惯于以一根两根K线来下判断，这样，有时候就过于局限了。最好能够从这次攻击小波段的开始起点统一起来分析。这样看的话，往往会把这个攻击波的内在意图和波动节奏把握住。这样把当前的这根K线放在这个统一体里分析，所包含的对抗意义可能就与单根K线的单纯性内容有了很大的区别。注意培养自己的这个思维逻辑很重要。学会“先以点到面，再以面到点”，这样做，实战操作中的错误就会相应地减少。

(4)分析K线时，对于光头长阳K线后的长上影K线要警惕。

这种K线是比较典型的短线冲击完成组合K线。前面是大阳光头K线(不管是几根大阳在前)，后面却是长上影的K线，这样的K线至少说明短线的攻击遇到阻力一时难以冲破，股价要先回收休整了。

反过来，如果在下跌过程中，前面是大阴光脚K线(不管是几根)，后面出现长下影的K线，也是短线空方攻击失利的表现。

这里要注意一下，如果是连续几根K线大阳(或大阴)进行加速攻击后出现带长上影(或长下影)K线，表示攻击一方短线出现力衰，短线出现转折的准确性更高。

还有一点说明，不管在什么情况下，出现长上影线(或长下影线)的次日K线，如果能够用实体K线覆盖前面的长上影(或长下影)部分，攻击动作就还能够继续。

(5)分析K线时，对于连续性小阳(或连续性小阴)K线要格外重视。

当发现连续性的小阳(或小阴)K线时，要格外重视。因为这种组合的K线往往是主力控盘的一个典型现象。如果这时候均线系统已经具备发动攻击的条件，后面出现大阳攻击(或大阴攻击)加速攻击的概率是很大的。

分析这种组合小K线时，要更多的注意：上攻时，每天最高价和收盘价的移动速度变化；下跌时，注意每天最低价和收盘价的移动速度变化。移动速度加快是出现加速攻击的信号。

(6)分析K线时，重点在攻击性和转折性的K线状态。

这么讲，是因为在实战中，我发现有很多人每天花费很大的精力在每天的K线上去研究。其实，应该明白，主力的战役不是每天都要发起的。有很多时候，盘面对于主力来讲只是一种维持状态。所以，如果每天都钻进K线里去寻找期望中的结果，是一种对精力的浪费。但不是说这些带有过度性质的K线就完全没有作用，这就像有骨头也要有肉来配一样，这些过度性的K线你只要注意着就可以了，而把分析K线的重点放在一些具有明显的“攻击性”和“转折性”的K线上来。这样，才会更准确地把握到K线变化的重点和节奏。“攻击性”K线就是指那些带有明显的拓展股价空间的K线。“转折性”K线就是指那些容易产生出一个顶或一个底的K线(这里指的顶和底是泛指所有的大大小小的顶和底)。这些攻击性和转折性K线，往往是主力主要的技术动作的表现，也是一大片K线丛中最关键的一些K线。此类K线有实体比较长的K线、带比较长影线K线、变脸K线等，寻找出并把握住这两种性质的关键K线组合，才是正确分析、判断K线的科学方法。

(7)分析K线时，学会用后一根K线确认前一根K线。

这个方法也属于逻辑性的问题，很重要。很多人总是习惯于用今天的K线去预测明天的K线形态，这种期望心理可以理解。但从实际的角度出发，用今天的K线去确认昨天的K线是什么意图却是更好的一种方法。因为只有先确认了前面的事情本质，才可以更清楚地去把握后面的演化趋势。比如，在实盘中，我们经常要面对某天的盘面出现了比较大的攻击或扭转动作、或者出现冲高回落或探底回升的现象，但这个动作是否能够对股价的波动趋势产生重大的改变，除了可以用当时的多种技术状态来分析判断外，还需要次日的股价延续性动作来确认。如果次日不能够确认这个动作的转折变化，就只能判断为是短线盘面内的一次异常波动动作而已。

树立自己这种严谨科学的思维逻辑是最重要的分析K线的根本。这样做，当某日盘中出现一些异常变化的时候，你就习惯于把前面的K线状态联系起来分析并做出初步的判断，再以次日股价是否延续波动来确认。这种建立在实事求是基础上做出判断的准确性，要远比主观期望性质的分析高得多。

16. K线密集度与收盘价波动幅度

在做技术分析时还要注意观察一下K线的排列密集度和收盘价的波动幅度。

K线密集度高，说明控盘主力正处于盘整吸筹或倒手放货、洗盘或蓄积能量(向上或向下)状态。此时介入进去你的心理承受力差的话就会成天提心吊胆、愁云密布。

收盘价波动幅度要配合短期均线系统看(这里主要讲上升时)。如果收盘价的波动幅度始终不破短均线支撑(一般在21日以内)，说明主力实力强，控盘程度高，技术娴熟，推升股价向上的欲望强烈，你介入后(别选在跳空或3

天大阳之后)赢利的机会将在90%以上。反之，收盘价忽高忽低，上下跳动剧烈，则说明：①主力可能在洗仓、震仓，跟风的散盘太多所导致；②主力在减仓；③主力控盘实力弱；④股票基本面出了问题；⑤主力内部出现问题(如意见分歧，原有计划改变等)。

此外，还有两种值得重视的大阳K线。

大阳K线在日常交易中是出现很多的，而且经常会成为大家追逐搜寻牛股和强势股、获取利润的介入点。因为大阳K线太易引起人们的关注，也是很多主力、庄家惯用的欺骗手法之一。这里只介绍给大家两种介入后获利机会大又可最大限度地避免上当的大阳K线。

(1)股价连续打压脱离短期均线(5日、10日、21日)比较远(此种现象叫脱线)，股价拐头突然带量拉出大阳K线，此时可及时介入。原理是脱线状态达到一定程度必然要产生靠线(就是股价向均线系统回收靠拢)。这种大阳K线又往往会成为股价一个时间段内扭转底的拐点。

(2)出现在上攻行情中的大阳K线。一定要仔细观察分析大阳K线出现前，是不是有几天的“酝酿小K线”作先期铺垫。如果是收盘价悄悄上移的小阳K线最好，这是强势状态的表现；也常有阴阳相间的，但最高价与最低价波幅小，量小幅度地增加。原理是能量爆发前的酝酿时间是产生连续拉升的基础动力。主力的最后试盘轻重、验盘跟风、调整均线状态等也是加大攻击前的必要步骤。

对于那种莫名其妙出现的大阳K线和股价拉到高位出现的跳空大阳K线都要警惕一些为上，盲目介入后的运气成分会很大。

第八章 不会骗人的换手量
——量分析中的七种特殊情况

量在行情中的地位是与股价处于同等的重要地位。大家通常更多的是从数字方面把量与股价结合着来分析的，但这有局限性。我们知道，股价是这种物品的外在价值(在某一时间内)的表现，而量(换手量)则是市场对该种物品实际价值(某一时间内)的真实需求表现。所以，在股市中，很多情况下股价的内在需求判断和分析，就必须通过分析和判断量来做到。如果仅仅只是通过简单地把量和股价结合起来分析，经常会只掌握了外在的变化，而忽视了其内在的变化。

根据多年的经验，分析判断量不能只是用简单的以数字大小来研究。我们要用一种新的思维来分析和判断量。换手量一旦产生，就已经包含着两种内容：一种是外在的，就是通过与股价同步运动形成的换手量的数字大小，来结合分析股价(交易价格)的买卖比例和强弱意愿；一种是内在的，也可以称之为量能，就是群体换手量内在所积聚的一种带有方向性(买多、卖空)的内在能量，这是和股价价格区间紧密连续形成的一种能量，这个能量的积聚和释放，影响和主导着股价的方向性变化。

如果简单点讲：

第一种是通过实际产生的换手量数字，比如内、外盘，当日成交量，盘中的分价量表，量比等结合着同步的股价波动进行分析判断，得出的结果只是代表着市场参与者的多、空观点和力量的大小；

第二种是通过近期(可以是几天，或几十天)整体的一堆量群的变化中积聚——释放——积聚……的循环节奏，结合股价的同期波动节奏来分析，判断该股内在能量的方向性变化，也可以看作是表现能够主导股价方向的主力在一个时期内的意图和计划。

第一种方法很多人是掌握了的，这里就不多讲。主要是第二种分析方法，对很多人来说可能要比较复杂一些。但只要在分析时，重点把握住以下几点就可以。

(1)要整体分析一段时间内的量的大小变化，而不只是某一天。

(2)注意找出一段时间内的量的“积聚——释放——积聚……”的循环节奏，就能够判断出目前的这个节奏运行到了哪一个步骤，如果正处于“积聚”中，那么下一步必然要有个“释放”。

(3)分析时也要把一个时间内同步的股价变化结合起来。这样，就可以把握到主力对股价的掌控节奏和下一步的意图(主力对股价的控制力就反应在这里面)。

下面再详细讲一下“积聚现象”和“释放现象”：积聚现象一般会通过股价涨跌幅小，换手量形成一堆来表现；释放现象一般会通过股价涨跌幅加大，换手量明显放大来表现。

有时，积聚了一段时间的能量，在某一两天里就用大换手量被快速释放了。

有时，又会出现短时间内(比如在几天里)就快速积聚起了很强大的能量(可能是多头，也可能是空头)，但后面的释放过程比较长，有时会持续十几天都在缓慢释放中(比如典型的有连续的涨停或跌停)，直到出现巨大换手量的释放后，才进入下一个再积聚的步骤。

另外，短时间的快速积聚现象，必然导致股价短时间的运行稳定状态，而长时间的运行不稳定；比较长时间的缓慢积聚现象，则会导致股价短时间的运行不稳定和长时间的稳定；短时间的释放现象，会导致股价短时间的不稳定；但缓慢的释放现象，则会导致股价长时间的稳定。

下面重点讲七种比较特殊的情况的分析判断方法：

1. 无量状态的分析

有一种情况，就是无量状态如何分析的问题，很多人都是模糊模凭感觉来分析，或更多的是从整个市场或者公司基本面来找答案。虽然可以，但却把量放在了次要位置来分析判断，就难免会出现错误的结果。

一般情况下，最简单的判断就是低于5日和10日均量线的量就是无量状态，也有人用30日或60日的长期均量线来测定目前的量的状态，这种“弹性”最好根据该股的实际情况来界定，比较客观些。

如何分析无量状态下的实质意义是什么呢？

多年的经验和总结是此状态中包含五种含义：

(1)无量状态是主力化整为零，秘密吸筹或者秘密派发的一种手法(此种手法出现在底部和顶部)；

(2)无量状态是主力开始为下一个股价动作(上攻或下打)进行“蓄势”的“隐蔽手法”(比如，回打站线时，高控盘情况下的技术修复性动作时)；

(3)无量状态是主力检验震仓或洗盘后的效果的检验手段(多出现在中继性的横盘震荡或中继平台位置时)；

(4)无量状态是主力自身需要维持盘面平衡状态等待条件成熟时的一种护盘方式(比如，等待大盘的变化、等待资金的到位、等待公司基本面的配合等)。

(5)无量状态是市场一方(或是多方，或是空方)被强行压制时的一种极端方式的表现(比如，无量涨停和无量跌停时)。

2. 反转量

反转量一般是通过在某一个顶或某一个底几天内的短线组合量来完成。

表现规律为：从大量转小量后再转为放大量。股价是从急冲放量(或上冲或下冲)状态转为缓冲缩量状态进行拐头动作，然后拐头后再急冲放量。

内在的量能含义是先释放(急冲)，再积聚(缓冲拐头)，拐头后再释放(再急冲)。

反转量的组合天数一般要三或五天的时间来完成，有时也会有八天左右。这主要是根据股价在进行反转动作时的见顶或见底形态组合来确定：见顶见底形态越简单，反转量的组合天数就少；反之越复杂，天数也就越多。但基本上换手量的变化都是由这三个节奏动作组成，掌握了这个规律要点，分析时就容易做出准确的判断。

反转量出现时，股价一般与短线的支撑或压制性均线已经拉开有一段距离形成脱线或八爪线现象，指标的短线超买、超卖现象也比较严重。

3. 单巨量

单巨量就是指单根巨量。巨量，一般是指某天换手出现大于(至少)近几个月以来的最大换手量，或者当天换手量比前一天高出一倍或几倍以上。单根量是突然间冒出来的，前面没有逐步放大现象的配合，这根巨量很“扎眼”地立在那里。很多人难以判断的不是出现以后，而是就在当天盘中和次日应该怎么办，怎么来分析和判断。

下面我来具体讲讲。

(1)放出巨量前，股价有没有过上涨的过程？即使只是一次反弹、反攻，小的波段上攻也都算。如果是，那么这根巨量就是一次能量的释放现象。无论以后股价还会不会再次进入上攻通道或继续进入下跌通道，可以肯定的是短线必然要出现股价回落，进行能量再积聚。所以，当天在震荡中逢高先减或先出局是比较明智的选择。

(2)放出巨量的当天，还可以将当天的最高价格点和前一天的收盘价相加后，再除以 2，得出的是该两个高低价格之间的一半位置价格，如果巨量当天收盘前不能够站稳在该一半位置以上，就应该果断地减仓或出局。第二天还是不能够站稳于该价格之上，还是要再减或出局。为什么？说明多方能量短线是一次快速释放动作。

4. 密集量

密集量是一种阶段性的群体量，一般是主力控制股价在通道内运行的明显标志，多发生在上攻阶段中。密集量群一般是和主力的不同阶段的任务和动作紧密联系形成的。分析和判断不同的密集量群的性质，有助于确切把握股价不同的运行阶段和该主力的控盘手法。比如有：“进场密集量群”、“震、洗密集量群”、“进入上攻通道密集量群”、“控盘推升密集量群”、“阶段性调仓密集量群”、“见顶前出货密集量群”以及顶部形成后，下跌阶段中的“平台震荡出货密集量群”等。这些都是具有鲜明特征的“密集量群”。

这些密集量如果结合均线系统的演化特征，是比较容易观察到的。“进场密集量群”一般都出现在中期以上行情形成扭转前后时间段里；“震、洗密集量群”则会出现在上涨行情的第一攻击波结束时；“进入上攻通道密集量群”多数出现在底部扭转以后的连续性放量攻击动作中；“控盘推升密集量群”则是主力高度控盘之后沿上攻通道攻击时的典型特征；“阶段性调仓密集量群”则出现在行情中部的横盘震荡区域里；“见顶前出货密集量群”多数会在见顶前出货平台上出现；“平台震荡出货密集量群”多数会出现在见顶之后回落下来的出货平台上，同时这种密集量群也会出现在下跌行情中部的震荡区域里。

5. 虎头蛇尾量（图 8-1）

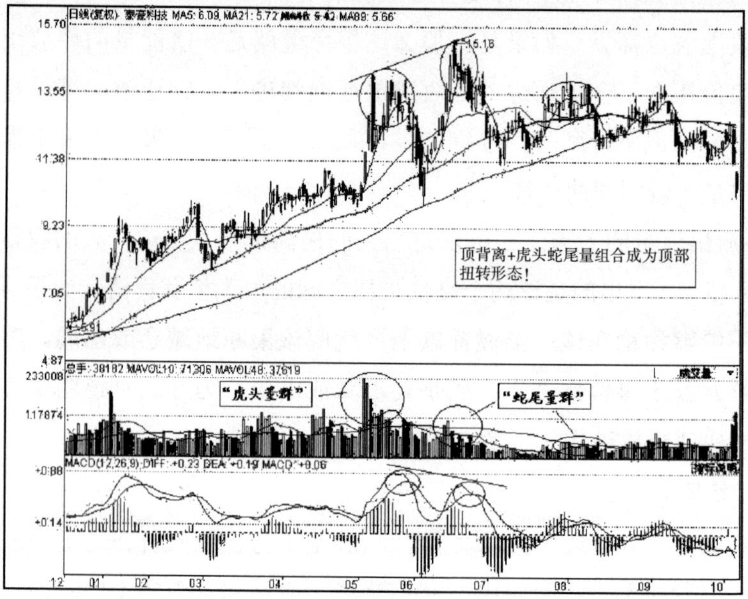

图 8-1 虎头蛇尾量

虎头蛇尾量是一种对“双顶量群”的形象称呼。特别是在攻击到阶段性高位出现双顶形态时，往往会出现这样的“虎头蛇尾量”。

“虎头”是指第一个顶的攻击量群凶猛而暴增形成大量群体。这是主力刺激、激发市场人气跟风和股价形成加速换手攻击的典型表现。吸引和逢高出货是主力的主要目的。

“蛇尾”是指经过一次短线的急跌之后，再形成第二次攻击动作，股价或高于第一次顶，或高度相差不大。但第二次的攻击量群，则明显少于第一次攻击顶时的量群。因为这一次是主力借用技术二次攻击的动作进行的，攻是虚，出是实。“蛇尾”也是在分析时确认这里的多空双方力量出现转折性变化的重要技术动作。这次的“多方能量释放”也是属于短期内的连续第二次释放现象，整体上自然会小于第一次的攻击能量。

由于第一次的攻击是以凶猛、热烈为特点的，像“虎”的特性；而第二次的攻击动作中，动作变化和心理分歧很大，市场中始终弥漫着一种诡异、狡猾的气氛，像“蛇”的特性；所以，结合称为“虎头蛇尾量”。“蛇尾量”有时候并不一定只有一次攻击量群，也有出现两次、三次的，但基本是依次量减和攻击衰减的状态，像“蛇”的尾巴，越来越小。但这种现象比较少见。

“虎头蛇尾量”出现时，特别是在蛇尾段里，短线的均线系统多数已经开始横向平走现象，股价很容易下破均线。

6. 突破量

突破量在理论上应该是向上突破和向下突破形成的放量现象。但由于中国股市的特殊单边交易情况和国人的特质，形成的多是向上突破时，放量明显，而向下突破时，因为大家多以“忍”为操作原则的原因，出现放量现象就不一定了。所以，这里的突破量多指向上突破时的情况。

辨别“突破量”要把握几个条件：

(1)突破量基本上都出现在经过震荡调整后，股价被拉起到上攻通道中，开始形成向上的阶段性攻击。

(2)突破量出现的时间多在股价越过调整阶段中前高顶一线时放出。

(3)突破量多在一、两天内短时间集中放出。

(4)突破量多数是阳线大量，特殊情况下也可以见到阴线大量。主要是以突破时的高位换手为表现，是一种主力的快速、集中收拢筹码的动作，随后的回打动作，则是确认突破压力已被消化的检验动作。

突破量出现时，短线上攻通道通常会处于保持状态。

7. 蓄势量

蓄势量是指股价在上攻阶段或下跌阶段中，量能都会以一种有节奏的“聚集——释放——聚集……”动作运行，而蓄势量就出现在“聚集”的动作中。

对蓄势量的准确判断，可以把握好踏准在实盘操作中介入或卖出的节奏感。

蓄势量的判断主要在：

(1)量是连续地、比较平稳地放大，或连续几天都是基本一样的平齐量。而股价处于小幅的平走小阴阳K线，或是连续小幅度地上(下)移动。单天内震荡幅度不大，连续几天的震荡幅度加起来也不大，前一天里交易的大多数分价格，次日还是会出现。但股价和均线总体的向上(下)运行方向还是比较明显能够看出来的。

(2)短期均线正在形成向上或向下的攻击性通道。

8. 分析判断量时注意的几个重点

(1)要掌握以量来确认价的状态，并以价来判断量的性质。

(2)要掌握换手量的变化中"聚集——释放——聚集——释放……"这种内在节奏，并同价的攻击强、弱变化节奏相结合起来。

(3)要掌握量在均线系统的不同阶段状态下(上攻通道、下跌通道、横向平走)，会含有不同的主力意图和市场反应。

(4)换手量和能量是一体形成的。但分析时要在思路上，先分开来分析，再结合起来判断，这样会剔除掉一些由于操盘手盘中控盘需要而形成的对倒筹码等花招的影响。

第九章　手把手教你做股票——我的技术操作策略

第一节　技术面选股的基本方法

我们很多人选股习惯于“尽可能地买在最低价格”，这样想是对的，谁都想从买入开始就有一个尽可能大的获利空间基础。所以，通常就会在某股还处于下跌状态中时就以自己的主观意愿来确定(大多是猜测)一个低位价格作为介入的点，然后用市场(具体讲就是主力的行为)来验证自己的猜测是否正确。这其实是一种对市场行为的“赌博心理行为”的典型表现。

这样做本身就蕴涵着巨大的风险。讲明白点：你是在用自己的“辛苦钱”去做一件自己都没有把握的“押大小”。也许你也找了很多的理由去安慰自己的做法，但本质却是在市场还没有具备介入条件的情况下，就轻易地把自己的血汗钱抛了出去。

下面我将自己的短线操作方法讲一讲，大家可以参考一下：

(1)首先要浏览大量的股票，挑选出有刚刚震荡结束明显并有量支持冒出头来的股票。关键是冒出头之前要有哪怕是很短的蓄势时间(一般为连续小阳或者小阳小阴交替)，中期均线(就是波段护航线)要向好，短期均线不要纠缠不清，股价轻轻站在均线上最好，换手量从无量状态开始有所放大。这是主力推升股价前的很重要的信号。

(2)从周线、日线，依次到60、30、15、5分钟图，各分时图形态的扭转是日线发起攻击的前奏信号。这一点很重要。如果分时图走失败了，日线状态往往不会有重大改变的。

(3)技术指标要出现短期扭转向好的信号。周线要稳定，日线要发生扭转，分时图已经扭转彻底走好，这些是短线技术上必须的技术基础。

(4)确定状态发生扭转的关键要看均线的扭线是否顺畅，向上交叉是否坚决，量能是否随股价的上升而能够跟上，短期内的攻击能量是否多头始终占主动。

(5)短期内市场基本面有没有潜在的“利空”因素要爆发，股票本身有没有基本面的动荡(比如停牌等)要出现。

(6)股价目前整体运行状态是处于什么区域(筑底、拉升、加速、盘顶、下跌、震荡、横盘、等)，未来的攻击空间有多大。了解了这些会对自己的短线操作利润目标有较清楚的把握，否则会从有利润又变成无利润甚至被套。

(7)曾经讲的“八爪线”现象要注意避开，已经形成的顶背离形态也要注意避开为好。

(8)最关键是很多人能够抓住短线机会股票，但照样亏损。原因是不能执行短线操作的原则(有利就是胜利)，而是在很容易就赚到利润的情况下，把心里的利润预期脱离实际的放大了。这个不注意纠正是很危险的。

(9)不要给自己要求太高，总想买入在最低价位。贪多的人总是要付出重大的代价。要随时注意分时图和日线、周线的变化。从一个变化(扭转)开始你介入后有了利润，那么，当出现下一个变化(发生扭转)时就是出局之时。你不出来，就做成中线了(只有发生股票走势处于极端的连续上升状态中时才可以顺势持股，但有变化了还是要先出局)。这个一定要分清楚。

(10)做短线纪律是不能改变的，只有遵守才能胜利多于失败。

只有抓住了小的趋势发生扭转的机会，你才可以找到短线介入的最价点位。没有发生扭转之前的介入都属于无技术支持的“押大小”。从发生扭转A开始到下一个扭转B之间的价差就是短线的机会利润空间。不要设想准备赚多少，那是盲目的、脱离实际的。只要产生了利润，就表明你的介入操作是正确的，但是后来又没有拿到这个利润，那说明你自己在后面的出局时机上犯了错误，是你的心态出现了问题，和你的前面介入操作没有关系。只要认识到自己的问题在哪里，改进它，就可以在短线操作中胜利多于失败。

(11)设立止损位。

还有一点很重要，那在整个短线操作中，不要用主观幻想来左右你的下一步操作。这个总是被很多人在操作中忘记，造成不应有的损失。

第二节　如何在强势股里选股

什么是强势股？

一般人会回答：拉起来凶猛，拉大阳线的股票就是强势股。但太模糊了，模糊得他自己可能都讲不清楚具体的东西。

做股就要做强势股，谁都知道的。但是，要先找到强势股。在这方面，很多年来，也已经有很多人、很多分析软件等做了大量的探索和经验。我只是尽量地从理论方面和实战方面相结合来讲，不代表就是最好的方法。但有兴趣的读者可以尝试一下。

强势股就是处于持续攻击状态的股票。

也曾有人总在问相同类似的一个问题，什么是好股票。回答也可以很简单：能够带来较多利润空间的股票。

那么，什么股票才会带来较多的利润空间呢？答：强势股。

强势股如果变为弱势股了怎么办？答：再换到另一只强势股上。

如果市场在大调整，没有强势股了怎么办？答：休息一下。

这里的一问一答，其实是揭示了应该如何通过股票的操作来达到利益最大化的实际性问题。这不只是理论上才有的，只要你树立了这个正确的股票操作最基本的理念，掌握了基础性的股价波动规律和节奏，以及识别一些技术动作和技巧的方法，你就只是赚钱多少的问题了。

既然强势股就是处于持续攻击状态的股票，那么，最简单的方法是，打开“深、沪涨幅排行榜”，一大堆涨幅前列的股票。怎么选呢？选哪只股票操作好呢？

先要把处于强势攻击的股票分类。

以攻击为标准可以把股票分为三类：

(1)技术攻击类(符合技术的波动规律节奏而出现的攻击)；

(2)消息刺激攻击类(从技术方面看，短时间打破技术波动节奏，在某方面消息刺激下形成的突发性攻击)；

(3)技术与消息共振类(既符合技术波动的规律节奏，也“刚好”有某方面消息的刺激，两者“和谐”地形成攻击)。

每天涨幅前列的股票有很多，人们大多从某个热点、某个板块、某个行业、某个属性种类等这些方面来遴选强势股票，但经常出现追高被套形成损失的结果。我只是根据多年经验给大家多提供一种在强势股堆里怎样给这些“强股”进行一种既简单又实用的再分类分析方法。

属于1类的股是首选可以进行操作的股票。我只看重一点，就是该类股一般都属于中期性趋势的攻击品种。该类一般基本面稳定，主力运做稳重，一波一波地推升，很有自己的攻击节奏性。比较容易把握。

属于2类的股是典型的激进类品种。它们往往会打破一些技术性的波动节奏来进行攻击。风险大些，但最主要是攻击节奏反复无常、难以把握。

属于3类的股具有两面性。因为该类股一般是1类股在某个阶段攻击加速时才会出现的品种，也就是说，3类股的前身就是1类股。但当1类股的股价进入加速状态时，消息出现了，就演变为3类股了。3类股也是可以操作的品种，但有时介入时间如果太晚的话，容易形成刚有一些利润，股价就见顶了。所以，跟进的时机要选在消息出现和股价加速攻击刚开始时，如果跟进晚了，就不要太盲目估价太高，技术上一旦出现扭转迹象，就要先走保利，不要计较利润的薄厚。

我们把强势股分类后，先选择做1类股。但问题是，1类股也有很多只，在这些里面怎么选呢？简单的方法是符合两个条件就可以：龙头性品种 +“牛铃线”是最佳技术形态，当换手量开始放大时为最佳时机。(注：“牛铃线”可参看本书第七章《均线实战的三十五种基础技术》。)

那是不是别的攻击动作的强势股就不能操作呢？当然也可以操作，只是这种技术组合条件可以保证利润的稳定收益。

第三节　方法和时机

方法和时机的把握以及如何相互融合的问题，是一个非常重要的问题，但很多人没有注意和认识到这一点。所以，这里要讲一下。

在实际操作中，我们有时候买或卖之后，经常会发现，后面的股票走势和原来的预期走势相反，就会认为是自己买股、或卖股的方法出现错误导致的，并不断地在操作方法上寻找问题的症结。

其实大多数情况中，问题并不是出在“方法”上，而是出在“时机”的选择上。因为往往只重视了操作方法，却忽略了好的方法还要结合合适的时机才会出现好的结果。时机有时比方法更为重要。

为什么有很多新手并不懂什么好的方法，而只是误撞到合适的时机上，也能够赚到利润，原因就在于此。

也可以说，没有错误的方法，只有错误的时机！

但对于长期在这个市场中博利的人来讲，必须学会把 “方法”和“时机”有机地融合在一起来使用，是非常重要的一个本领。

时机，首先是时间点的选择，再者是在最佳时间点里机会的抓取。

时间点的出现，通常是与分时图上技术信号的共振现象产生一同出现的。再结合盘中换手量对股价的推升或压制作用，以及其他市场因素共同形成了机会的出现。

要达到能够准确地抓取时间点出现时产生的机会。必须要经过相当一段时间的实战磨炼和个人基础理论水平的提高，综合培养才可以做到，切不可心急。

第四节　主力在调整中的吸货动作

熟悉一下主力的有些动作是有好处的，这样可以更好地看清楚盘中的一些假象和主力真实意图。

主力在调整中如何调整仓位利用低位机会吃货呢？下面就讲一下通常的手法。

有人总是奇怪，为什么有些股票明显的打出底了，但总是在低位上下波动，就是不拉起来；这是因为主力在低位的筹码需要比较大，所以，必须要有一段时间和一个上下区域来完成。这与散户是不一样的，因为一般散户只有一两次买进动作就可以完成吸货。散户可以等大盘恐慌性下跌的时候低买，而主力就不能够这样低买，当某只股票下跌到一定幅度或价格区域时，主力就要提前开始每天买和卖相结合的动作来达到低位吸货的目的。

主力在低位吃货的时候，一般是用“倒的手法”来做的。具体就是，每天在买，也在卖，但总体上买的比卖的多，买的价格比卖的价格低。这种手法一般是比较老练的控盘手经常用的，隐秘性好，有很多人会认为这样做会增加其筹码成本，其实对于一些高水平的控盘手来说，这样做却可以一举多得——既会不断收集到筹码，也会通过盘中的 T+0 赚取利润，降低其筹码成本，还会压制股价，诱惑出场中的恐慌浮筹。

为什么主力要一边买，一边卖呢？最简单地说：如果只买进而不压盘砸价，该股的股价就会被越买越高，主力当然是不希望出现这样的情况的。因为这样就会有一些盘感很好的游动性盘中高手，和其他的跟风单以及消息类的老鼠仓也会跟着买，主力不用间断性的大单来打压价格就很容易出现股价走高现象。

散户的优势(也是每个散户要学的)就是买的时候逢低分次买，买进后还要耐心地等，等主力经过一段时间低吸完后，主力会拉起来一个空间，为了往下震仓和洗盘搞一个上下震荡平台。这时候，散户还是要耐心等。短线高手也可以利用这个空间做 T+0 差价，降低自己的成本。等震完、洗完后，主力才会选择一个与大盘运行节奏合拍的时机，把股价逐波拉到上升通道中。到此，低位买进的散户已经有一些利润了。后面该股进入上攻阶段后，散户还是要拿着等，等整个上攻波段走完时出局，就胜利了。

对散户来讲只要做到两条：

(1)买的时候一定要逢低买。什么是逢低？当超卖严重、盘中垂直急跌时；当回打站线、靠近支撑均线或价破线不破时；当一跌再跌到三跌时；当股价下跌远离短期均线脱线严重或出现八爪线时等，都属于逢低买的时机。

(2)买的时候最好是分为几次买，至少分为两次买。第一次是抓前面讲的那些情况时逢低先买一部分；第二次是要等到股价出现确认性的回打动作时或扭转向上开始攻击时逢低买(不要苛求一定要比第一次的价格低)。

第五节　顶部和底部特征

下面介绍一下实战中的顶部和底部特征在分析中的几个要点。

(1)顶部和底部的K线形态中，要特别注意一个现象：在连续加速攻击之后，出现“冲出去的K线”(脱线现象)时，就要警惕了。如果该K线冲出去后又被打回，有很多是当天就被打回来，而形成长上影线或长下影线，那么，短线一般都会有拐点出现。不同之处，只在于是短期顶、底，还是中期顶、底。

(2)股价出现加速攻击动作之前，不放量，加速攻击中，换手量越来越大，是即将见顶、见底信号。

(3)K线在加速攻击中(上攻或下跌都一样)，K线实体越来越长，每个K线的开盘价与收盘价距离越来越大，这是典型的价速加大现象。之后突然出现小K线，量还是放的很大，基本上也是见顶或见底的一个信号。

(4)无量的底，多为小K线密集缓慢拐。大量的底，多为直上直下，“大刀阔斧”剧烈震荡而形成(该类底反复性也比较大)。

(5)越是注意到将要见顶或见底的时候，越不能够计较点位(价格)的多少，以防失去早下手的时机；已经开始拐头了，就要更加果断下手。因为这时候太计较得失，失去的不单是利润，更多的是纪律和操作经验。

(6)顶、低部形成时，都会有一次技术性的确认动作出现。当这个技术确认动作出现时，往往是顶部或底部在短线离场或进场的最好操作时机。错过的人，很容易犯杀跌或追高的技术操作错误。所以，准确鉴别出这个技术确认动作是一个技术操作者水平高低的区别标准。

(7)从K线方面讲，两根(或两根以上)长上影或长下影线探出来的顶部价格压力区域和底部价格压力区域，可靠性比较高。短时间内的两次攻击都被打回，一般都必须有技术性回收动作要出现。而在“回收”时，容易引发压力加大而导致败退。

(8)从均线方面看，要重视短期均线和中期均线(比如5日和21日)之间的延伸性变化。一般顶部时，股价的内在能量空方逐步占优势，中期均线的延伸性受到其压制会逐步减速而走弱。而短期均线则会在空方能量影响下，重心下移速度快，最终会以下破中期均线为顶部做成确认信号。底部出现时，反过来是一样的，中期均线也是减速状态，而短期均线在多方能量影响下，重心加速向中期均线移动，最终以突破站稳中期均线为底部做成确认信号。而如果短期均线在“怀疑为顶部或底部”的运行中，始终不能够突破中期均线，就不能轻易做出“顶部成立或底部成立的”判断。因为有可能只是攻击波段中的一个横向震荡平台而已，攻击趋势还有可能在后面继续发展。

第六节 盘顶和出货

大盘出现盘顶是因为众多的主力控盘的个股在经过一段时间的推升股价并达到幅度范围后，开始放货动作而形成的一种综合力量的表现。简单讲，个股纷纷出现出货现象聚在一起必然导致大盘出现盘顶状态。不管大盘盘出的是短期顶、中期顶，还是长期顶，出货动机是一样的，目的也是简单的，就是把该放的货放出去，把利润锁定。

大盘在开始盘顶时，第一步是先用回打的动作，切断上升通道的运行轨迹。回打之后再拉起来时，就可以很自然地将原有的上升角度变缓或者转成横向运行。这样，在随后展开的上下震荡中自然地形成一个盘顶状态的区域。最后，当开始中期向下调整后，这个区域显露出来，就是我们常说的“顶部”或者“顶部区域”。

主力控盘的各个股票出现盘顶目的就是出货。不管是为了震、洗、调仓、还是什么，用的都是大出小回、小出不回、高出低回的手法。如果反过来做，就成吸货了。但是一个单顶，一次集中放货是完成不了出货量的。所以，主力就必须形成盘顶状态，利用上下、反复的动作，在一个相对高位的区域波动中达到出货换手量。打下去了接盘太少，就拉回来，既可吸引跟风接货，又达到放货要求，还可以在较高位置再出。（而大家的感觉却变成了是因为下方支撑强劲下不去了，这是错误的。）主力还可以拉起来后在高位横着走，小量分散了出，离高顶点不远。（让你感觉随时加一下力就是新的一番天地在眼前出现。）如果大家太谨慎，主力就加码强势创出新高，而且用大阳大量进行诱惑吸引等。手法、技巧众多，千奇百怪，无所不用。目的还是很简单，就是出货。

一个个控盘的主力就像一个个人，各有各的脾气、性格、习惯、做事风格以及熟练常用的几种手法、技巧、诡计，即使你熟悉了，也得时时小心，处处谨慎，一不留神，就会“栽”。所以，当大盘和个股出现盘顶状态时，冷静是第一位的。不要见涨喜，遇跌慌。股民最容易犯的错误不是分析不出来、思考不到，而是总会把在某只股票上得出的经验变成一个通用的经验施加于所有的股票。这是错误的！

第七节　割肉和补仓

1. 割肉的把握原则

(1)不要轻易去割肉，只有：

①出现的顶过于陡峭，很难再回去的可以割；

②刚进去就赶上整个大盘开始进入中期性下跌，刚被套住的，可以割；

③股票公司基本面出现突发大利空的，可以割；

④走出历史大顶部，或做了很长时间顶部后主力出逃完，刚开始连续下跌的，早割；

⑤大盘和个股的后期走势已经可以预见到还要不断向下走，目前距离介入价位比较近，亏损在承受范围内，也可以先割保资金。

(2)不该割肉的把握：

①大盘和大多数股票还在上升通道中运行时，不要轻易割；

②大盘整体运行趋势向上并没有发生变化，公司基本面也没有发生重大改变，出现的调整只是个股控盘主力的技术性动作，不要恐慌割；

③大盘和个股已经经过连续下跌即将接近日、周、月线的主要均线支持时，不要挥泪割；

④股票的跌幅过于巨大，但是公司基本面并没有出现实质性的危机，不要绝望割；

⑤最重要的把握是不是万不得已，不要在下跌途中轻易选择割肉，而要

耐心地等待在反弹、反抽、反攻中再择机割，就会减少损失，而这样的割肉也是最接近理性的选择。

所以，割肉也是要有条件的，不是挥刀乱砍一通，过后才思考哪个该割，哪个不该割。

2. 补仓的把握原则

我首先要说明，补仓就是在加重仓位，从另一个方面来说，就是加重自己的持仓风险。

很多人把补仓划分在下跌阶段，把加仓划分在上涨阶段。我认为都是一样的操作性质、一样的风险性质，只是风险的程度有不同。

(1)不要在大盘和个股刚开始进入调整时就补仓；

(2)不要在指标还没有调整到达低位时就补仓；

(3)不要在中期性质的下跌开始后出现的小平台处、反弹中、反抽中补仓；

(4)不要在连续的下跌途中盲目急于补仓；

(5)不要人为主观的在下面预设一个价位去补仓，这样做是赌博，赢一次后的赌博心理很难被消除，害处也最大。

我不提倡总是用补仓来消除自己心理上的阴影。因为一旦在低位补仓了就会很快地从心理上抚平自己的错误，这样以后同样的错误还会重复出现，害处很大。要勇敢面对自己的错误，认真、深刻地总结自己的失败原因和做法错在哪里，那么你无形中自己都感觉不到地提高了对股市和股票操作的认知水平。痛，才可以通的道理就在这里。

要透彻的理解补仓的不利因素：

(1)补仓本身就说明你的操作犯了大错，不是靠补仓就能从根本上改正自己操作习惯上的错误的。

(2)补仓是一种非常被动的情况下才可以采取的最后选择，是在自己犯了错误之后的又一次冒险。由于仓位的增加和投入资金的扩大，风险也会随之成倍地增加。有一错再错、甚至再再错的循环轨迹。同时，自己最根本的错误、当初操作习惯上的错误却并没有被改变，并且还在延续。

那么，什么时候才可以用补仓呢？只有一条是正确的：非常耐心地等到下一个中期上涨波段或者上涨浪出现时，这时候算补仓也可，算加仓也好，这时候的“加重仓位”才是风险最小的操作。做股票只有首先能够将风险控制在最小，才有利润的伴随出现。其中的意味大家可以细细品。

第八节　盘中判断短线出局方法

切记要根据每只股票的自身走势来判断出局。盘中最简单判断“短线出局”的方法有：

(1)5日和10日有死叉迹象的先出；

(2)一阴线把5日、10日都打断的先出；

(3)5日、10日线形成“八爪线”的先出；

(4)连续第三天股价和5日线脱离的先出；

(5)出现高位小平台而量忽大忽小的先出；

(6)股价在高位横向运行到“多线聚拢”的窗口并出现慢慢下沉者先出；

(7)顶部成立后，快速打下5%～15%位置处形成震荡小平台的先出；

(8)量、价顶背离现象产生的先出；

(9)在高位加速上升中出现大光头阳线，第二天冲高回落放大换手量的先出；

(10)突发情况下，一阴吞掉几阳的先出；

(11)日线没有顶的迹象，但是，分时图内各图同时发生技术上指标见顶共振信号的先出；

(12)股价高位放量震荡盘整，而中、长期均线短时间内出现快速上升靠拢迹象的先出；

(13)高位长上影十字星带大量的先出；

(14)反弹到BOLL上轨处的先出；

(15)除权后，填权到位的先出；

(16)连续涨停中，第二次高位打开停板巨量换手的先出；

(17)加速攻击到高位后，出现二次攻击动作受阻的先出；

(18)均线系统在高位开始走平的先出。

以上是短线出局的一些快速判断方法。出现这些状态并不是一定会是顶，但短线股价出现震荡回落的可能性比较大。有些事后证明会避开一些关键的顶部。

第九节 如何换股

有一种情况是，如果你想换股，怎么做最好呢？

一般人们总是会在同一天把某股换到另一只股票上，这样做，是因为很多人的潜意识里有一种自我平衡的心理，潜意识地认为这样“一手出一手进”的换股方式会减少换股成本差价，还有一种是很多人“急于挽回损失心理”的表现。当然，如果两只股票一卖一买的时机刚好处于交叉状态，这样做是很好的，但很多时候这种“理想的交叉现象”不会出现。就容易操作混乱：这个股低卖了，那个股又高追了，想法和做法总是不能够和谐。

那么怎样换股才正确呢？

(1)你可以把要卖的股票等到短线拉起时再卖掉，先收回资金，然后要耐心等到想买的那只股票出现下跌或回打站线等介入时机出现时再逢低买进最好，而不一定非要在同一天内完成这个动作。这样做，要更理性些，一般也会达到你换股的初始目的。

(2)在换股前，要把换股所产生的价差亏损，以及原持有股所产生的亏损幅度都要计算清楚。你所换进的股票需要达到什么价位才可以平掉这些价差，所换进的股票是否具备这个价差的潜力空间，被换出的股票是否真的失去了在持有的价值或技术趋势彻底走坏等，这些问题都是要仔细分析，计算到位。切忌一时头脑发热而盲目换股，所以，换股是要谨慎为之的。

第十节 仓位控制操作法

“仓位控制操作法”是我多年来在股市里摸爬滚打中总结出的一套具有科

学性、合理性、实用性的控制和降低持仓风险的方法。

很多人总是把注意力放在股票品种的选择、介入、抛出的利润空间把握，以及资金、市值的浮动上，从而忽略了自己总体仓位的分布、控制。恰恰这个问题却是很重要的、有时也是致命的。很多人的心态总是调整不好，利润贪高又贪高，套了只有死抗。这些现象其实都是可以解决的，那就是用“仓位控制操作法”来科学、合理地控制风险、控制利润、控制心态。这样就会使你的利润稳定增长，实现最大化；风险始终控制着，降到最小化。资金的大小不是一个问题，学会熟练控制自己的仓位布局变化，就可以在这个市场中总是处于最有利的位置，即使手里的某只股票没有操作好，出现很大的损失，也不会使你陷于绝境。

我们手里的总资金就像是一支部队，它是一个整体(资金和筹码)，其内在划分是需要有科学布局意识的。我借鉴了足球比赛中的排兵布阵的方法，摸索出三套仓位的控制操作法：

(1)5-3-2 布局；

(2)4-4-2 布局；

(3)4-3-3 布局。

这三种仓位布局可以根据每个人操作习惯的不同，短线为主，还是中线为主，或是中、短结合操作的不同，资金风险承受力的不同，个人心态成熟程度的不同等，选择最适合自己的一套布局阵形和控制操作方法来操作。当然，最好的方法是根据市场不同运行阶段中风险的变化情况，把几种布局方法结合起来，灵活应用，熟练掌握。这样你会感到畅快顺利的多！

我所讲的持仓方法有几个前提：先要有一个对今年最大机会的判断分析，再根据自己的习惯特点以及今年股市的总体运行特点，把自己的仓位划分控制着来做。

下面讲讲标准布局方法 5-3-2 的布局中的操作重点：

比如，你有 10 万的资金，可以把自己的仓位分为两半——一半仓是做中线持有的，另一半里 20%要始终成为周转资金留在手里，另外的 30%作为短期性质的加仓或减仓的仓位浮动空间，这 30%也可以作为抓短线机会或短线热点的浮动仓位来运做。这样合理地分割仓位的方法是很比较科学的，可以在控制住自己的仓位风险的基础上，把总仓的盈利保持着最大化的稳定增长。

如果这样做，即使你某次短线机会没抓好，亏了，损失对总市值的影响也是很小的，不会出现大的亏损(因为你一旦犯错，可以选择割点肉逃走)。而你的中线死拿的一半仓位在几个月后的盈利会帮你把这点亏损补回来的，并且由于中线仓(那 50%)的仓位市值基数相对较大，保证你的中线盈利有稳定而且较大的增长幅度(特别是在大牛市中)是没有问题的。

很多人的短线很容易出现错误，而出现损失。所以，你其实只用总仓位的 30%在做(最多是做 2 只股)，另外 20%是周转资金，还有半仓(50%)是稳定收益的。你的短线出现风险亏损也基本上不会危及到总体仓位里的至少 70%～85%的仓位。这点损失也是你可以承受和有办法挽回的。

当大盘出现阶段性的高位风险，市场进入横向震荡阶段时，可以将仓位布局逐步转变为 4-3-3。其中中线仓逢波段高点减少到 40%(原为 50%)；短线仓维持 30%不变(因为一般大盘在靠近阶段性波段的高位时，短线机会多些，而此时建中线仓就不合适了)；为了控制总体性风险和短线资金周转用，将资金持有量增加到 30%(原为 20%)。

大盘继续加速上攻，风险系数在加大，可以继续将 4-3-3 布局逐步转变为 4-4-2。其中中线仓维持 40%不变，短线仓位降低到 20%(前为 30%)，资金持有量增加到 40%(原为 30%)。

当大盘出现阶段性风险释放时，就可以果断地将仓位布局改变为 4-0-6。即 40%中线仓不动(牛市没有结束)，短线仓无，资金持有量 60%。

当大盘和股票都经过一段调整再次走稳时，就可以将中线仓逢低增加到 50%或 60%，短线仓根据机会的把握控制在 20%～30%，资金持有量有 20%就可以了，等于又回到了 5-3-2 的总体仓位布局。

如果市场从多方市场转向空方市场了，选择离场就可以了。如果实在想抓抓反弹、反抽等下跌阶段中的短线机会，只要坚持最多不超过 20%的仓位就可以，出现损失时必须以保资金为主。

每个人的操作习惯不一样，如果你有控制仓位和风险的方法，就好；没有，最好重视到这一部分，给自己建立一套。关键还是要坚决执行。股市的风险随时都存在，没有一个控制仓位和风险的操作方法，你的心态就很容易浮躁，抗风险的能力也差。一旦大一点的风险来的时候，就很容易在恐慌中盲目地乱割一气，把潜力很大的一些好股票也胡乱割了，过后又后悔。

一般来讲，一会空仓、一会满仓，是心态不好、没有形成成熟操作计划的表现。

什么机会都想抓，也是一种浮躁的表现。我们只要抓住自己已经抓在手里的机会，把自己的总体仓位始终控制好的基础上，耐心地把机会抓好，盈利就会是必然的了，风险也就会始终控制在尽可能的小。

第十一节　股价对均线的影响

本节主要是关于“当天股价与均线脱线关系变化”的问题解答。

问：有时候今天看（某）股票是脱线，但是明天股价一拉升，（均）线也就跟着上去了，就又变成贴线了。请问这个问题怎么解决?是不是有进一步的技巧和方法?

答：是的，有。因为均线的变化是由于股价的波动变化而变化的。但它又比股价的稳定性要好些。根据均线(比如短均线)价格数字变化的分析，可以判断该股短线的运行时的方向和节奏。但要注意到，均线的“头部的点的价格”波动要大于“均线身体”的变化。因为每天盘中当天的均线的价格数字在收盘之前是不断变化着的(这是由于盘中交易的价格在不断变化，影响着均线计算公式计算结果的原因所造成)，但这个变化也是有上下范围的(因为目前是有涨跌停板制度来限制股价每天最大值的波动空间的)。当收盘后，这个均线价格点才会确定为当天的计算值而不再发生变化。

当股价运行到一些具体的敏感点(比如出现扭线加速)上时，股价的剧烈拉升和下跌只会改变当天的均线“头部”，而过去的均线数字已经成型了，不会再变化，就成为均线运行轨迹的数字信号。那么，新的一天里，如果股价先小打一下(有下影)但并没有站到均线上，然后再猛拉起来收盘于高位，那么，当天的均线就会被带起来(这就是在当天的拉线现象)，之后就会看到股价站到均线上了。

但这种站线动作现象的发生是要有前提的，就是股价(昨天收盘价或今天开盘价)和均线脱离的不大，空间较小，才会出现这个现象。

问：噢，谢谢，也就是说脱离到一定的百分比就算他想做上来也无力回天了？

答：是的。我讲的股价是一个点，指正在交易的价格点，也可以是收盘价。就是这个价格点和均线之间的距离空间。

问：前一天的点是不能被改变的，后一天的点是可以动的？

答：昨天的均线值(均线价格点，是平均值)已经是确定了的。今天的均线价格点在今天收盘以前是处于不断变动中的。

问：所以当天先打可能就是为了做线(人为的短时间控制影响均线)，并且外带震仓，是这么理解吧？

答：是的，很对。一是理顺均线，二是震或洗盘中浮筹，有时也是为了控制股价运行攻击的速度。所谓盘中回打或盘中回压，就是指这个动作，这种动作如果用 2 天 K 线完成，一般第一天冲高回落留长上影，收低。第二天，先为高开低走(或低开低走)，探下影，盘中再拉起，收中位。次日就可考虑扭转拉起攻击了。如果用 3 天的话，一般会形成平走小阴阳。短期均线上升到位对股价形成支撑，在当日盘中还可以再压一压股价，但次日盘中随时都可攻击拉线了。

第十二节　操作小技巧

1. 四条决定标准

选择出股票后，到最后要决定买哪个时，有四条决定标准可以作为操作决定时的参考：

(1)选择龙头股(强势股)，放弃跟风股(弱势股)。

(2)选择自己不敢买的(强势)股，放弃自己最想买的股。这主要是因为，你最想买那个股票，基本上全体散户都想买，而你不敢买的(强势)股票，却是主力最敢买的股票(要反从众心理)。

(3)对龙头股(强势股)、自己不敢买的股票可以多买点，对于跟风股(弱势股)、自己最想买的股票少买点。

(4)再好的股票也不追买(盘中)。等回打时才考虑低买(盘中)，或等回打站线时低买(日线)，或等短线大盘回落时再买(盘中或日线)，或等在打压中有大单压价时再低买(盘中)。

2. 两种 T+0 操作的方法

(1)在股价高于持股成本价格基础上，短线出现技术回打迹象时，可以逢高卖出一部分筹码，然后等待股价回落下来走稳时，再把高位卖出的筹码买回，利用之间的差价可以摊低持股平均成本。

(2)在股价低于持股成本价格的基础上，短线当出现打压后走稳迹象时，先在低位逢低买进该股一部分筹码，等待股价拉起来后到达一定幅度时，再卖出该部分筹码，之间的差价利润就可以摊低持股的平均成本。

另外，在进行以上两种 T+0 操作时，一定要保留原有的(该股)一部分的筹码在手里不动，只用一部分筹码来进行灵活操作。

上下的价差空间要掌握好，如果上下价差太窄(小)，就会因为各种费用而“吞掉”其中一部分利差，造成“得不偿失”的结果，所以要分析计算短线股价与均线之间的价差空间，以及指标的短线波动状态，和目前大盘的运行状态等。在相对“价差宽松”、有利可图时操作，才会达到目的。

在没有熟练掌握这一方法前，不建议动用大筹码大资金来盲目操作。熟练地掌握这一操作方法，可以化被动为主动。主动地控制降低持股成本风险，以求得更大的利润空间。

第十章　在股市长期生存的八条铁律

第一条铁律：永远不要满仓操作
第二条铁律：敢于止赢和止损
第三条铁律：做到无情无义
第四条铁律：犹豫是“贪心”的表现
第五条铁律：信心+耐心+粗心是一种境界
第六条铁律：变“被动”为“主动”
第七条铁律：时机重于方法和品种
第八条铁律：学会放弃

八条铁律之：

第一条铁律：永远不要满仓操作！

第二条铁律：敢于止赢和止损！

（注：此两条“铁律”合在一起来讲）

你为什么买股票？

赚钱。

再问一个问题：如果，你在 6 元买了某股，而该股随后跌到 5 元，再拉回到 6 元，你还能够赚到钱吗？如果已经满仓了，你拿什么在 5 元补？

还有一个问题：你今天买了某股，肯定是认为它明天能够拉起来的，对吧?但如果明天该股向下跌了，你是不是很被动？你如何才能变“被动”为主动呢？

控制仓位进行操作的提法，就源于此；满仓是一种风险很大的赌博，也在于此。手里总是要留一部分资金的意义就在于此，满则损！

你如果手里有资金，可以选择跌到5元时补仓，但思维上要调整一下，这里的补仓不是补仓，因为这次“补仓”是一次新的操作动作，低捡后再高抛掉，是一种化损失为赢利的正确、专业的操作方法，也不需要你成为股神才可以做到的，只是思维逻辑上要先理清楚。但手里如果没有资金的话，就会很被动，你也会非常恐慌和浮躁。所以，买股票建仓时永远都不要满仓!这是第一条铁律!

还有，很多人的被套，是发生在买进的当天。 想过，为什么吗?

是的，冲动是魔鬼。但最主要的是：要养成在股价打得很狠(急跌)时买点筹码的习惯。这是一种习惯意识，是短线高手的一种临盘反应，也是一种操作水平和思维境界的条件反射。良好的习惯总会给你带来利润。

我总结的一条经验是，大多数情况下，急攻容易出顶、急跌容易成底。所以，要养成在急攻时出点股票、急跌时买点股票的习惯， 那怕有几次你买了后，又跌了。但有意识地培养自己的这个操作习惯很重要，是强迫自己改变追涨杀跌操作习惯的最好方法。急跌时寻找买进点会使你总是处于较为有利的情况；反过来一样，也要养成急拉时，要寻找卖出点而卖点筹码的习惯。

什么是急涨和急跌？或者我这样问大家：股价什么角度是最强的上攻状态?

是的，90度。

那么下跌时，什么状态是最强的状态?

也是90度。

实战中不可能有比这个角度更强的上涨和下跌了。往往热情和恐惧发生到最强烈的时候，也就是这个时候。

恐惧到了最强烈的时候，也就是一个新的机会出现的时候，要这样想，而且要养成这样的思维模式。

我这里讲的是股价。股价所代表的意义和股票不一样，也和K线不一样，股价是动态的，不停地波动状态的一个个价格点。

当股价处于平直线运动时，是只有一个交易价格的。只有波动运行起来了，才会有价差出现，参与者才会有赚或者亏的现象出现。

急涨急跌，是最能够引发大家的心理和心态情绪产生巨大变化的时候，也是最容易犯错误的时候。

要想保持一个相对平和的理性状态,先要搞明白这些。这样,才会养成每当遇到急涨和急跌的时候要习惯性地卖筹码和买筹码。虽然道理很简单，但这是提高自己盘面反应中最实际的一个方法。

学会这种“共性的规律方法”，可以应用在很多情况下。不同的只在于:持续时间上的不同，空间大小的不同(也就是利差大小的不同)。

急涨时习惯性地卖筹码，急跌时习惯性地买筹码。要坚持做到，你就会提高很快!

人们在股市中的亏损,98%都发生在“贪心”的预想(或者叫幻想)之后。

下一条铁律就是:一定要敢于止赢和止损!

不是在做短线时才要这样,而是不管做任何投资时都要这样去做! 中线的介入时和中线的卖出时,也都只是一种短线操作的表现。

买股票建仓时永远都不要满仓! 这是第一条铁律! 下一条铁律就是：一定要敢于止赢和止损!

前面这两条,就是我这段时间讲的最多的：控制仓位和不追高、低捡。

问：如果股票没出现过急涨，却先出现了急跌，那就该继续持有了吗?

答：问得好。如果你做到了第一条，不满仓，手里有资金。再应用急跌买、急拉卖，来低捡、高抛。那么,你就会明白我讲的主题。我一开始问大家的问题：该股 6 元买进后,下跌到 5 元,再拉回到 6 元(这里是有一段时间差的)，你会赚钱吗? 答案是：你会赚到钱。

我其实和大家聊的这几个问题,很实际的。

只有你的思维逻辑变了,才有可能想到并做到变亏损为赢利,变被动为主动的方法。才会在实战中建立一套应对建仓买股后“拉起来时(这当然好了)，和打下去时”应该如何来采取正确和理性的操作动作。方法很简单，但只有思维方式先变了，操作的心态也就变得平和稳定了。

那么，假如你今天买了某股后,明天它并没有像你“认为”的那样拉起来,而是打下去了。你还会恐惧而不知所措吗?

第三条铁律：做到无情无义!

我们都知道对股票的分析和判断一定要理性，在跟盘操作中一定要保持平和。只有这样，你才可能对准备操作股票的基本面、目前的技术状态有一个较为全面、客观、贴近实际的判断。但怎么才能够做到理性和平和呢？我的经验是要做到“无情无义”。

这里讲的“无情无义”，主要是针对很多人习惯性地会犯的几个错误。

(1)容易站在自己的“喜好”立场上，先入为主地来看问题。这样很容易出现片面地只注意到自己喜欢的方面，而从心理上排斥掉自己不喜欢的信息。最后得出的结论也就不能够客观，脱离了问题的主根源。就像只爱看到鲜艳的花朵，而忽视了它的毒性。

(2)容易冲动和浮躁。冲动和浮躁都是感性的情绪型的东西，在股市分析、判断和交易中是必须要时时注意自己克服的最大的敌人。很多人的交易亏损大多数是产生于冲动和浮躁。比如总感觉到拿在手里的股票要跌，总是爱追逐“外边的机会”，而不重视手里的机会；总是希望买入的股票马上就涨，而且一直的涨；总是在某只股票没有拉起时不太重视，而在拉起后匆忙的挂高单追买，买后才回头看基本面，技术状态是怎么样的；总是在“冲动——追买(或追卖)——后悔——浮躁(不安，恐惧)——再次冲动(想改正，但又错了)——追买(或追卖)——后悔——浮躁(更不安，更恐惧)……”这样的恶性心理和混乱操作中循环。

(3)容易产生自我幻想。当介入一只股票后，总是每天“幻想”着它能涨多少，明天也许它就涨停了，而不是从该股客观、实际的基本面、和技术状态中去分析它目前所处的阶段是哪里、主力在这里的动作意图和目的是什么、有没有连续大涨发起攻击的技术条件基础或着这方面的信号迹象。因为你不是该股的主力，你也左右不了该股的走势，那么这种主观想象只会是脱离实际的“自我幻想”。当该股后面的走势与你的“幻想”不一致时，自然就会“自暴自弃”割掉它，或者陷入浮躁和不安中。

(4)容易在分析和判断中忽视“时间”的同步性。即使已经做了认真、客观的分析，大多数人也容易忽视“时间的同步状态”，这个非常重要的一个问题，在很多高手中也经常犯这个错误。比如，已经比较全面客观和冷静地分析了该股的基本面、技术状态等各方面的因素，但最后做出的判断，还是会出现和预期走势“脱节”的现象，这个现象有时会彻底导致操作的混乱节奏，甚至出现无谓的亏损。典型的例子是，你分析某股根据目前各方面状态会发动攻击拉起的，但你买入后，却并没有马上出现攻击动作。事后会证明，你的分析判断是正确的，只是在时间上有些“超前”。原因就在于，忽略了时间和价格信号的步调上还没有形成同步状态(当然，这有很大原因是主力方面决定的)。问题却是这种预期与走势不同步现象是一种正常的现象，因为人的思维和决断是在短时间内可以做出的，而市场中股价的启动却需要很多个步骤来一步步走。但你把它看成了不正常现象，就会使你怀疑自己的分析和判断的正确性，从而可能影响到你改变原来的操作计划，造成机会性的损失。这是要重视和注意的问题。

以上的一些人们容易犯的错误，其根源在于人容易受到“感性因素”的刺激影响。

那么，只有尽可能多地从心理上“克服”这种感性的影响和干扰，也就是在做分析和判断时要以那种站在身外人的角度，以“无情无义”的客观眼光来看待各种信息和现象的演化，才能够更贴近实际、贴近市场的脉搏跳动、贴近股票价格的波动节奏，机会的把握也会更准确，从而做出较为准确的判断和操作，风险自然也就会随之大幅度的减小了。

所以，第三条铁律就是：要想理性和平和，就要做到无情无义！

问：*忽略了时间和价格的步调没有形成同步状态，什么才是同步状态呢？*

答：不同步的意思，就是你可能已经把该股分析很到位了，而且你认为明天该股就应该拉起来。但明天没有拉，反而打下来了。你不明白。应该拉起来啊？这里面有一个时间的问题，就是我们人大脑的思维是很快的，所以，我们总是会无形中把现实的时间效应缩短了。因为该股确实是会拉起的，但可能比你认为的时间上要晚几天，或者比你认为的时间要快几天。就是这个意思。把思维性分析判断和实盘结合起来时，要考虑到实盘股价的波动是需要一个过程来完成基础准备的。这样才会形成判断和实际走势的一致性，也就是“同步状态”。

第四条铁律：犹豫是“贪心”的表现！

这个问题很多人都有，而且害人不浅。成本的无谓抬高，损失无谓地增大，机会被眼睁睁地流失，后悔、自责、懊恼、浮躁等都会随之而来。

但是，很多人并不是故意这样的，而总是无意识地陷入“犹豫”这个错误中。我是把这个看着好像简单的问题，从根源处找源头：犹豫是操作中的大敌。

犹豫的产生有这么几个原因。

(1)操作前没有做好理性和客观的分析。等到要马上做出判断时才会感觉有很多个问题没有经过好好分析，而犹豫不决。

(2)自身的性格和做事习惯造成的。每当要做出决定时，总会害怕出现这样，担心导致那样，而犹豫不决。

(3)忽视了股市投资的最基本原则——控制风险！这种情况多发生在需要果断卖出而出现“犹豫”时。股市有风险，入市需谨慎。这句话是股市里要时时都要记着的。所以，不会控制风险，就不能够在股市中有稳定的、长时间的收益存在。也许你一时可以得利，但不懂得控制风险，就会最终把利润再吐出去，而且还会搭上自己的血和肉。

(4)犹豫也是心理上最隐秘的“贪心”的一种表现。股市里的“贪”反应在很多个方面，这是其中一个方面的真实反映。

这个问题，讲起来简单，但要克服起来，很难。

要从平时的细小之处注意改变，不管做什么事情的决定前，多考虑、多分析、多注意信息变化可能带来的多方面的影响。锻炼自己，不莽撞、不盲目，而是冷静、客观地尽量准确地贴近市场的波动内在规律，符合实际地快速做出判断和决定，而不要陷入到“贪更高，贪更低，贪会天上掉馅饼”这个唯我的错误里。

犹豫的问题，不可小看，因为这个问题不注意解决，会在实盘操作中总使自己处于不利的局面。经常碰到有人问：我是不是该卖掉某股？我是不是要买进某股？我会回答：你可以先减点仓再观察；或者你可以先逢低买一些再观察。其实，很多时候，你已经意识到了应该怎么操做，但是很遗憾，并没有去做。其根源在于贪。

所以，八条铁律的第四条就是：　犹豫是“贪心”的表现！

问：如果对自己的股票做好了理性和客观的分析，就不会犯这样的毛病了，可是要怎么才能做到理性和客观地分析股票？该从哪些方面入手呢？

答：简单地讲，首先思考问题、分析问题时要客观，要坚持始终以实际的数据、现实存在的客观信息以及事物发展演变的本质规律来做分析判断，有意识地培养自己以客观现象“压制”主观臆想。当然，也要掌握一套系统的、科学的、有效的股市研究理论和方法技巧。理性是建立在了解真相和保持客观思维的基础之上的，没有空想的理性。扭线原理就是力求从这个方面给大家以了解和启迪的。

第五条铁律：信心 + 耐心 + 粗心是一种境界！

信心，不是盲目的幻想，而应该是脚踏实地客观研究分析后的一种理性预期。

耐心，不是一种“惰性”的表现。股市中的耐心更多的来自于市场经验的积累，是一种积极的心态表现。

粗心，不是“大意”和“轻视”，而是指一种能够“化繁为简”又“返璞归真”之后提炼出来的一种控制自我思维的意识。

把信心、耐心、粗心三者综合在一起，在市场分析思维升华的磨炼过程中就会表现出一种“凌驾于市场之上”的思想境界。这种境界建立在两方面的基础之上：一个是市场技术、理论体系方面，一个是市场经验、思维境界的培养方面。任何人对市场的认知和自我驾驭能力的提高，都需要在此两个基础之上层层提升来达到。

思维境界的培养是自我控制能力的一种磨炼，而“信心 + 耐心 + 粗心”的综合磨炼就是一种很重要的具体手段。

经常有人会在买入某股的时候充满了豪情和坚定的信心，但经过一段时间市场的洗礼后，就会信心皆失、半途而废。如果当初这种信心只是一种对该股前景的主观预期的话，就可以肯定，一旦经过较少的几次股价波动考验，他就会对该股产生失望而黯然出局。

为什么会这样？主要原因是当初对该股的前景预期太过于主观，客观细致的理性基础研究分析做得不到位。单凭主观意识形成的信心，总是会在遇到“坎坷”时容易被新的主观意识来否定过去的主观意识而改变原有的坚定信心。有时候，人们在做出一些主观判断的同时，也会用一些当时客观的条件来做基础支撑，但最终还是难以坚持最初的信心。分析其原因有两个：

①仅凭当时的某些特定的客观条件来预期未来的变化，是不完整的分析思维；②仅有信心是不够的，因为信心本质上只是一种意志力的表现，而大多数人的意志力是比较脆弱的，是难以经得起现实的反复考验的。除了具备建立在客观条件基础上的信心之外，我们还需要另一种比信心更具实际可控(可把握)、可操作的东西来相配合才行，那就是耐心。

耐心，是一种不可多得的美德。我们日常在处理很多事情的时候，需要耐心；在与很多人进行相处交流的时候，也需要耐心；特别在面对困难、坎坷、阻力等问题需要解决的时候，则更需要耐心。

这里讲的耐心不是一种“惰性”的表现。股市中的耐心更多的则来自于市场经验的丰富积累，是一种积极的心态表现。

比如，当你持有的某股出现长达几个月或更长时间的横盘震荡时，你如果最终忍受不了利润的长时间不增长，或是利润忽上忽下的反复折磨，甚至是亏损中的长时间被套的折磨等。人们原有的那种持股心态和思维认知以及前景预期，都会很自然地发生改变。从而产生对该股的失望心理，变得急躁起来，急躁情绪恰恰是失去信心的一种表现，沮丧也是失去信心的一种表现。而急躁和沮丧又是失去耐心的具体表现。如何坚定自己的原有持股信心，不要被动地依赖于市场的转暖、幻想股价的走强，就需要进行自我心态和思维的调节与控制了。

前面讲了，在股市中，耐心更多是来自于市场经验的丰富积累，所以，市场经验丰富的人会因为有过类似的经历或类似的教训，面对此种情况时，形成一种超常于别人的耐心来。这种耐心对在股市中的人来讲，不是天生的本能表现，而是一种主动的自我培养和自我训练与不断积累“抗市场波动影响”才会形成的。没有丰富的经验积累，没有准确的技术判断能力，没有有意识的主动控制培养，你即使可以表现的很有耐心，但内心却是虚的，因为没有一个维持信心和耐心的坚实基础。自然这种耐心也是机械的、被动的，而很难是一种积极的、自主控制的心态。特别是当个人“现实利益”受到威胁和蚕食的情况下，没有亲临体会是无法理解这种耐心的珍贵的。所以，股市中的“耐心”获得，不是一朝一夕获得的，它要有一个艰辛的积累过程，虽然比较难，但很珍贵。

当你拥有这种能力以后，股市的面孔才开始变的逐步清晰起来。但正因为你越来越看清晰了很多过去看不清的东西，你所面对的市场状态信息、技术波动信息等各方面的信息量也就变得很大，甚至比较杂乱。你必须进行梳理、筛选、归纳、汇合、提炼等才能最后进行更加贴近市场实际的判断。此时，最需要的则是一种“粗心”。

这里的“粗心”指的决不是“大意”和“轻视”，而是指一种能够“化繁为简”又“返璞归真”之后提炼出来的一种控制自我思维的意识。可能很多人还是不能够理解，为什么要有“粗心”而不是“细心”呢？我来解释一下。

股市的发展是波动前进的，股价的波动则更加频繁多变。当我们进入这个市场之后，首先要面对的最大难题，就是海量的信息需要梳理、筛选、归纳、汇合、提炼。这种处理这些信息的能力，就是一种市场分析、判断的能力，而将各种矛盾的信息通过梳理和分析，把其中内在的联系点提炼出来，则是一种提高判断准确性的难得能力。“粗心”首先体现在这种能力的化繁为简上，可以把各种与某股有关的信息因素看作一个“面”，而把最后的操作决定(买或卖)看做为一个“点”。那么，你要尽可能地使自己的最后操作决定正确的话，就必须“过滤和剔除”掉许多难以对股价的发展变化产生重要影响的那些“杂波信息因素”。这就是“化繁为简”的分析能力。

但仅仅“化繁为简”还是不够，因为各类信息因素还有一个最大的特点是“矛盾性”，还需要“返璞归真”。就是结合各种信息因素的市场反应特有规律(比如，什么情况下，某种利好会刺激股价上涨；什么情况下某种利好反而会刺激股价下跌等)，将一些看似“相互矛盾对立”的信息因素再进行“整合”，并把其内在的相互联系点提炼出来，才能够判断出股价的预期发展方向和空间。“返璞归真”的判断能力需要很高的理论、技术水平和高超的思维逻辑水准以及丰富的市场经验积累和透彻的洞察能力相结合才可以做到。虽然很难，但对很多人来说，毕竟是一个努力的方向。

为什么讲“信心+耐心+粗心是一种境界”?

首先，这“三心”中每一个在股市中都是每时每刻随市场的波动“考验”着大家的心态，要始终保持良好的心理和思维状态，本身就是一件比较难的事情。

再者，将这“三心”结合起来融为一体，并形成为自己的一种操作状态，则是一种高超的、建立于市场而又高于市场的操作境界，更是一种能够自我控制的最佳状态的体现。

最后再问大家一个问题，股市操作中最难做到的是什么？

答案是：驾驭自我。

第六条铁律：变“被动”为“主动”!

在股市中，处于被动意味着风险的放大，寻求主动则是在控制降低风险。

如果从股票投资行为的本身来讲，我们的投资行为是属于“主动性”的。因为，只有“我”选择了这种投资的操作，才会出现具体的买卖操作行为的。

但如果从进入操作之后的情况看，“我”却会从一种“主动的行为选择”，演变成了一种“被动性的跟随投资行为”。原因是，一旦“我”选择买进了某只股票后的操作后，“我”所投资的股票的市场波动演化是“我不可控”的。“我”只是千千万万投资该股票的人群中的其中一员。“我”就会从投资前的自己可控制的“主动个体”变化成为这个“群体投资”中的一位“被动跟随者”。这不简单的只是“个体身份”的变化问题，而是直接会影响到“我”这个个体在这个投资市场中投资行为的可控或不可控的问题。如果是可控的，那么，“我”就有了自我控制投资行为的能力，自然也就会避免一些投资中的亏损损失，并获取到自己的利益；如果是不可控的，“我”就会成为群体性被动跟随者中的又一位“待宰的羔羊”，对自己来讲，这种投资行为的风险就会成倍地增大，利益的获取就变成为一种“撞运”了。

比如，“我”投资买进了某只股票，之后该股上涨了一点点，就开始持续型的震荡下跌，股价越来越低，是割肉卖出，还是应该继续持股等待股价回升？这个例子在市场中几乎天天出现，人人都会遇到。我们先不去讨论这具体的这只股票的波动技术问题，也不去讨论投资者的水平高低问题。单单就是这种投资者经常遇到的投资现象，就已经说明了“投资者”的被动性跟随是这个投资市场中的一种非常突出而普遍的现象。基本上可以这样讲，每一位主动投资者，当进行了主动投资行为之后，就在不知不觉中很快转变为一位被动跟随投资者了。问题在于，很多人并没有意识到这种变化，是一种风险快速成倍放大的现象。所以，损失就变成了多与少的问题，而利润又变成了靠“运气”来决定的事。那么，这种投资行为和“闭着眼睛扔钱”又有什么不同?

于此，将“变‘被动’为‘主动’”这一条列为八条铁律之一，对每一位进行股票投资的人来讲，是非常重要的一种投资意识、投资能力的锻炼与提高。

那么，如何变被动为主动呢？或者讲如何化解投资中的被动性呢？

有以下几点。

(1)首先要在投资前对投资市场环境、投资的理论方法技巧、投资的品种信息、投资的时机选择、投资的账户仓位划分控制等进行尽可能充分的了解和掌握。这是避免盲目投资、跟风投资、激情化投资的最实际的准备工作。很多人“懒”于做这些基础性的准备工作，认为太复杂、太繁琐或者一时难以做到。但我讲的是必须要将这些看似琐碎的事情在思想上重视起来，即使刚开始时，做的没有那么周密、到位，也要培养自己形成这种投资习惯。这样做的最大好处是可以培养自己理性投资的具体流程，和在投资之前就尽可能地减少投资操作之后所带来的一部分“被动性”情况的发生，也就是说要有意识地养成这种投资流程习惯是很重要的一个环节。

(2)投资的过程中，要有意识地减少投资的操作次数。这一点也被很多人所忽略。因为很多人只是一味地专注于市场中品种机会的抓取，而没有控制自己操作次数的过于频繁化。总是不断地想通过投资操作来抓取每一个可能的利润机会，反而容易导致投资前的各项准备工作做得不够、不周密、不到位而致使自己一次又一次的“陷”入被动。次数越多，反而越来越盲目，最后成为市场和品种的被动跟随者，损失也越来越大，以至于最后心灰意冷，黯然退出。减少投资的操作次数，本身就是对投资的一种主动性控制意识和行为的表现，也是最大化降低投资风险的一种具体化的操作模式。减少操作次数，既会降低投资风险，也可以转化投资的被动性为主动可控性，从而也就会提高投资的成功效率。对这一点，凡是做过一段时间投资操作的股民都会深有体会的。关键是认识到了，必须立即转变过来并做到。

(3)另一个变被动为主动的做法就是要掌握一些具体的技术方法和技巧。

一般有这样几种实战中的方法。

①设立止赢、止损位。这种方法很普遍。就是当进入操作某只股票时，就依据该股的波动空间、技术支撑压制位置、或自己的预期利润空间(或可接受的亏损空间)等自己预设的某种条件来控制自己的本次投资始终处于“可控”位，也会避免演化成最后的被动。这种方法主要是具体到个股品种的波动控制性行为。

②进行账户、仓位比例控制。不是以某只个股品种来进行控制，而是综合的账户投资额度来划分每只个股品种的仓位比例。其中一般以中长线品种、短线品种、资金三者的仓位比例不同划分和调节，来进行总体性预期盈利和风险控制。这种方法也是一种主动控制性行为，可以避免账户的失控出现。市场中很多人通常会将注意力放在个股的风险控制上，而忽视个人账户的总体风险控制。某只股票赚了，但同时某只股票又损失不少。这样反反复复地操作，最后看账户，还是亏损不小。主动进行账户总体控制，可以从总体思维上保持一种正确的投资理念——股票只是获取利益的投资工具。当某股的盈利超过预期盈利时，则可逐步减少持仓收取利润；而当某股的损失影响到总体账户的利润增长率时，也可果断的清空该股持仓而稳定住总体账户的损失波动幅度。

③掌握技术技巧性的“增、减、补、割、换”仓方法。这些方法可以具体到个股品种上，也可以以市场的波动变化来进行总体性把握。“增、减、补、割、换”这五种操作技术是在股票品种买卖操作中的五种具体操作。简单讲，“增仓”的标准是个股技术攻击启动时，可增仓；“减仓”的标准是个股技术连续加速攻击时，可减仓；“补仓”的标准是个股技术上严重超卖和底部出现扭转时，可补仓；“割仓”的标准是个股技术明显顶部成立开始扭转向下时，可割仓；“换仓”的标准是持有的个股品种短期内走强条件已经不具备，而同时又已经研究出目前市场热点强势品种，并能够把握到最佳时机时，可换仓。这五种操作都是化“被动”为“主动”的技术技巧方法。但个股和市场技术条件基础不成熟时，不可滥用。否则会适得其反，不但不能够化解被动，反而更加被动。

(4)“主动性守仓”与“被动性守仓”有着质的区别。

经常听到有人讲：唉，没办法。只能先拿着(某股)了。

或者听到有人讲：哈哈，管它(某股)呢，涨到哪算那儿。

这些虽然是有亏有赚，却都反应出是一种“被动性的守(持)仓”行为。

主动性守仓往往是带有比较明显的理性预期的一种积极的操作行为，而被动性守仓却总是带有一种盲目跟随的操作行为。同样是在守，同样也有人在赚或在亏，但其本质上却有着很大的区别。要在实战操作中尽可能地减少或放弃被动性守(持)仓，转变为主动性守(持)仓。这种做法的本身就是在控制盲目跟随投资所带来的风险。因为市场上有大量的人都是由于被动性守仓而使得原本获得的利润又消失了，或者套得更深了。

大多数人在股票投资中，80%以上的时间都处于守(持)仓状态。买卖操作的时间加在一起只占很小的一部分。而守(持)仓的行为本身也是一种操作状态。如果只重视买卖操作，而忽视守(持)仓的操作状态的重要性，反而是一种“舍大重小”的观念和行为。

怎样才是主动性守仓呢？

首先看某股守仓的基本面条件和技术基础是否存在，是分析研究的第一步。如果目前市场环境很差，该股预期性的增长空间不大，基本面也在持续恶化，目前个股的技术状态还处于持续的空方状态中，中、短线技术也并没有出现构筑中长期扭转底部的技术特征等，如果此时仅仅由于主观地认为该股价格很低而布局守仓，本身就脱离了实际而是在服从个人主观意志的操作，风险自然也就很大。此种守仓行为就是被动性守仓。而选择在市场环境转暖或走强中，选择公司基本面良性成长的品种，个股技术状态启动轨迹清晰，信号明确时介入守仓，并对该股有一个客观的理性空间预期，当预期条件发生变化后就主动退出，则属于主动性守仓。

相应的，如果目前持有的某股正处于强势攻击状态，新高一再出现，但兴奋于利润的不断增加，而忽略了正确客观地对该股进行理性的价值分析判断和空间高度的把握，跟随市场盲目乐观。这也是一种被动性守仓。没有理性客观分析判断的守仓，即使利润增加，也属于跟随性的被动守仓行为。这种守仓操作的结果大多数又会失去增长起来的利润，而从被动性跟随上涨变为被动性跟随下跌中。也就会经常听到很多人讲：唉，当时如果在某某价格卖掉的话……

所以，主动性守仓并不是一种“死捂”的操作。守仓操作一般多见于中、长线的操作策略中。由于时间周期的跨度比较大，不可避免在此期间，市场环境、公司基本面、技术状态演化等都会不断地出现新的波动变化。既要坚定原有的守仓预期意图，又要根据新的各种因素的变化来不断地调整守仓期间仓位成本控制和风险冲击控制。所以，如果总是“死捂”就会演变为新的“被动性守仓”操作。这种仓位、成本调整的节奏和控制，均属于主动性微调范围。前提是原有的该股预期判断并没有发生质的改变。要有意识地在守仓过程中通过股价较大的波动节奏来逐步降低守(持)仓价格成本，也可以根据市场的比较大的波动节奏来顺势调整守(持)仓位比例高低。比如市场过热时适当降低仓位比例，市场震荡快要结束时，再将仓位比例提升上来。

所谓“理性投资”就是增强投资的主动性操作，减少和避免被动性操作，也就是通过操作意识和操作策略的理性化来增强操作行为的可控性，从而达到尽可能的规避操作方式上所带来的投资风险。

第七条铁律：时机重于方法和品种！

我们常常听到，谁谁“运气”真好。“运气”似乎是可遇不可求的，又似乎来无影、去无踪，难以把握。但在股市中，有一种“运气”却是可控的、可把握的。那就是“时机”。

因为股市中的“时机”在绝大多数情况下，是带有某种运行规律的踪迹的。只要通过刻苦锻炼、不断经验积累与技术技巧相结合，就可以把握并运用好“时机”而谋取利益。这种情况在股市分析中是客观存在的。

(1)在生活中。

什么是“时机”?

答：“时机”就是带有时效的某种机会。

什么是“方法”?

答：“方法”就是解决各种问题的处理办法或技巧。

什么是“品种”?

答：“品种”就是指某种具体的事物或物体。

(2)在股市中。

什么是“时机”?

答：“时机”就是最佳的买、卖机会点。

什么是“方法”？

答：“方法”就是买卖、分析、判断股票波动的技术、技巧。

什么是“品种”？

答：“品种”就是指某只股票。

再问：为什么讲“时机重于方法和品种”？

答：因为在股市实战中，选到一个好的“品种”的前提是，要先掌握一种好的“方法”；而有了“好方法、好品种”，却没有抓住一个“好时机”进行买卖操作，就会出现“事倍功半”的结果；如果更“糟糕”的话，甚至会“前功尽失”，出现损失。

比如，你通过某种好的理论技术方法和一些选股技巧，选出了一只基本面很好、业绩高、市盈率也低、公司成长前景很好的股票，并且目前该股技术上正处于强势攻击中，跟盘买入后反而被套了。问题就出在买入“时机”的把握上。

最佳的买、卖机会点的选择不是轻易就可以控制掌握的。有些刚入市的新股民，凭自我感觉选择的买入点，却能够买后就赚。其原因是无意中“撞”上了最佳买入点。但不是一种可控、可持续的操作。人们常说“运气好”，但股市中的最佳买卖点——“时机”的掌握，却是一种寻找可控、可持续的操作点。所谓“可控”，就是一种有意识的选择性、控制性的操作。所谓“可持续”，就是该种操作要具有稳定的可靠性和连续的安全保障性。有时候，最佳“时机点”是等出来的；有时候，最佳“时机点”却需要及时主动去抓取。比如，当用某一种选股方法选择到一个好的股票后，就需要认真分析判断和选择操作该股的最佳买入机会点在哪里、在什么情况下会出现以及出现之后的操作方式(例如分批还是一次性买入，或按阶梯价格买入等)。这是一种操作程序，是培养和锻炼自己选择最佳买卖机会点的“自我惯性模式”很重要的一个过程。我们大多数的错误都是犯在买卖机会点的把握和选择上的，因为很多人恰恰“忽视”了自己在这个重要节点的锻炼，造成在很多次股票操作之后，总是处于一种“被动”的状态。

任何方法、品种的运用和选择，最后都要落在一个决定点上：什么时候买，或者什么时候卖。

所以，要特别注意，有意识地培养和锻炼自己把握和选择最佳买卖机会点的能力，和操作惯性模式化、如条件反射一般地和自身的思维融为一体。这一点很重要。掌握了，可控了，就会“事半功倍”！可持续了，才会“常胜”！

第八条铁律：学会放弃！

人性的自身弱点中，最大的是“贪婪”，很难克服。

股市中充满了“诱惑”，这种“诱惑”因为与个人利益直接挂钩，就成为投资者纷纷进入这个市场的最大“驱动力”。但这个市场中矛盾的地方也恰恰就在这里，人们是受利益的诱惑而来，但要想得到这种利益又必须时刻不断地抗拒这种利益的诱惑。得与不得、是得是舍、先舍还是先得等这些必须直面的问题就成为了每一个投资者所时时面对的一个选择。

有人讲过：股市中最高境界就是“放弃”。

有人理解为市场中抓不到手的机会就应该放弃该次机会；

有人理解为当市场进入到不可操作状态时就应该放弃操作；

也有人理解为以自我为中心来判断，当“看不懂”时就可以选择放弃操作；

还有人理解为看破红尘式的离开，才是一种真正的放弃；

……

这些都有道理。对于“放弃”的理解每个人都会有自己的角度。

放弃就像将“有为”变为“无为”，但“无为”本身也是一种“有为”。

放弃是为了得到，但得到的同时却又不得不放弃一些利益。

放弃是一种修养，是一种境界，更是一种手段。

放弃并不是逃避，而是使自己的水平提升到更高层次进行博弈的一个必然的重要过程。每一次放弃都是一种认识的提升。

学会放弃，能够修正操作中的错误思维，能够避免潜在的危机和风险。

懂得放弃，只是一种理论意识；学会放弃，则是一种操作能力。两者有着很大的差距和区别。我们应该重在“学会”。

在实战操作中可以放弃、应该放弃的东西太多太多，很难具体地来讲。

但是如果你想进入更高层次的境界水平，学会放弃的能力是必须“跨越”的一道门槛。并且这种(放弃)能力的掌握和使用，我也很难讲清楚。因为这种能力是坚实理论基础和丰厚经验积累以及个人“悟性”不同而逐步得到的。所以，有些“实战操作反应”就包含着一些“个人第六感”的因素。讲起来就比较复杂以及加上本人文字表述能力有限。我也只能在此点到为止。

有些能力的掌握只能“意会”，而难“言表”。这也是股市技术分析能力的一种特殊魅力所在！

第十一章 与高手切磋
——一些更深的思考

第一节 股价循环密码

关于“股价循环密码”的来源，讲起来比较简单。这两组循环密码是多年来从市场中归纳总结出来的比较多见(或者说是经常反复出现)的两套价格换手区域。直到目前我也很难解释这个市场现象的内在原理或原因。在这个问题上，我目前只能算一个市场现象的记录者。在没有完全研究搞明白之前，我更多的只是将这两组循环密码作为一种参考。在这里把它贡献出来，也算是抛砖引玉，期望有藏龙卧虎之士或有更精深的解释。

股价循环密码分为两套循环数字组：一套是“三角循环”数字组，一套是“四方循环”数字组。两套循环数字组，各自形成独立的一套循环数字，是不同的两个循环系统。每套系统中几组数字可以正向地循环，也可以反向地循环，周而复始。

1. 三角循环 (图 11-1)

(3.4)——(6.7)——(9.0)

“三角循环”的用法：

(1)每个数字代表一个价格区域。每两个数字形成一组(比如 3.4)，代表着这两个价格区域共同形成的一个整体价格换手区域，如(3.4)代表 3 元、4 元两个价格区组合形成一个整体的价格换手区域。

(2)前一个组合的价格换手区域(3.4)之后，如果股价处于上攻趋势阶段，下一个价格换手区域将会在(6.7)，也就是 6 元到 7 元区域出现。股价继续上攻，下一个价格换手区域就是 9 元到 10 元区域(9.0)。如果股价还在继续上攻，下一个价格换手区域就是 13 元到 14 元区域(3.4)……依此方向不断循环。但如果股价是处于下跌趋势阶段的，比如，目前价格换手区域是处于 16 元到 17 元区域(6.7)，那么，下一个价格换手区域会是 13 元到 14 元区域(3.4)；股价继续下跌，下一个股价换手区域就会是在 9 元到 10 元区域(9.0)；如果股价还继续下跌，下一个价格循环区域就到了 6 元 7 元区域(6.7)……依此方向不断循环。

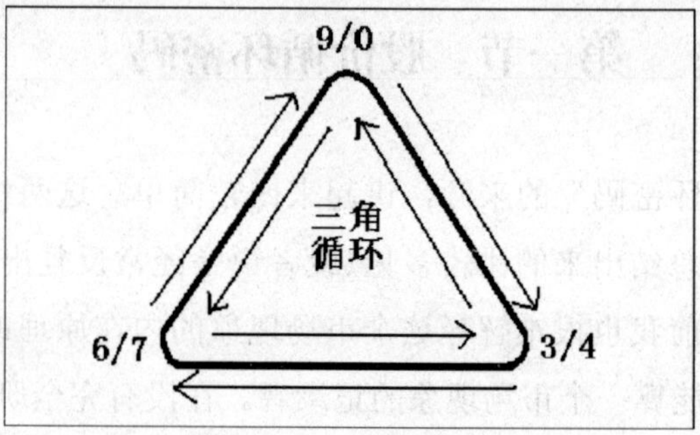

图 11-1　三角循环

说明：1. 股价循环密码是指股价波动阶段中的市场换手价位区域的循环规律，周而复始的循环；2. 三角循环是其中的一套股价循环规律，由三组价位区域形成循环规律；3. 循环数字 3/4、6/7、9/0 均指股价区域，例如：3/4 代表 3 元/4 元股价换手区域，6/7 代表 6 元/7 元股价换手区域，9/0 代表 9 元/10 元股价换手区域；4. 上攻阶段由低位股价向高位股价循环，下跌阶段由高位股价向低位股价循环

(3)循环时，股价如果是向上发展的，循环数字就是从小到大循环；股价如果是下跌趋势的，循环数字就是从大到小循环。

另外，循环数字中的 0，可以代表 10 元、20 元、30 元等，也就是说，循环数字都可以从个位升为十位或百位的，比如，循环数字中的 3，可以升级为代表 13 元、23 元、33 元等；循环数字中的 5，可以升级为代表 15 元、25 元、35 元等。

(4)循环数字代表着当股价上攻(或下跌)到某组循环价格区域时，发生大比例换手，或经过一段时间的震荡换手的可能性很大。而且在实际实战中会发现，(3.4)也就是3元、4元成为底部的股票，往往到达6元、7元(6.7)区域就出现一次集中换手，如果越过了(6.7)这个区域，没有形成换手的话，往往在9元到10元(9.0)区域进行比较大的换手的概率更大。而(9.0)这个区域也可能会成为一个阶段顶。当然随着市场的继续运行，也可以继续向上循环。

2. 四方循环 (图 11-2)

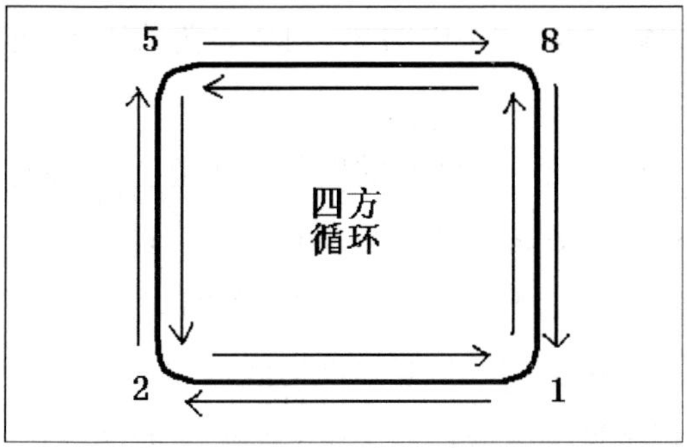

图 11-2　四方循环

说明：1. 股价循环密码是指股价波动阶段中的市场换手价位区域的循环规律，周而复始的循环；2. 四方循环是其中的一套股价循环规律，由四组价位换手区域形成循环规律；3. 循环数字 2、5、8、1，分别代表 2 元、5 元、8 元、1 元股价换手区域；4. 上攻阶段由低位股价向高位股价循环，下跌阶段由高位股价向低位股价循环；5. 外圈为上攻阶段循环，内圈为下跌阶段循环

(2)——(5)——(8)——(1)

“四方循环”的用法：

(1)每个数字代表一个价格区域，代表着这个价格换手区域，如(2)代表2元的价格换手区域。

(2)前一个价格换手区域(2)之后，如果股价处于上攻趋势阶段，下一个价格换手区域将会在(5)，也就是5元区域出现；股价继续上攻，下一个价格换手区域就是8元区域(8)；如果股价还在继续上攻，下一个价格换手区域就是11元12元区域(1)—(2)。依此方向不断循环。

如果股价是处于下跌趋势阶段时，比如，目前价格换手区域是处于18元区域(8)，那么，下一个价格换手区域会是15元区域(5)；股价继续下跌，下一个股价换手区域就会是在12元11元区域(2)—(1)；如果股价还继续下跌，下一个价格循环区域就到了8元区域(8)。依此方向不断向下循环。

(3)循环时，股价如果是向上发展的，循环数字就是从小到大循环。股价如果是下跌趋势的，循环数字就是从大到小循环。

另外，循环数字中的1，可以代表11元、21元、31元等，也就是说，循环数字都可以从个位升为十位或百位的。比如循环数字中的5可以升为代表15元、25元、35元等，循环数字中的8，可以升为代表18元、28元、38元等。

(4)这一组循环密码中有一个特殊的现象，就是(1)和(2)两个价格数字是相近的，所以，这两个数字既可以分开来看，也可以合为一体来看。比如，股价在上升时，从8元(8)上升到下一个价格换手区域时，可以是11元(1)，也可以是11元和12元组合的一个整体价格区域。股价在下跌时，从15元(5)下跌后的下一个价格换手区域，就是11元和12元区域(1)—(2)，也是一样。

(5)循环数字代表着当股价上攻(或下跌)到某组循环价格区域时，发生大比例换手，或需要经过一段时间的震荡换手的可能性很大。在实战中会发现，(5)也就是5元成为底部的股票，往往到达(8)区域就会出现一次集中换手，如果越过了(8)这个区域，没有形成换手的话，往往在11元和12元(1)—(2)区域进行比较大的换手的概率更大。而11元和12元(1)—(2)这个区域也可能会成为一个阶段顶。当然随着市场的继续运行，也可以继续向上循环。

3. 两套股价循环密码的结合应用

市场中还有很多实际情况是，两套循环数字是相互交错出现的。

比如，某股的底部和顶部的价格区域属于“三角循环”里的数字。在一个波段的上攻趋势阶段里，该股底部在3元4元价格区域形成。最后的波段顶部价格区域是13元14元形成。但攻击阶段中间的主要换手区域则是在5元区域和8元区域完成。

还有一种现象是，某股的底部(或顶部)到中间攻击阶段的几次主要换手都是同一组循环密码，而最后顶部(或底部)的价格区域则是另一组循环密码数字的开始。比如，该股底部是在6元7元形成，中间攻击阶段的三次主要换手是在 9 元 10 元一次、13 元 14 元一次、16 元 17 元一次，但最后顶部区域则变化为 21 元 22 元。

因为这两套股价循环密码的内在原理还没有破解出来，所以，关于两套密码之间是一种怎样的相互转换规律，目前还在探索中，所以在实际应用分析时，最好先作为一种参考灵活应用，而切勿陷入教条。

第二节　股价结构整体演变图

股票市场中，特别是在弱信息市场时期里，由于市场制度、股民投资素质的局限、消息共享的薄弱等原因，往往在多头市场状态时和空头市场状态时，容易形成群体性的股价波动现象。这种群体性的股价波动现象又会综合为一种整体性的股价结构演变。在这个演变中，也是有其自身的规律现象。这种现象随着多空市场的循环转换规律，也随之一起循环转换。但基本的规律状态可以分为三个阶段(图 11-3)。以多头市场为例来说明。

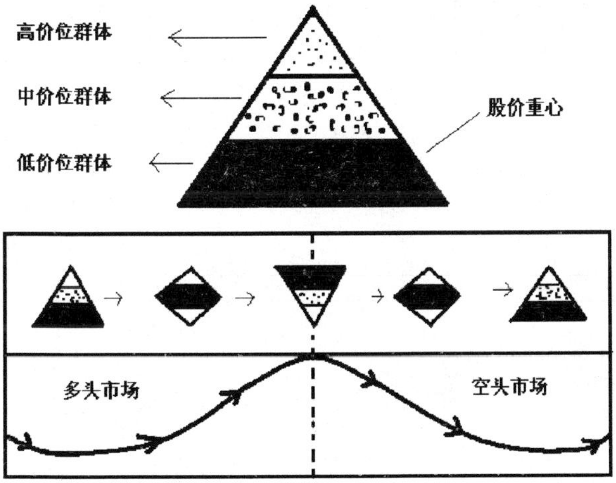

图 11-3　股票市场股价演变图

第一阶段市场状态——正三角形状态。市场在处于这个状态时，整体性的股价重心多数还在下部。低价股最多，中价股偏少，高价股最少。这是多头市场初期阶段的典型股价分布状态。

第二阶段市场状态——菱形状态。随着多头市场的不断延伸发展，市场内的整体性股价重心出现不断上移。低价股的数量减少了，中价股的数量明显的增加，高价股虽然也有一些增多，但还不明显。这时，整体市场的股价重心是集中在中间位置，就像一个“大肚子”菱形。这是多头市场已经运行到中期阶段的典型特征。

第三阶段市场状态——倒三角形状态。多头市场继续延伸发展，市场内的整体性股价重心继续不断的是移。低价股越来越少，中价股也明显的减少，高价股越来越多，而且处于大多数。这时的市场重心已经明显地集中于高位，就像倒过来的三角形。这往往是多头市场运行到后期阶段的典型特征。

市场当从多头市场转为空头市场后，市场内的整体性股价就开始从上大下小的倒三角形状态依次再演变为菱形状态，再到正三角形状态这样向下演变，然后再这样不断循环演变。

掌握了这个整体市场的多空转换规律，就可以从市场的整体状态上划分区别出和认识清楚目前市场处于什么市场的演化中和下一步市场将会向哪个方向变化这些比较实际的问题。

下篇　技术分析图例

第十二章 技术例图三十二幅

1.(图 12-1)

护盘线、护航线、护航带。

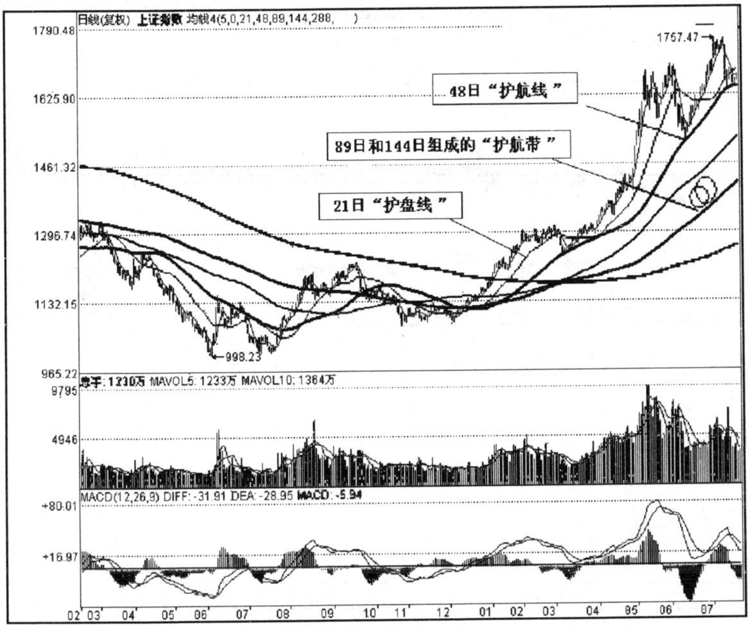

图 12-1

2. (图 12-2)

顶线、冲线、锁线、穿线、拉线、坐线。

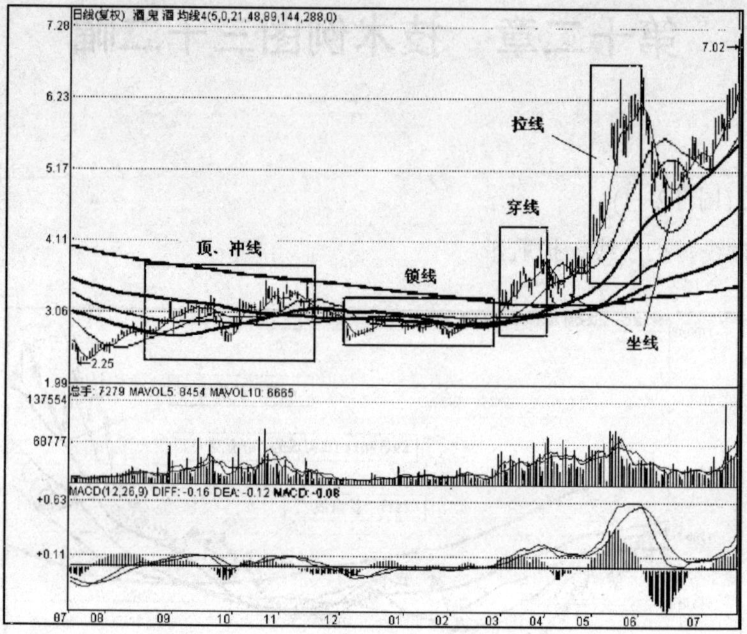

图 12-2

3.（图 12-3）

锁线悄穿过，突然往起拉；多线聚拢，变盘窗口。

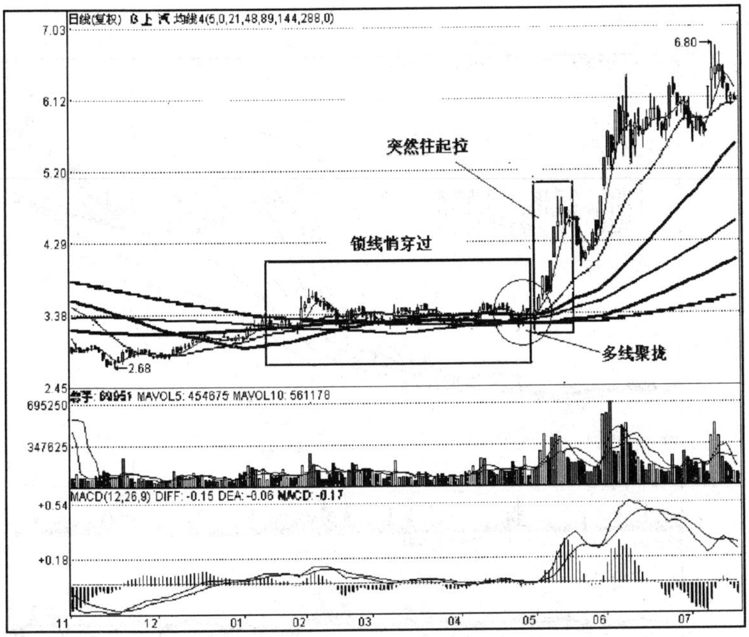

图 12-3

4. (图 12-4)

出现“八爪线”，必然要靠线。此图为比较大型的“八爪线”靠线形态，修复靠线的时间达到 6 个月。

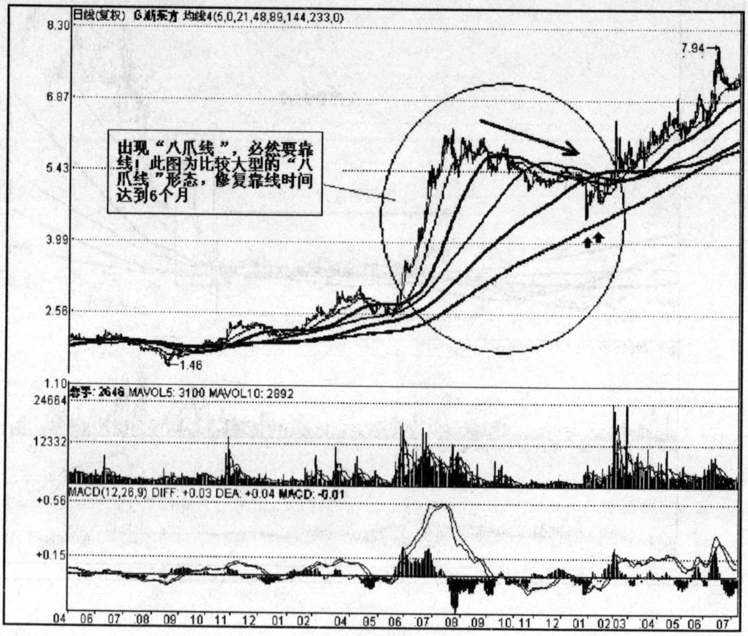

图 12-4

5. (图 12-5)

(1)刚开始攻击时，很容易出现“八爪线”现象，股价和短期均线回落靠线后，才再次展开攻击。

(2)注意看回落时的“价穿线不穿，拐点必出现”。

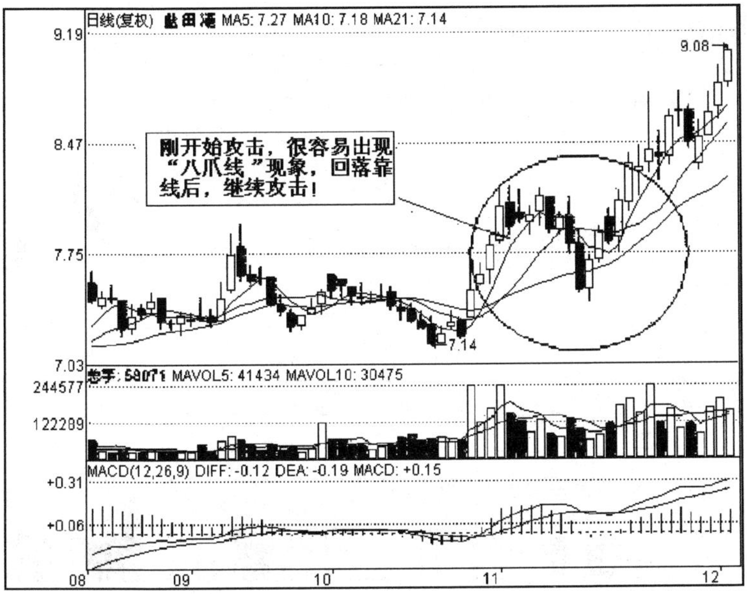

图 12-5

6. (图 12-6)

这是一幅比较典型的连续攻击之后，形成的“八爪线”见顶图。

“八爪恶狼顶”：

(1)先八爪，后回打；冲涨停，再跌停。两个顶，成背离；线死叉，加速跌。

(2)注意指标的顶背离现象。

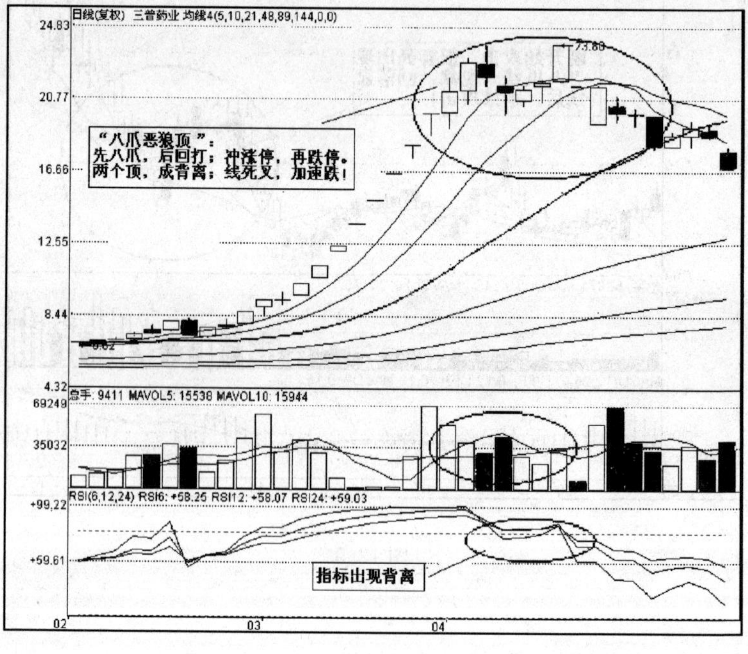

图 12-6

7. (图 12−7)

典型的“牛铃线”攻击形态，重点在均线上。

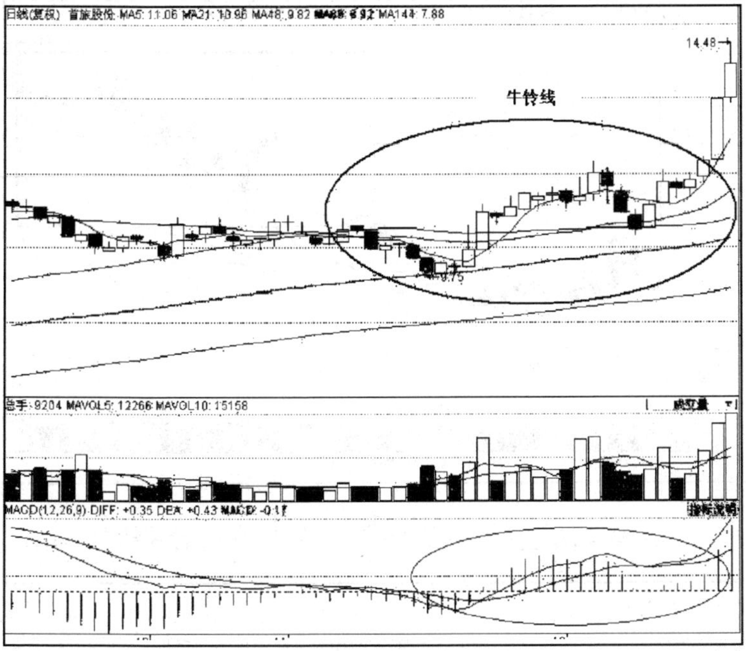

图 12-7

8.（图 12-8）

典型的“飞龙线”攻击形态，重点在均线上。

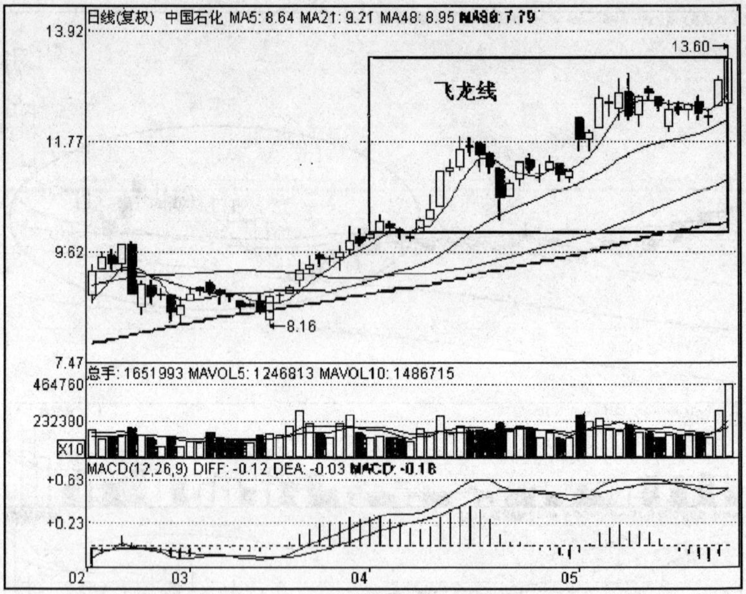

图 12-8

9. (图 12-9)

先是“炸弹坑”震仓洗盘，之后形成“牛铃线”攻击形态。“炸弹坑”是一组 K 线组合，而“牛铃线”则是均线攻击形态。

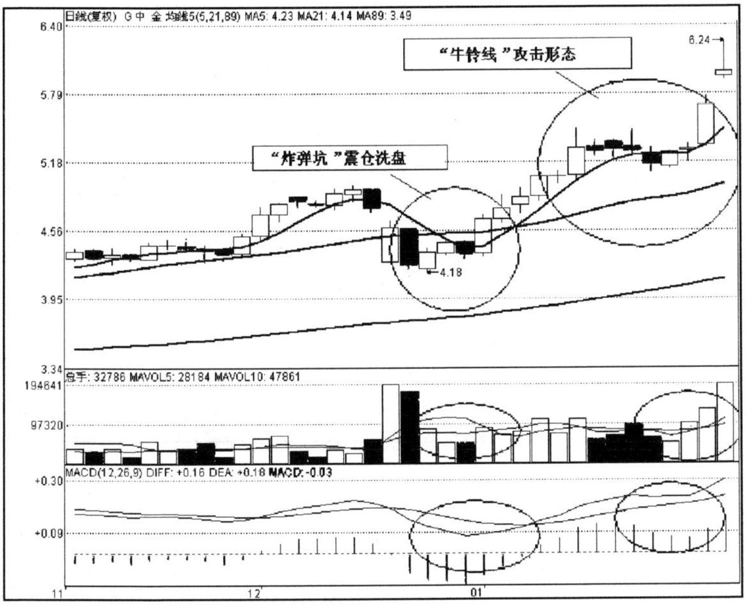

图 12-9

10. (图 12-10)

先为“震荡蓄势起”均线形态，后为“破势起”均线形态中带“炸弹坑”的K线组合。“破势起”与“炸弹坑”均为震仓技术动作。

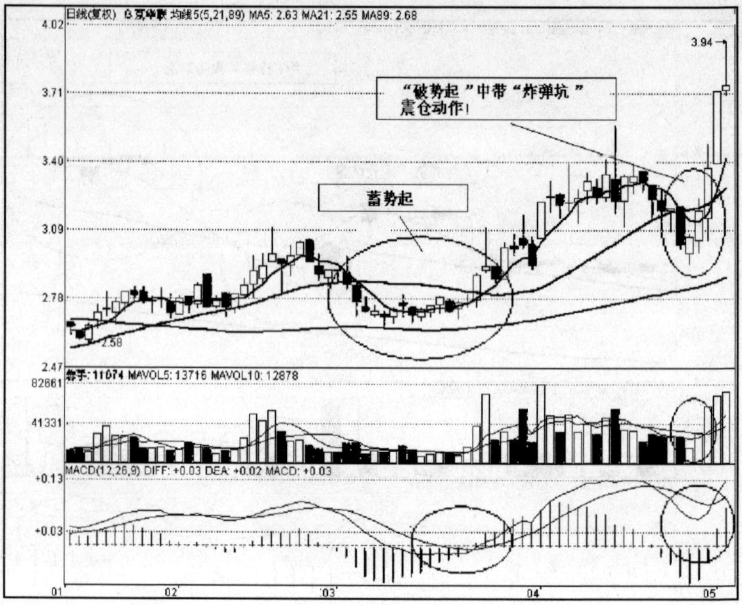

图 12-10

11. (图 12-11)

典型的“牛铃线”攻击形态，重点在均线上。

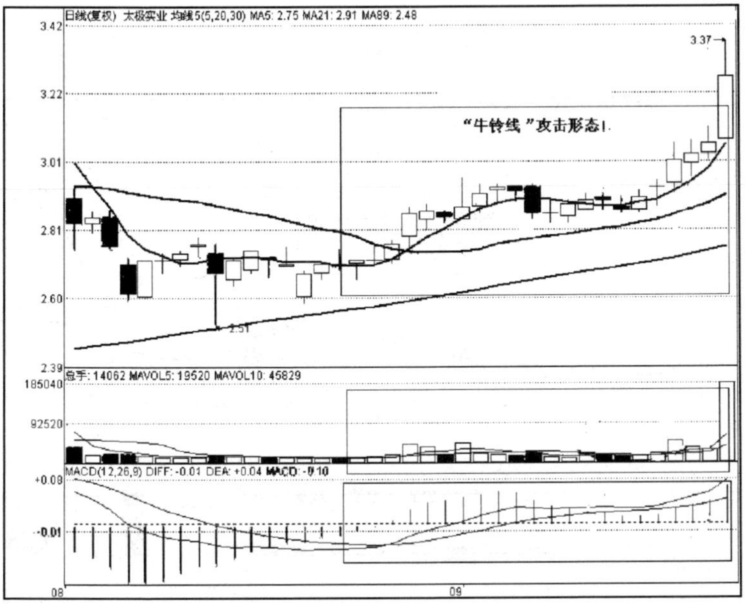

图 12-11

12. (图 12-12)

“炸弹坑”：先是以大阴线震仓，再是小 K 线洗盘，最后以大阳线拉起来。前后一般为五根左右的 K 线形成组合形态。换手量的变化过程为：放量——缩量——放量。

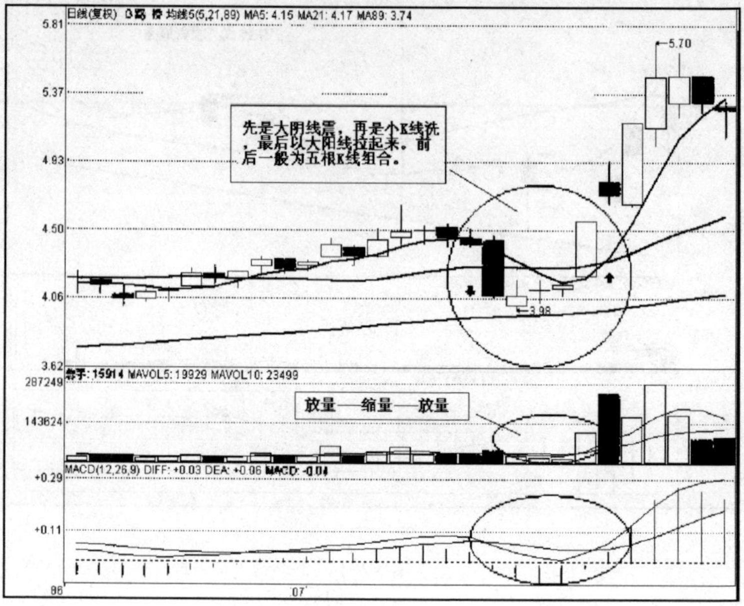

图 12-12

13.（图 12-13）

此图中包含了多种技术动作和攻击形态：

(1)高位股价走软时出现的“断头阴”(K 线)，指标当时出现的是“顺势下”。

(2)下跌途中形成的“破势下”均线形态，指标当时也是出现“破势下”。

(3)“蓄势起”和“破势起”两组攻击形态的组合出现，当时的指标为“顺势起”。

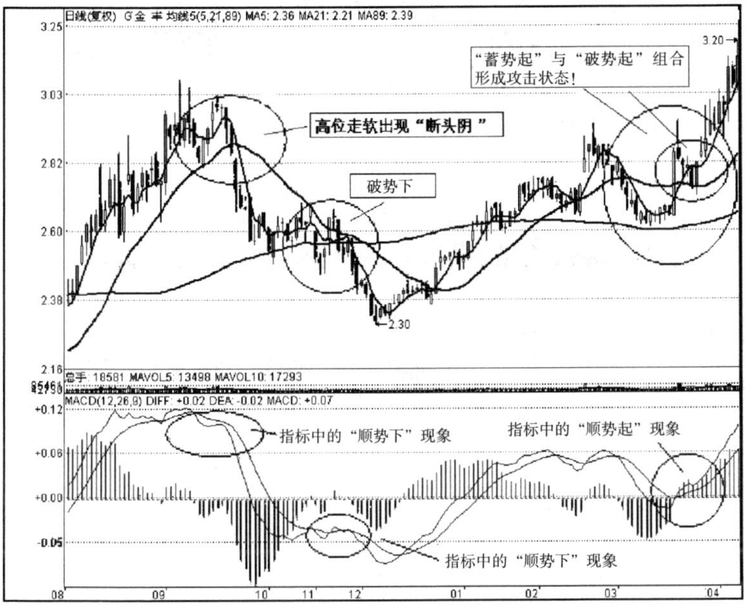

图 12-13

14.（图 12-14）

图中为“牛铃线”与“突破形态”相结合，突破压力颈线位时的攻击形态，重点在均线上。

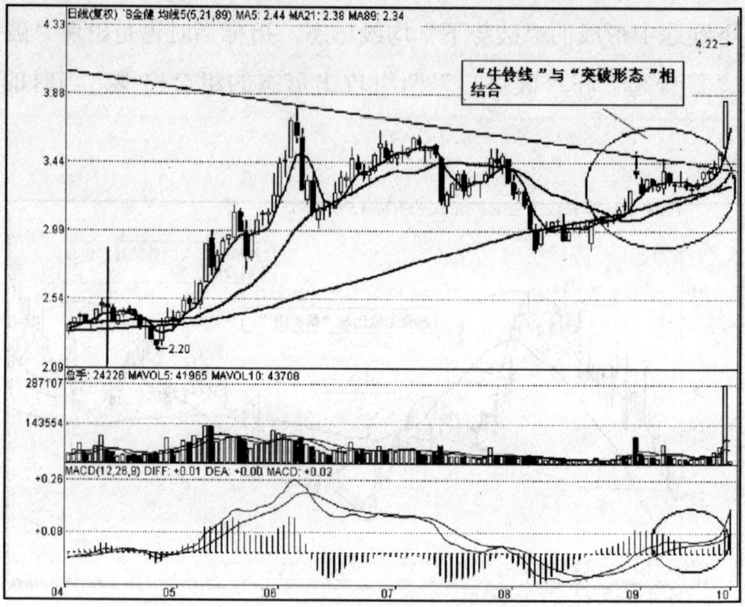

图 12-14

15. (图 12-15)

见顶前出现平台，见顶后急跌的可能性比较大，形成顶部扭转时一般都会有指标的背离现象产生。

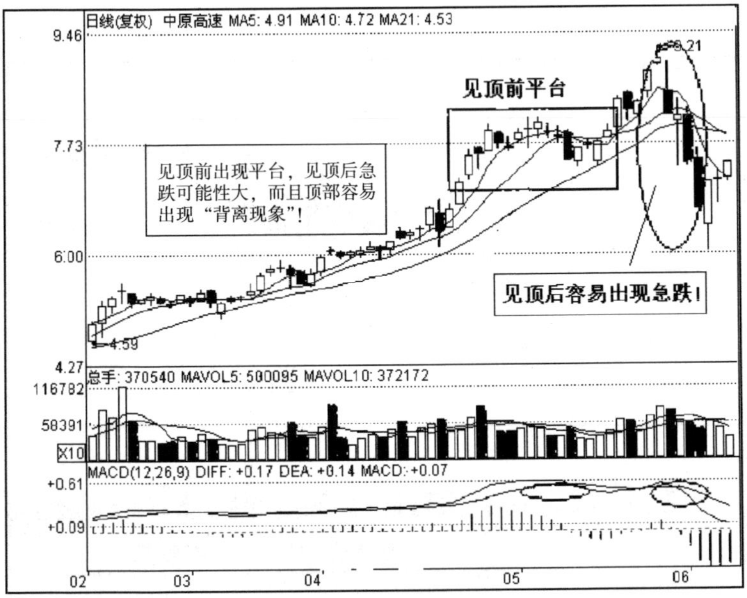

图 12-15

16. (图 12-16)

比较常见到的主力控盘攻击的手法：在“震荡缓攻”中，出现三次“蓄势起”，主力控盘手法明显，股价小波动多，但总体运行稳定，洗筹和吸筹相结合的意图也很明显。注意指标“飘”起来运行。

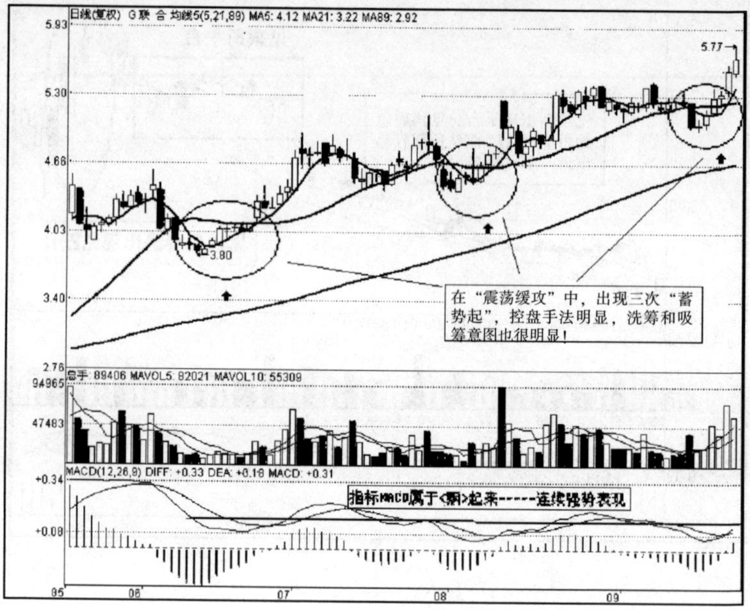

图 12-16

17. (图 12-17)

“树叶理论”中讲到的“下弧线”攻击模式：先慢后快攻击模式。

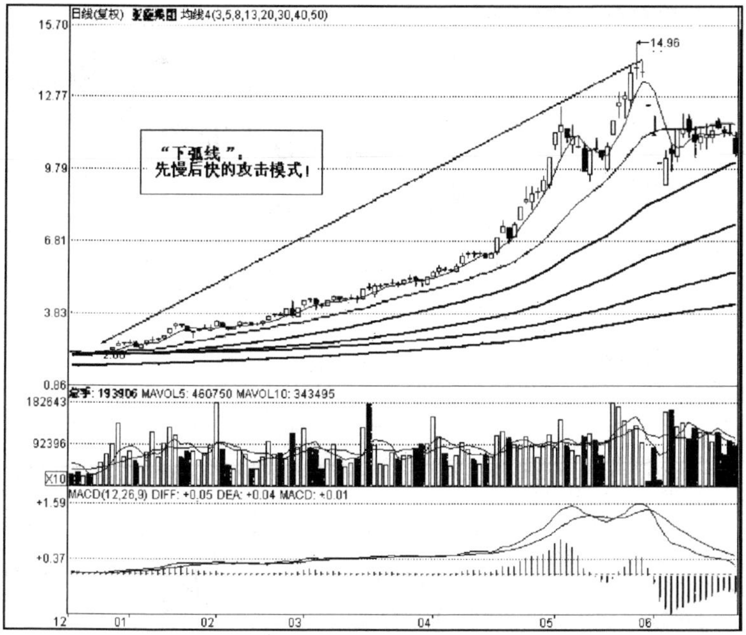

图 12-17

18. (图 12-18)

“树叶理论”中讲到的“上弧线”攻击模式：先快后慢攻击模式。

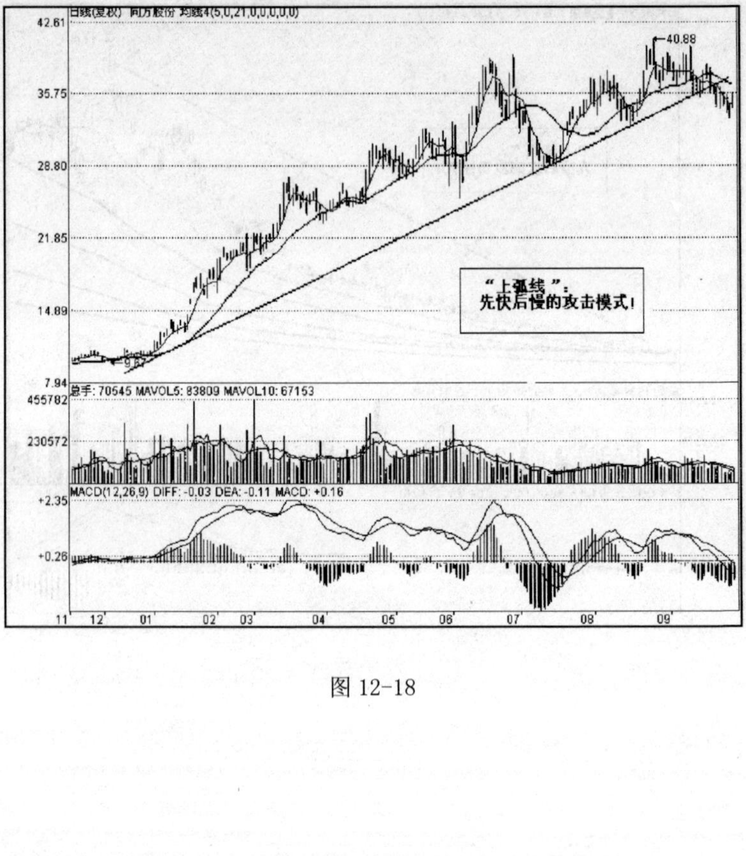

图 12-18

19. (图 12-19)

此图中包含了两个重点：

(1)当“多线交叉”出现时，注意 K 线是坐在多线交叉点上的；

(2)典型的“震荡蓄势起”均线攻击形态，此均线形态多出现在结束短线盘整而开始攻击时。

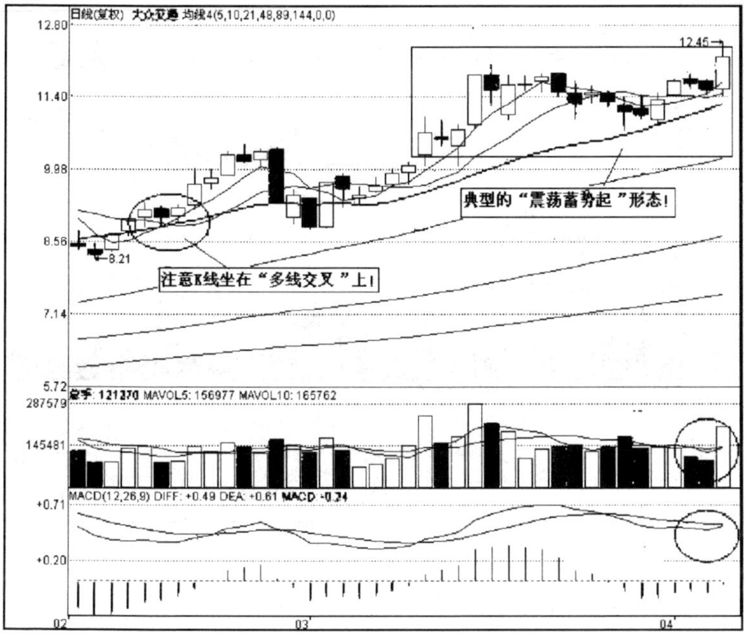

图 12-19

20.（图 12-20）

两种攻击波动形态中的“尖顶圆底”攻击形态模式，重点在股价每次冲击出的“尖顶”和回落时形成的“圆底”。

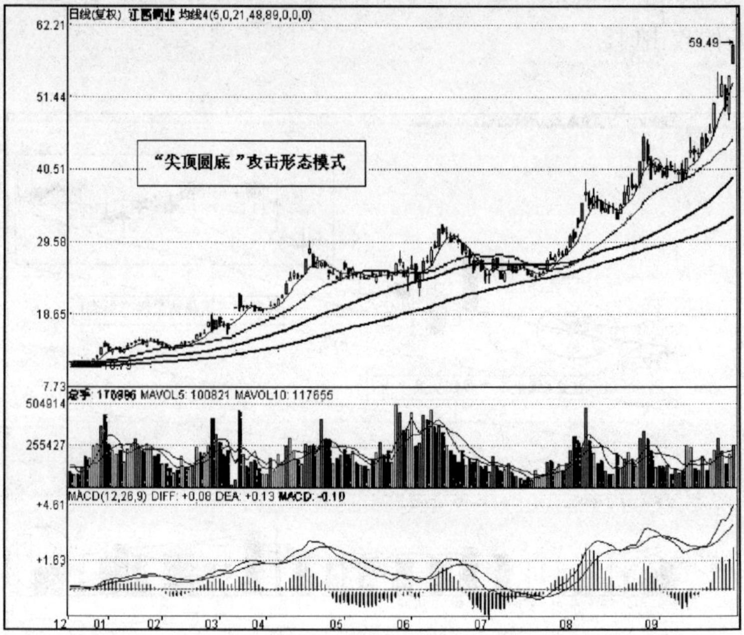

图 12-20

21. (图 12-21)

两种攻击波动形态中的“圆顶尖底”攻击形态模式，重点在股价每次冲击出的“圆顶”和回落时形成的“尖底”。

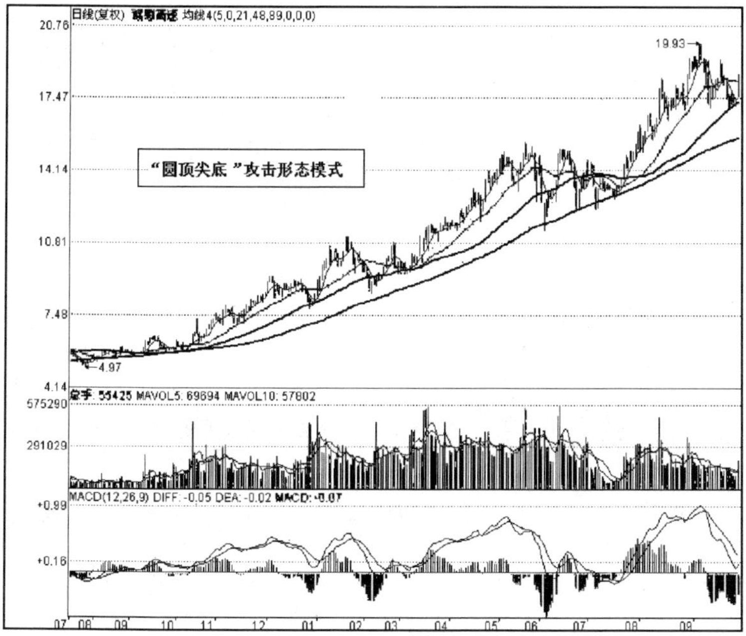

图 12-21

22.（图 12-22）

“树叶理论”中讲到的“三波攻击”形态模式。

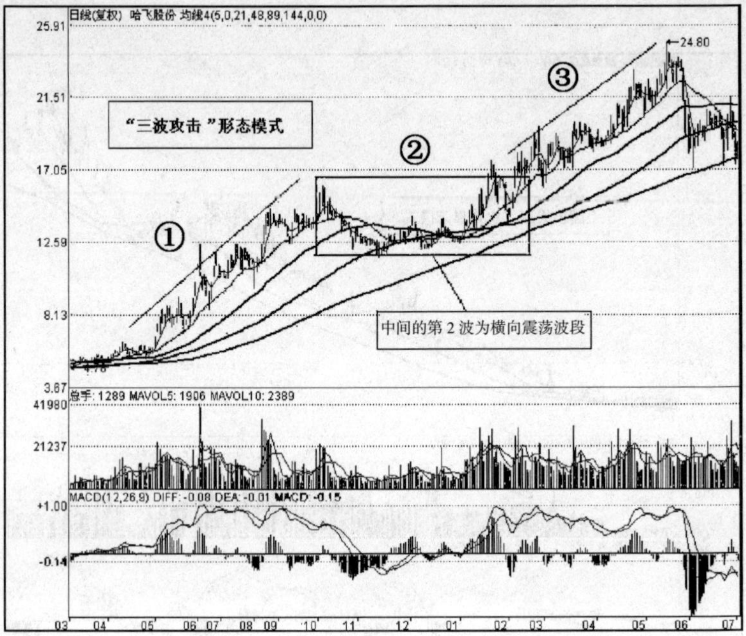

图 12-22

23.（图 12-23）

"树叶理论"中讲到的"五波攻击"形态模式。

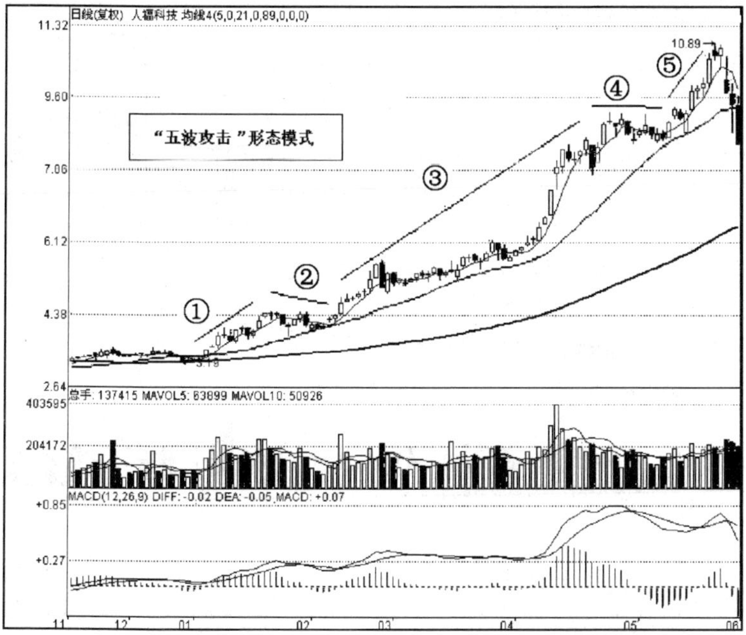

图 12-23

24.（图 12-24）

四种攻击动作：缓攻动作、跳攻动作、加速攻击动作、转折性攻击动作。

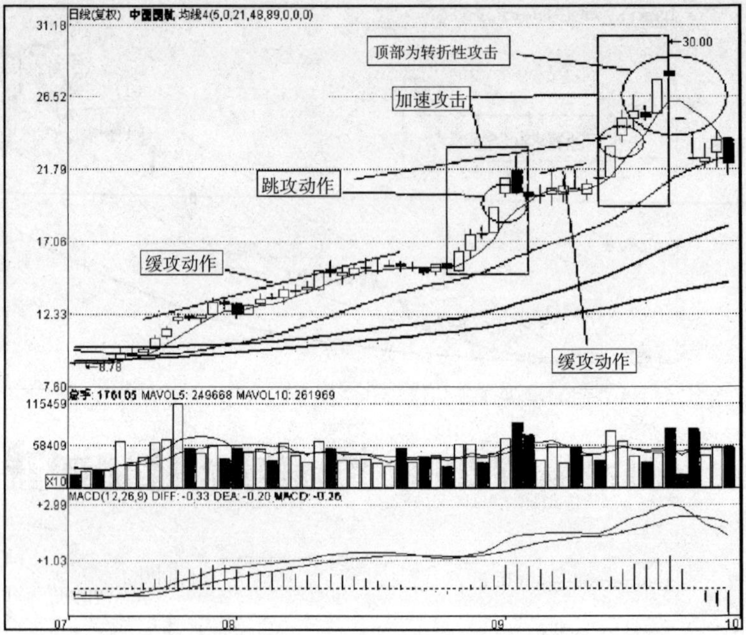

图 12-24

25. (图 12–25)

此图为比较少见的“九阳真经”图例。

股价是以“缓攻”方式边吸筹、边洗筹、边降低成本、边蓄势的技术动作来同时进行的。资金的介入比较集中，后期攻击起来时动作凶猛。特别是换手量方面不断出现有规律的放大现象，前后有九根之多(当然，实战中不能够太拘泥于九根，要灵活对待)。指标此时段内均保持着强势的“飘”的状态。

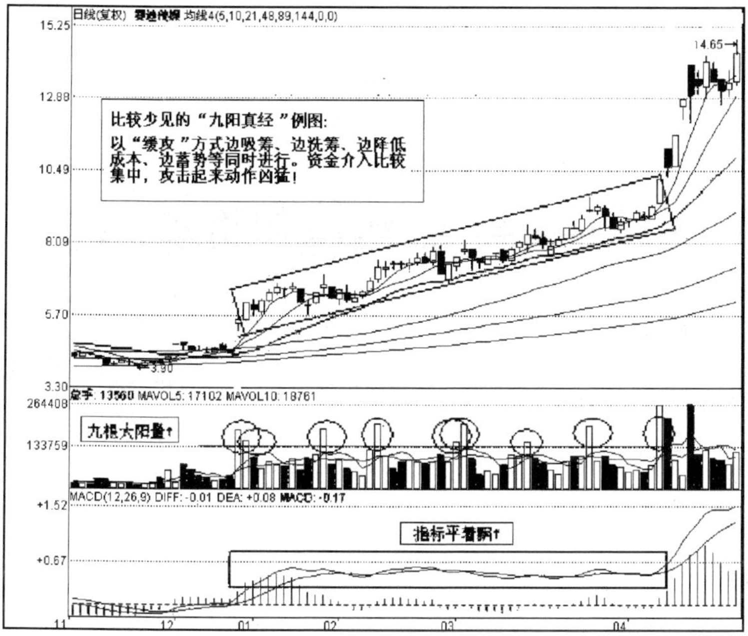

图 12-25

26.（图 12-26）

典型的“三顶背离”形态。

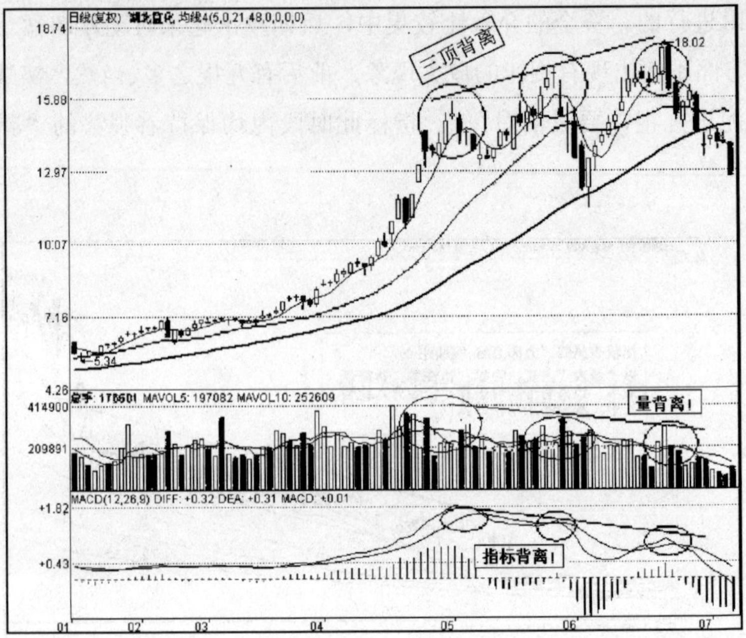

图 12-26

27.（图 12-27）

比较典型的下跌趋势中的“修复性底背离”形态，和见底时的“底背离”扭转形态。对于均线系统在这两组结果不同的“底背离”形态中，对股价的压制作用和被突破，要作为重点来研判。“修复性底背离”形态出现时主要是一种指标修复现象的表现，股价不发生扭转现象；而股价发生扭转动作时的“底背离”形态则又必须有量放大的配合。所以，突破均线压制形成扭转时的换手量连续放大配合，也是一个关键。

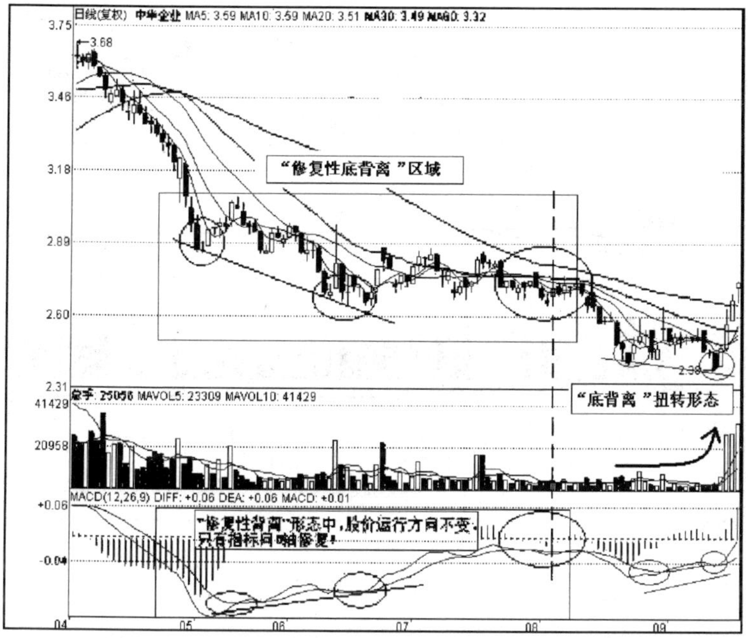

图 12-27

28. (图 12-28)

比较典型的上攻趋势中的"修复性背离"形态：

(1)股价一底比一底高；

(2)重要均线的支撑力强；

(3)只是指标出现向 0 轴的修复现象。

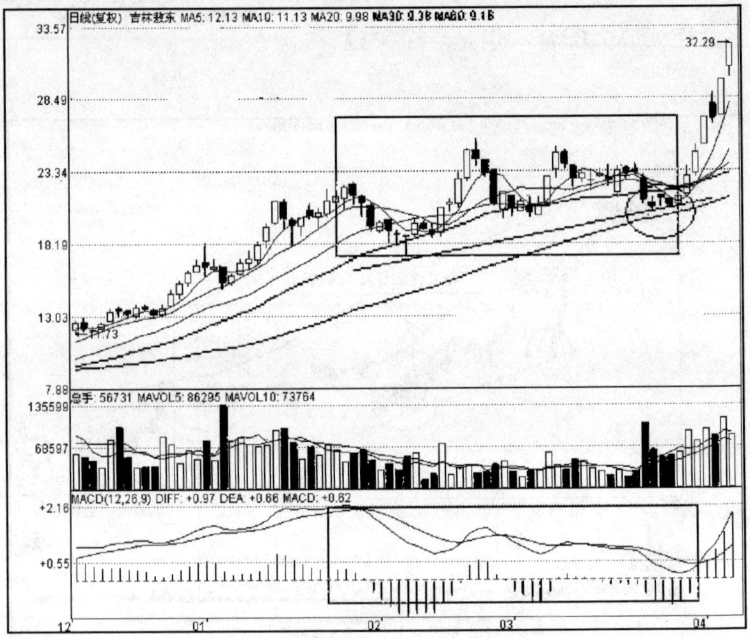

图 12-28

29. (图 12-29)

“飞龙线”攻击形态在主攻阶段例图：

(1)起始点，“多线交叉”发生时，股价 K 线坐在均线交叉点上；

(2)股价第一次回落，两条均线相碰；

(3)股价第二次回落时，两条均线只是相互靠拢；

(4)股价形成强势攻击时，股价有下压现象，但两条均线只是形成平行状态，而并不回落靠拢，即消化了短线“八爪线”现象的技术压力；

(5)注意指标“飘”起来的强势现象。

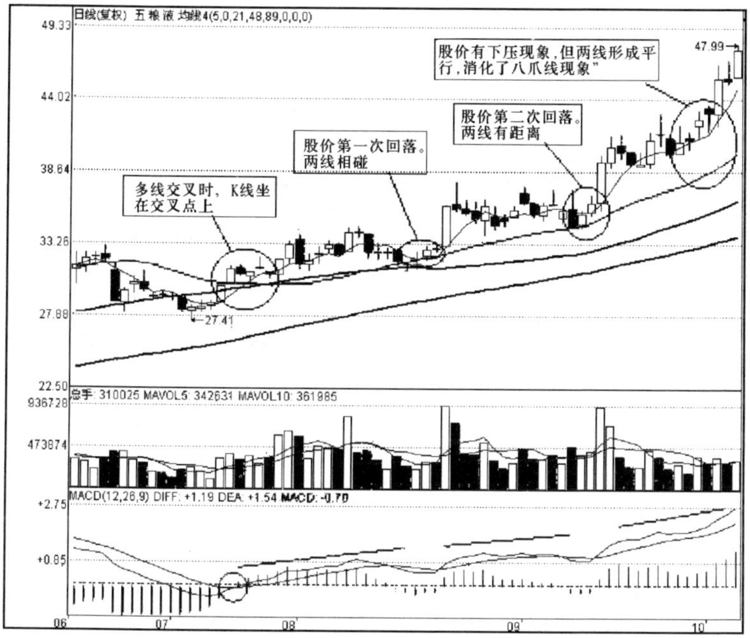

图 12-29

30.（图 12-30）

均线“二二法则”：一条重要均线在整个趋势发展中，至少有两次以上明显的支撑（或压制）作用。图中三次重要支撑均线均为 89 日均线，之后被破掉。

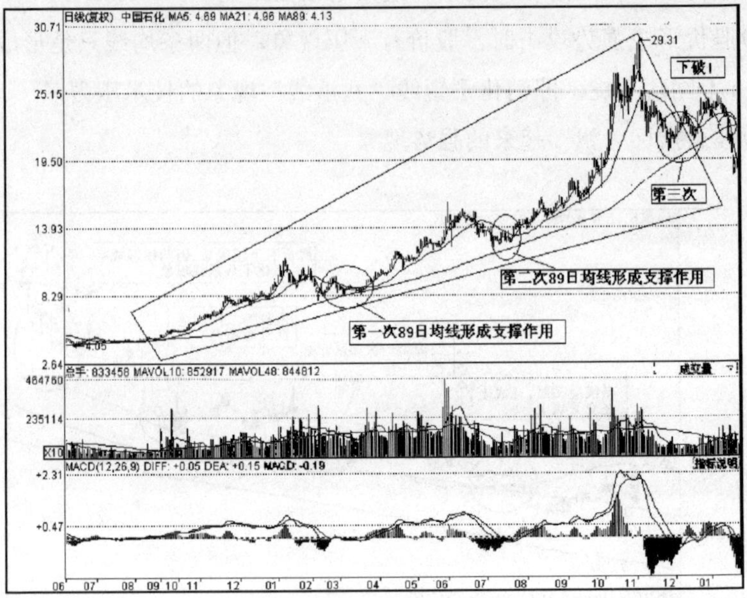

图 12-30

31. (图 12-31)

均线“二二法则”。图中的 5 日均线与 21 日均线，在 48 日均线的支撑运行中，出现了三次相互交叉现象，之后破掉支撑均线(48 日均线)，结束了本段趋势运行。

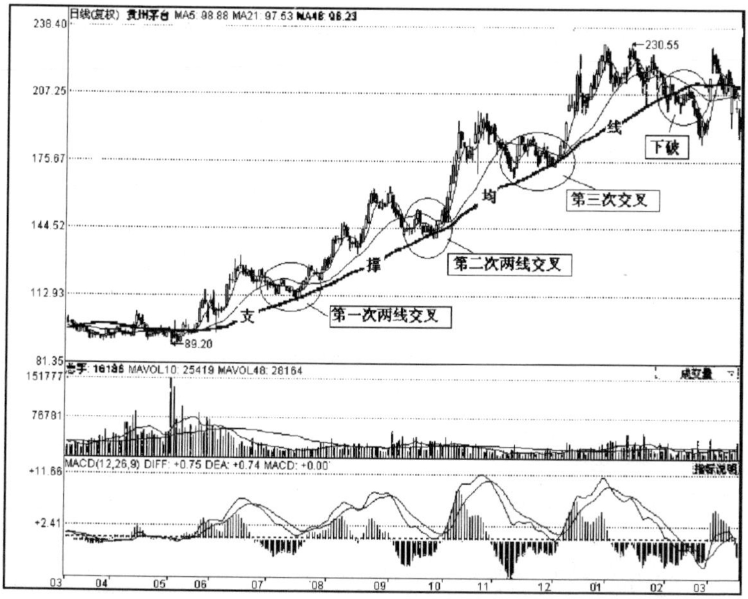

图 12-31

32.（图 12-32）

攻击通道。

图中为一个长攻击通道和一个短攻击通道相结合形成的一个趋势攻击段。“长攻击通道中”可以看到有两组各由三个小攻击波组成的攻击段。如果以指标来划分，则比较明显些。长攻击通道和短攻击通道在高位是形成“顶背离”现象的。如果出现在下跌趋势中，则必须将此图以“镜像分析”方式倒过来研判，也比较容易判断。

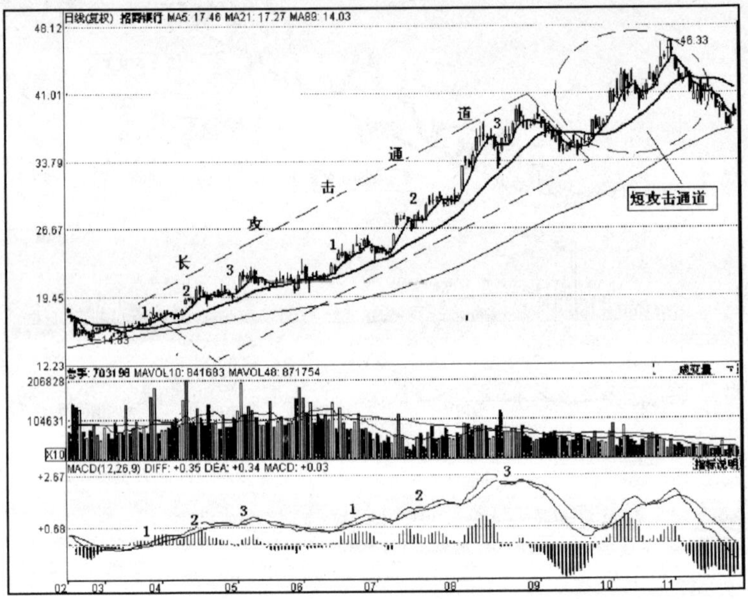

图 12-32

第十三章　实战盘图全景分析三例

1. 海螺水泥 (699585)

股价在形成明显的“底背离”现象后(注意股价的双底和指标的双底产生背离现象)，股价开始形成横向震荡。随着 21 日线和 48 日均线逐步走平，均线系统在股价的震荡走强中进入了“底部扭转阶段”(图 13-1 中的方框里为“底部扭转阶段”)，其包含了三个动作，分别略作介绍。

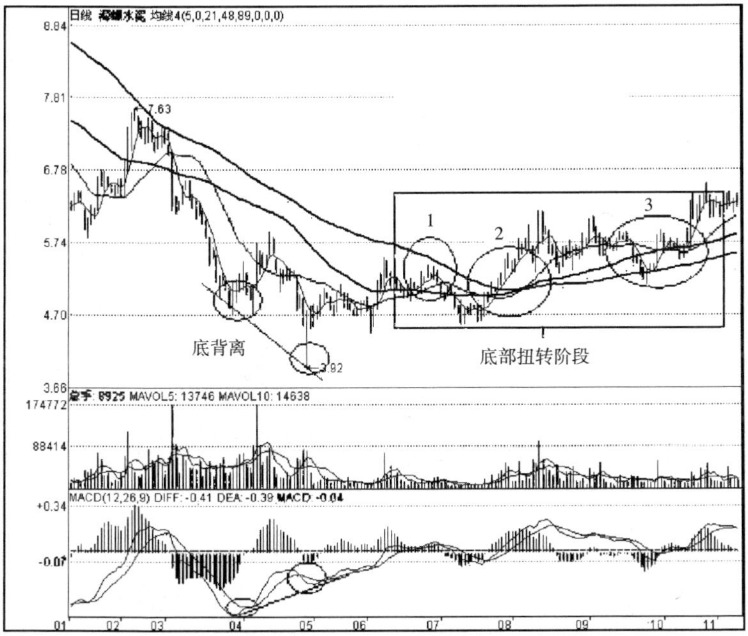

图 13-1　海螺水泥(600585)全景分析 1

1 为股价的“顶线”动作(顶 89 日均线)。

2 在前面出现“顶线”动作之后，股价经过回落整理后再次攻击起来，形成了“冲线、穿线一次过”的技术动作。在股价“冲、穿”21 日、48 日、89 日三条均线的过程中，出现了三条线在同一天聚拢交叉技术现象(多线交叉)。多线交叉的出现，是一个技术上的分水岭。股价基本结束了前期股价在中期均线(89 日线)压制下的弱势横向震荡阶段，开始在短、中期均线系统之上运行，这是股价摆脱前期一直“受压迫”境地的比较关键和明显的一个强烈技术信号。

3 为“坐线”动作。一般当股价在“穿线”动作之后，都会有一次回落的确认动作出现，这就是回落被穿过的重要压制性均线的“坐线”动作。大家如果仔细看，可以看到，在这个“坐线”动作过程中，出现了股价击穿 89 日支撑线的现象，但 5 日短期均线却并没有击穿 89 日线。这就是“价穿线不穿，拐点必出现”的技术现象，所以，股价很快再次扭转攻击起来。

在图 13-2 中 4 为“横向震荡”技术动作。开始的时候，5 日与 21 日两线之间出现了短线的“八爪线”现象，所以，需要进行技术性的修复，这里形成的是股价与 5 日线横向震荡向 21 日线靠拢修复动作。“横向震荡”动作由

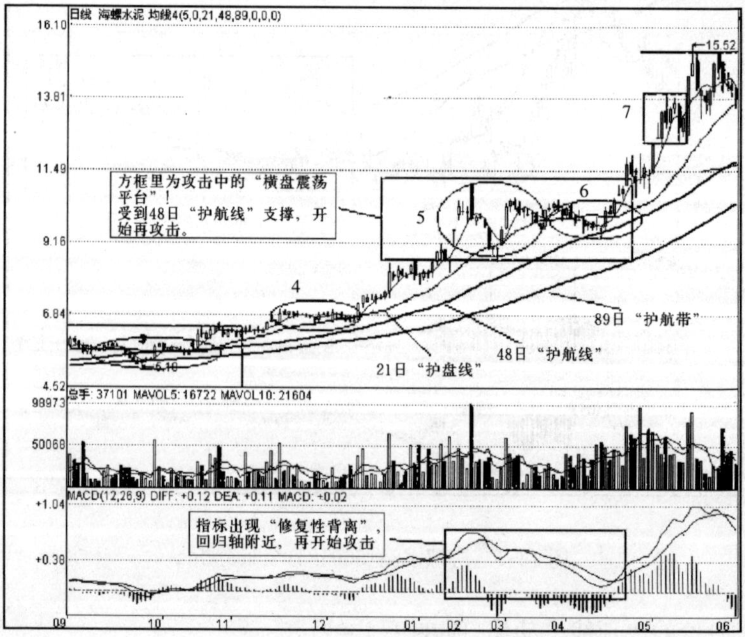

图 13-2 海螺水泥(600585)全景分析 2

于为攻击中短线技术修正性动作，所以，当5日线与21日线靠拢后，此修复动作即告结束(从此动作中也可以分析出21日线将在一段时间里成为比较重要的短期运行支撑性均线，也就是“护盘线”)。修复完成股价再次向上攻击。此处的“震荡动作”中主要是以“洗盘”为主，所以注意换手量是明显出现萎缩状态的。

在5处股价经过连续沿5日线强势攻击并在出现短线的急攻、跳攻动作后，股价内在的多方攻击能量释放已经很大，需要进行蓄势整理。5日线与21日线此时也出现比较明显的“八爪线”现象，所以股价再次回落，5日均线向21日均线回落靠拢。股价回落后再次攻击起来，攻击能量偏弱、指标的攻击信号也不强，因而要考虑到短线很可能转为震荡“修复动作”(注意此方框内区域)，并且此时21日与48日两线之间的距离(乖离率)也偏大，同时21日线此时与5日线和股价距离较近，这种现象就不能够排除下一步的监督均线的重点需要转移到21日(护盘线)向48日(护航线)靠拢修复的动作上。

在6的此圈内包含着以下这样几个信息。

①出现比较典型的“震荡蓄势起”，也是攻击动作中的“上攻交叉线”。

②股价虽然出现击穿48日线的现象，但当天即被强势拉回，有明显的“快速震仓”动作结合在一起。

③21日线此时已经与48日“护航线”靠拢接近，“靠而不交、方向延伸”。

④在5日线从上向下击破平走的21日线股价运行在21日线之下时，反而出现换手放量现象，但股价又受到48日线的支撑(注意48日线此时的状态是坚挺向上运行的)，此处的K线形态都较小，上下影线比较多见，较前面来讲换手放大现象的信号明显，说明有资金在股价的“蓄势”动作中在积极介入。注意，一般当处于此种情况下时，市场内的浮筹会比较“脆弱”，盘中的“打击”是很容易打出盘面“浮筹”和前面还在“勉强坚持”的获利盘的。通常此时要多盯紧21日线与48日线之间的关系变化，如果21日线靠拢而不交叉48日线，基本上就可以排除此时有资金出货的嫌疑。后面的攻击方向就会延续前期方向。该图中此处5日线(因为运行速度比较快)都没有击穿48日线，就更可以排除控盘主力的放货可能，从而可把此处的整体主力意图确定

为攻击途中的一个修复震荡、洗盘、震仓连续组合动作。

⑤在这段时期里指标是比较明显的“修复性背离”回落动作，当指标回落到靠近0轴时，也与均线的“震荡蓄势起”形态相契合形成向上的共振交叉点。所以，股价的再次攻击动作就变的顺理成章了。

7处的震荡动作，是在前面持续攻击幅度以及比较大，急攻、跳攻等攻击动作之后出现的一个震荡小平台，有“见顶前小平台”的迹象，但有时也是一种要连续加速攻击前的蓄势小平台(比如会出现连续涨停或大阳的攻击)。需要注意的是，见顶前小平台与震荡蓄势平台比较相似，有时会难以区别。但有一条判断标准是，在此震荡平台之后再次攻击起来后，如果不能够持续的很强势的连续攻击，就要警惕此平台是见顶前小平台；而如果能够出现连续强势攻击，此平台就会是一个蓄势震荡平台。所以，要格外注意股价再次强势攻击起来后的攻击动作的持续性，是作为判断操作的必须条件。

后面的攻击只持续了两天就开始见顶转入回落调整，所以可及时做出判断，前面的这个平台是阶段性的见顶前小平台，股价随后转入阶段性震荡整理过程。

这次的阶段性震荡整理时间持续了3个月，但整体调整形态保持着比较强的整理状态，形成了一个比较标准的三角形震荡平台。支撑均线为89日(中期“护航带”)均线，换手量的萎缩现象是逐步的、有规律的，指标两次均是在0轴附近再次“金叉”。

图13-3中，8处为股价第一次受到89日线(护航带)的支撑作用。实盘中此处的分析关键不是在股价上，而是紧盯5日线(短期快速线)是否会有效击穿89日线。图中是没有出现此现象的，说明89日线支撑力是比较强的；并且此时21日线平走、48日线平走、股价扭转向上拉起后为一举突破该两线，从而在技术上也形成了“震荡蓄势起”与“牛铃线”的转强技术形态。此时指标已经明显开始在0轴之上走强了。

9处股价再次考验了89日线(护航带)的支撑作用，并在均线形态上形成了“牛铃线”攻击状态。21日线与48日线靠拢后再次向上攻击，48日线与89日线此时也靠拢得比较近，但并无相交叉(死叉)的迹象，“靠而不交、方向延伸”。所以，说明股价内在的攻击能力已经明显转强。出现“震荡蓄势

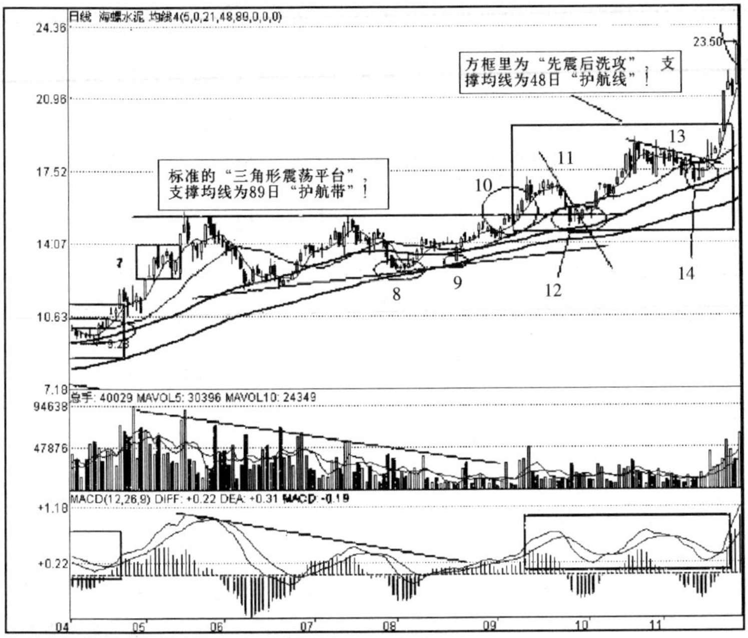

图 13-3　海螺水泥(600585)全景分析 3

起”并伴有“牛铃线”攻击状态时，就基本可以确定股价的再次攻击动作已经开始。

10 为“拉线”动作与“突破动作”(突破“三角形震荡平台”的水平颈线压力)相结合。

11 为突破之后的“震仓动作”。

12 为突破之后的确认动作。注意确认的是 48 日均线的支撑，所以，后面的攻击阶段中，说明 48 日均线的支撑会起主要作用。

13 为在前面“震仓动作”之后又做的一次技术性“洗盘动作”。两组技术动作组合起来就是典型的“先震后洗攻”。如果大家归纳一下，就可以看出，股价运行中的技术动作基本上都是“环环相扣、前后组合”形成运行轨迹的。所以，在分析确认出某一个技术动作的时候，必然要与其前面、后面的技术动作相联系、或相组合来将分析思路延伸下去。这是一个比较重要的逻辑问题，不能轻易地“断裂”开来单独看某个技术动作对股价的运行轨迹的延伸影响的。

14 是再次以确认 48 日均线为主要支撑攻击的均线，并再次形成“震荡蓄势起”。而方框里的整体形态就是“先震后洗攻”，还要在分析时，看到指标状态在此时段里是“飘”着的(就是每次回落不再碰到 0 轴了)，而指标“飘”起来的状态均代表着股价攻击内在能量的强势表现。

图 13-4 中，15 为连续强势攻击一段时间后再次出现“先震后洗攻”。此段攻击幅度超过 130%。时间短(4 个月)、获利大，股价的能量释放已很大，需要再次转入震荡蓄势阶段。注意看方框里，此时出现了指标与股价的背离攻击现象，所以，股价转入“修复性背离”震荡平台；指标也相应地向 0 轴回落进行修复动作。

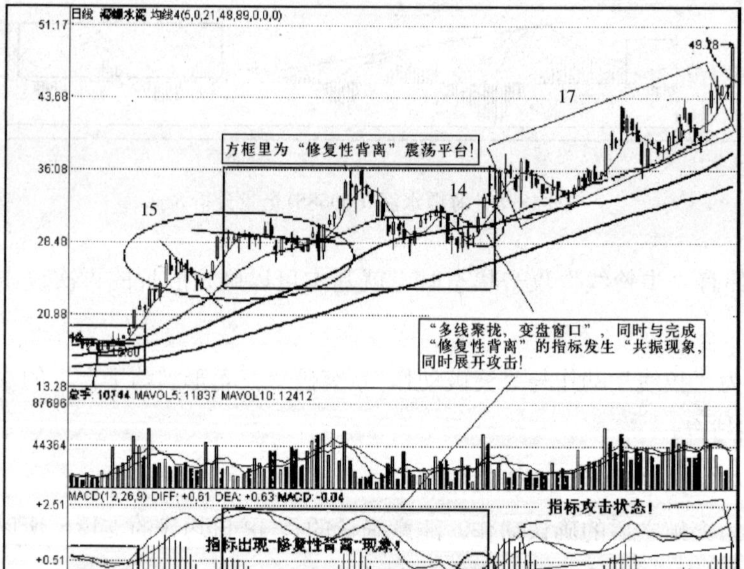

图 13-4　海螺水泥(600585)全景分析 4

16 处出现了“多线聚拢，变盘窗口”现象，同一天指标也与股价的强势攻击动作、换手量的放大现象、均线的多线交叉动作等均同时形成技术性共振现象。共振现象的出现一般都会成为股价发动攻击的强烈技术信号，所以股价结束了震荡，转入攻击。

17 是比较典型的“飞龙线”攻击形态，同时指标也是处于强势的“飘”起来的攻击状态。由于有 5 日线与 21 日线(护盘线)共同组合成了一条“攻击通道”，所以，在分析把握上问题不大。“攻击通道”的监控重点主要在均线之间的关系上。只要两条通道均线保持着攻击状态，当然，最好指标也不要有背离现象，股价的攻击动作就会继续延伸。

在图 13-5 中，18 处为经过连续强势攻击之后，5 日线与 21 日线之间距离加大，出现“八爪线”现象，股价与 5 日线向 21 日线靠拢修正。由于此段的攻击幅度很大(接近 100%幅度)，指标与股价又一次出现背离现象，说明攻击的内在能量再一次经过大幅释放后出现衰减，需要进行重新震荡蓄势的过程，所以又一次出现修复性背离震荡整理平台(方框里区域)。

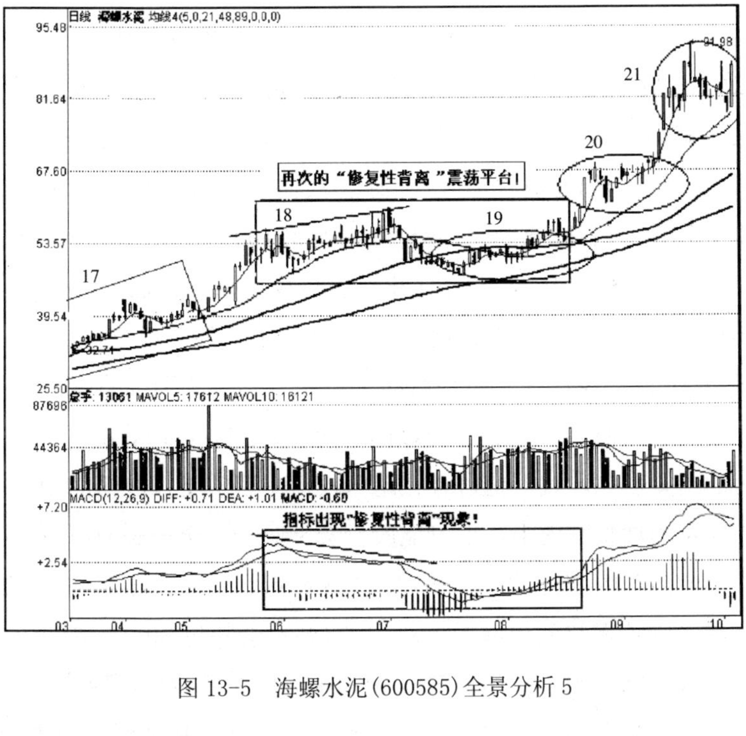

图 13-5 海螺水泥(600585)全景分析 5

在 19 处，股价回落修复蓄势动作中，股价、5 日线、21 日线均击破 48 日线支撑，但悬停于 89 日线(护航带)之上。在出现换手放量股价攻击起来后，均线系统再次形成“震荡蓄势起”和“牛铃线”攻击状态的相结合。股价转强过程中换手量的明显放大现象也说明新增资金的介入比较积极，指标状态也逐步进入到向上攻击状态。此次的修复背离震荡整理过程持续时间相对比较短，说明这次修整行为更多的是对技术的超买和背离现象进行修复的过程，由于休整过程不长，也就对浮筹和获利盘的清洗不够彻底。这种现象会对后期的股价攻击高度形成一定的“隐患”。

20 是比较典型的“洗攻”技术动作。“洗攻”动作是要比“回震”技术动作强势的一种攻击过程中的技术动作，而“回震”技术动作要比“破位震”技术动作强势。

21 为股价经过连续的、大幅度的强势加速攻击之后，再次形成“见顶前震荡平台”。

图 13-6 中，22、23 为两个顶相结合，与指标形成了“背离现象”。方框里是比较典型的背离顶部形成状态，并且两个顶之中也都出现了“中字 K 线”。此时，5 日线与 21 日线靠拢比较近，股价一旦不能继续连续强势攻击，而扭转向下就很容易线击破 21 日“护盘线”；同时 21 日线与 48 日线之间的距离拉开也比较明显(乖离率加大)，21 日线需要向 48 日线靠拢；自 7 月 20 日 46.91 元到目前最高 96.50 元股价涨幅达到 100%以上。并且此时的最高股价(96.50 元)自最低价格(3.52 元)开始扭转攻击以来，已经上涨了 23.6 倍多。攻击幅度已经非常大，持续时间历时 31 个月。股价在整体趋势攻击途中有两次是以 89 日均线作为支撑均线的。按照“二二法则”，一条重要的均线在趋势攻击中会有两次(或以上)明显的支撑(或压制)作用。89 日均线作为底部扭转时的重要压制均线，是符合在趋势攻击中两次支撑股价的规律作用的。所以，下一步的调整回落中，很可能股价会考验、甚至击破 89 日均线。而股价形成顶部背离时的 89 日均线价格在 61 元附近，所以，相对 90 元以上的高位股价区域，回落调整的空间是比较大的(跌幅会超过 30%)。因此，先在 90 元以上高位选择离场观望，是比较实际的主动性避开调整回落空间较大风险的理性操作。另外，每次出现“见顶前平台”之后，都是要警惕股价的背离扭转动作。因为只有股价出现连续的强势逼空攻击(比如连续涨停或大阳攻击)才可以将此“见顶前平台”的整理动作确认为一个加速攻击前的“震荡蓄势平台”。如果不出现连续加速逼空，就应该逢高先做减仓动作。而当股价背

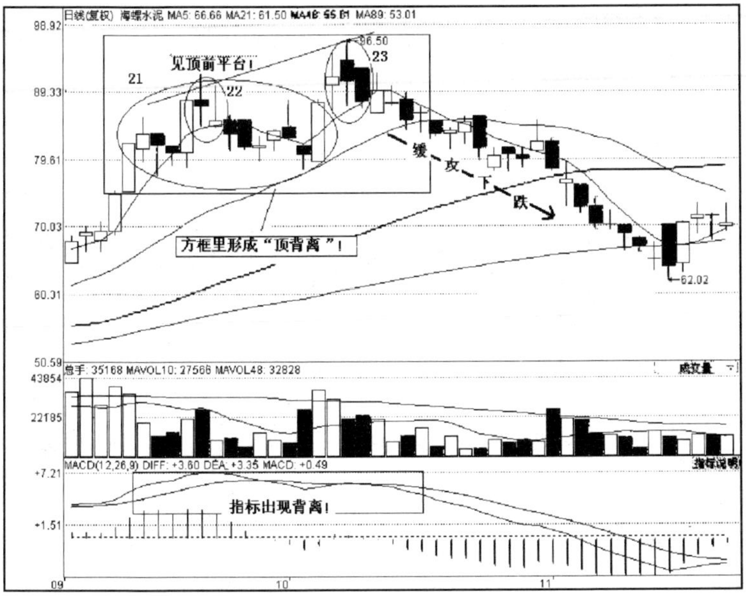

图 13-6　海螺水泥(600585)全景分析 6

离扭转之时，则需要选择先离场了。

纵观该股的攻击轨迹，基本上都是比较容易把握的，只有(图 13-4 中的 16 方框里)“修复性背离”震荡平台处比较难以判断。因为只有当几条均线聚拢交叉，形成变盘窗口时，才可以确认股价的再次攻击动作的开始。由此也可以看出，每当股价在攻击趋势途中出现带“背离性修复震荡平台”的整理时，刚开始时，是比较难以对股价是否将在此处构筑成为“背离顶部”做出准确判断的。只有紧盯几条均线聚拢时的股价变盘选择突破的方向。一般此时，股价突破、均线多线聚拢交叉、换手放量、指标交叉攻击这几个方面会同时出现技术“共振现象”。

2. 中海发展 (600026)

图 13-7 中 A 方框里为一组典型的股价在下跌尾段的“见底口诀”形态：一打、抽，二打、横，三打、四打底做成。注意看这个见底过程中指标的底背离现象。这组背离底动作阻止了股价的进一步下跌进程，短期均线系统也形成第一个扭转底。

B 为第二组扭转底。前后 A、B 两组扭转底共同组合成为一个完整的“大

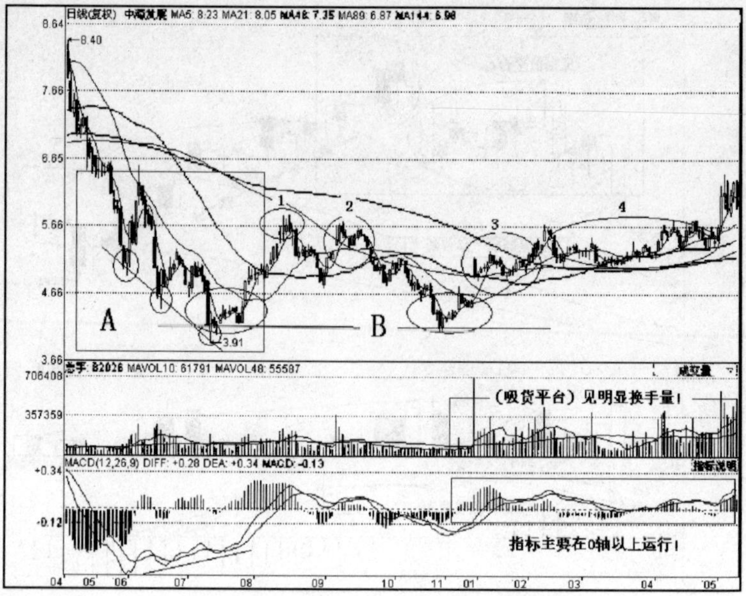

图 13-7　中海发展(600026)全景分析 1

双底”扭转形态。并且在第二组扭转底(B)形成之时，48 日线、89 日线已经转为横向震荡走势，这就对短期均线系统(5 日线、21 日线)后期向上穿破该两条中期压制性均线，形成股价整体扭转向上具备了条件(注：均线在平走状态时是比较容易被股价击破的)。

1 为股价的“顶线”(89 日线)技术动作。这个“顶线”动作，将 48 日线由下降姿态拉拽为平走状态。

2 为股价的“冲线”(89 日线)技术动作。这个“冲线”动作，阻缓了 89 日线的下降速度。

3 为股价的“穿线”(穿 48 日线、89 日线、144 日线)技术动作。这个技术动作连续穿破三条中期压制性均线，股价不但冒出头来转变为强势，而且均线系统出现“向上扭转交叉线”的技术现象；同时换手量也出现持续性放大现象，指标也运行于 0 轴之上的强势区域。这种股价转强、均线系统向上扭转交叉、换手量持续放大、指标运行于强势区域的多种技术信号，是股价从前期的下跌弱势状态转变为强势状态的最明显技术特征。

4为“坐线”技术动作与“吸货小平台(见底后)”技术组合。要注意到股价在回落“坐线”(回坐48日线、89日线、144日线)这几条重要的中期均线时，该三条均线是处于聚拢并向上交叉状态的，并且48日线还一举上穿89日和144日两线，这是均线系统整体正在走强的表现，对股价形成了强有力的支撑。“吸货小平台”始终是运行在均线系统支撑之上。换手量依然保持活跃，指标主要均在0轴之上强势区域运行。但此时整体均线系统的各条均线还没有完全散开、理顺排列，所以，只有后期均线系统在股价的“拉线”技术动作中散开排列了，攻击动作就会出现。

在图13-8中，5处为股价经过一段短时间的连续“拉线”动作后，均线系统各条均线逐步散开排列，方框里为一次“三角形震荡整理平台”过程。注意其中有两次股价均在89日线处受到强有力的支撑作用。特别是在股价第二次受到89日线支撑时，出现“价穿线(5日线)不穿(89日线)、拐点必出现”的技术现象，而且在股价攻击起来穿破48日平走均线后，形成了“蓄势震荡起”均线技术蓄势攻击形态。

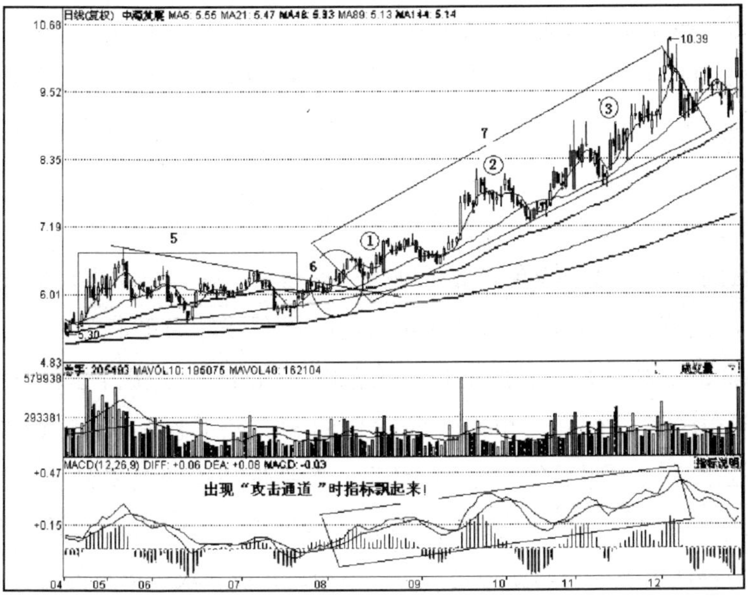

图13-8　中海发展(600026)全景分析2

6 表现为“牛铃线”攻击技术动作一举突破“三角型震荡整理平台”的颈线压力。

7 处方框里为比较长的持续性“攻击通道”，并由三个攻击波段组合而成：①为第一个攻击波段；②为第二个攻击波段；③为第三个攻击波段。这个攻击波段是以比较典型的“飞龙线”技术攻击形态运行，这也是股价加速攻击的一个强势特征表现。

要注意指标在整个“攻击通道”运行中的攻击状态是“飘”起来的强势攻击现象。同时还要注意到在第三个攻击波段(就是“飞龙线”)中与前面回落动作不同的是，5 日线在回落时并没有击破 21 日均线，只出现了“价穿线不穿”就拐头攻击起来了，这是股价的内在攻击能量加强、攻击速度加快、攻击角度加大的一种典型技术信号。因为同时的指标是出现了“背离”迹象的，所以，股价在回落中持续时间比较短促(主要以快震的手法)、向上拉起的攻击动作快速有力，这就一举消解了此处成为“背离顶”的现象。在实盘中，每当出现同种现象时，要特别注意主力在此时的控盘技术表现，是否会这样以强势攻击动作来“消解”背离信号，如果没有，则要考虑到股价有可能会在此处展开又一次的震荡整理了。

图 13-9 中 8 为在前面经过比较长的“攻击通道”运行后，股价形成一个短时间的“蓄势震荡小平台”。在这个震荡小平台中，指标还保持得比较强，并没有返回 0 轴修正。

9 为股价经过沿 5 日线的“强势攻击”之后，5 日线与 21 日线之间出现比较明显的“八爪线”现象，股价回落进行修正动作，再次出现比较典型的“三角形震荡整理平台”。但值得注意的是，21 日线转为平走之后并没有在震荡中下穿 48 日均线，并且股价也是几次均在 48 日线处获得强有力的支撑。这就说明在这第二个(第一个为图 20-8 中的 5)三角形整理平台过程中，股价的内在能量多头占明显的主导地位(前一次股价和均线是受到 89 日线支撑的)，也说明 48 日线(护航线)在本次趋势性攻击中是很重要的一条支撑均线。

10 为再次出现“震荡蓄势起”与“牛铃线”技术攻击形态的组合。

11 处突破“三角形震荡整理平台”颈线压力的技术动作为“缓攻突破”技术动作。

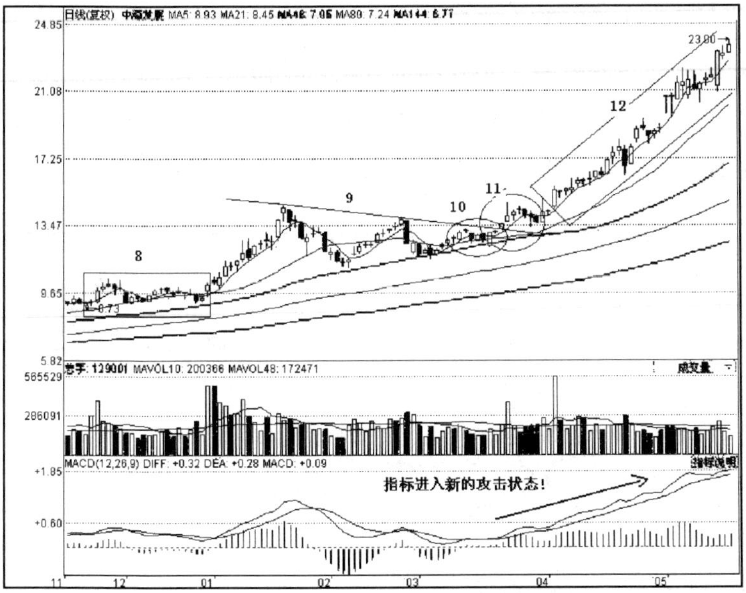

图 13-9　中海发展(600026)全景分析 3

12 为突破之后再次形成一个比较长的“攻击通道”。而这一次的“攻击通道”要比上一个“攻击通道”更加强势凶猛。股价基本沿 5 日均线攻击，21 日“护盘线”的通道下轨支撑特征明显。均线攻击角度为“强攻”状态，同时指标也处于同步的“强势攻击”状态。此种攻击状态有时候持续的时间会很长，可以长达几个月。注意这个“攻击通道”时期的技术指标是非常强势的攻击状态。而换手量一般都会表现稳定，甚至会有萎缩现象，因为参与资金的锁筹现象比较多见。实战中，有幸遇到此种攻击状态时，平稳自己的心态不要浮躁很关键。很多人都是在半途中让 K 线的“诡异”变化，把自己给“吓”出来的。一般此种攻击状态的最后见顶时多为两种：加速急攻见转折顶或背离顶。

图 13-10 中 13 为“背离顶”现象，指标也同时出现背离现象。

方框 14 为一个“背离修复震荡平台”。

这个地方的“背离修复”动作会不会最后形成这里“背离顶部”的成立？重点就在于盯紧当几条均线相聚拢时，股价选择突破的方向来确定。这就是“多线聚拢、变盘窗口”的关键作用。图 13-10 中 15 出现“多线聚拢”现象时，股价强势向上“跳攻”突破变盘，同时换手量在萎缩到低位水平后再次放量，指标同时也刚好修复到0轴位置正在徘徊时出现向上金叉。这几种技术信号在同一天出现，是一种技术“共振现象”的典型表现。一般关键时刻出现的技术“共振现象”，可靠性是比较高的。

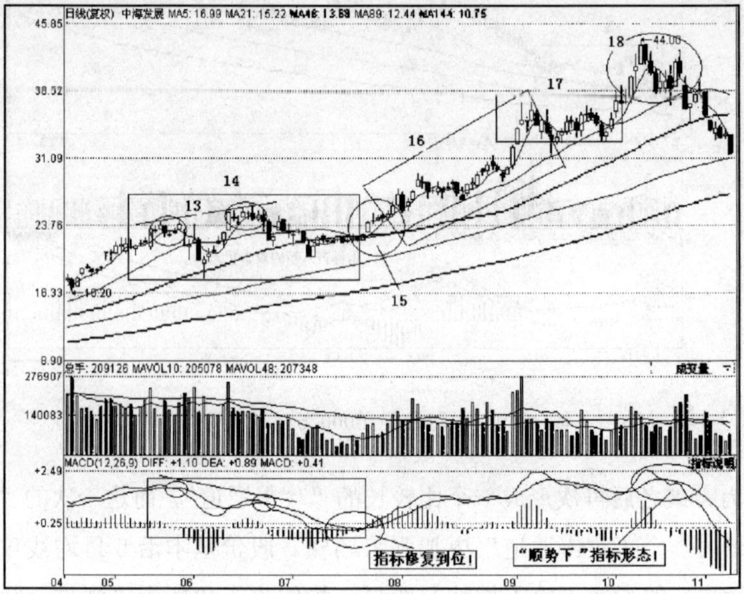

图 13-10 中海发展(600026)全景分析 4

16 为“飞龙线”技术攻击。

17 为在短线连续加速“跳攻”动作之后，出现“见顶前震荡平台”。每当出现此种平台时，就要高度注意平台之后股价的攻击动作，必须连续、强势、大阳来攻击，如果攻击一旦遇阻或发生转折现象，就应该先减仓或离场操作。“八爪线”现象的出现也是一个重要的判断股价即将回转的技术依据信号。

18 处有以下几个见顶信号。

①阴阳 K 线。

②“八爪线”现象。

③“急顶下平台”。

④21 日线在前面的“飞龙线”攻击段里已经几次支撑过股价了，这里股

价一旦再次回落21日线，该线的支撑作用力就会很有限，被击破的概率很大。而48日在整体攻击趋势中也已经有过两次对股价的支撑作用(12元区域和21元区域)，也不排除会有被击破的可能。目前48日线与89日线之间距离也已经拉开(出现乖离率)，而股价此前阶段的连续攻击幅度也超过了100%，所以，不能排除股价最终回落后走稳的位置是在89日线与144日的“护航带”区域里。

⑤指标同时出现“顺势下”的见顶下跌信号，并距离0轴的回落空间比较大。

所以，从技术的风险控制来讲，在多个见顶信号和股价回落的空间比较大的风险前提下，逢高减仓或离场是应该选择的操作。

综合看，该股自最低价3.91元见底以来，攻击最高价44元，上涨幅度达到10倍多。其中的攻击轨迹总体比较清晰，最难以辨认未来发展的位置是处于13、14、15的“背离修复震荡平台”处，其他攻击和修整动作均比较容易把握。

3. 宝钛股份 (600456)

在图13-11中，A为第一组“双底”组合初步遏制了股价的大幅下跌状态。B的第二组“双底”组合促使股价和均线系统进一步扭转。此两组“双底”构造，在整体上将短、中期均线系统由下跌状态转变为横向运行状态，并且有多条均线收拢现象，这为股价的整体转入强势攻击奠定了技术基础。并且两组大双底构造的低位价格区域均在3元以下形成，这就说明股价经过前期长时间的下跌之后，在3元以下区域里，进入走稳状态。注意指标在大双底构造过程中的“后底”明显高于“前底”变化，这是股价内部多方能力增强的技术表现。

1为第一次“冲线”技术动作(冲144日均线)。

2为第二次“冲线”技术动作(再冲144日均线)。此时48日线、89日线、144日线均已经开始出现走平横向运行。

3为第三次“冲线”技术动作(三次冲击144日均线)，短期与中期均线系统相互靠拢。前三次股价均以“冲线”动作来修正均线系统，说明资金在介入时手法盘中比较凶猛，多以大阳、大阴K线来进行吸筹和震出浮筹相结合。

这种盘中手段比较容易激活股价下跌幅度过深之后的沉淀筹码。很多资金惯用此手段。

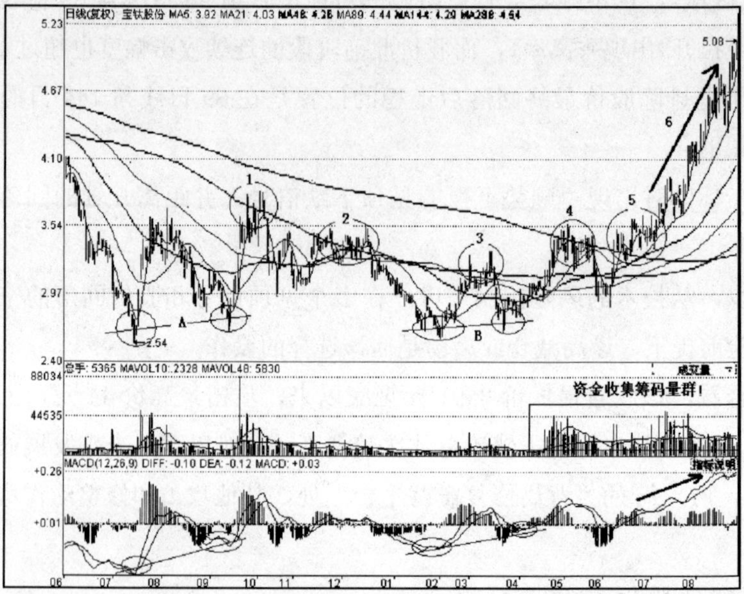

图 13-11　宝钛股份(600456)全景分析 1

4 又是一个“冲线”技术动作，但这一次是股价在上穿短、中期各条均线后去冲击 288 日均线(长期均线)。这个动作的本身已经是股价内在多方攻击能量变强的技术信号。注意看这次“冲线”动作过程中换手量出现非常明显的持续放大现象，说明新增资金进场已经非常明显和积极，指标也开始运行于 0 轴之上的强势区域里。

5 是经过前面“冲线”动作之后的一次短线震仓动作。股价再次扭转向上“穿线”攻击，一举成功突破 288 日长期均线的压制，并以震荡方式形成“坐线”(坐稳 288 日等线)支撑。并且在震荡“坐线”时，均线系统在股价之下方形成“多线交叉”的(向上)“扭转交叉线”，即彻底将股价整体运行由前期的弱势状态扭转为强势攻击状态。

这整个底部构造中，以“四次冲线动作、一个穿线动作、两组双底形态”完成了底部的构造和扭转，看似比较繁琐，其实环环相扣、脉络清晰，但运行时间比较长(长达 10 个月之久)，而长时间的构造扭转底部又说明了进场资金的实力强大，志气也很高。

6 为“飞龙线”技术攻击动作。此攻击动作快速将股价脱离了低位价格区域，其中的“拉线”技术动作对均线系统的向上拉动作用明显，从而使均线系统散开、理顺排列为攻击状态。同时进场资金加紧吸筹动作，也说明进场资金对目前股价脱离公司基本面的“严重超跌”现象没有分歧，并对目前股价属于严重偏低区域的观点惊人的一致，所以才会以这种非常强势的连续攻击吸筹方式进行资金布局。在实战中，对有些严重与基本面偏离的超跌股价格，在低位出现这种带有逼空抢筹的攻击动作时，要特别注意每次股价回落时的支撑均线是哪一条。如果是短期均线做支撑，就要明白目前股价明显偏低，吸引着大量资金不断进场，切不可盲目将攻击动作分析的“偏弱”，而造成坐等“踏空”结果。当然最好是结合该股的基本面来分析“价值偏离”的程度大小。在此“飞龙线”的强势攻击动作中，指标也是“飘”起来形成强势攻击状态的，换手放量持续。

图 13-12 中，7 为股价在经过连续的“飞龙线”强势攻击(6)之后，股价快速地超过翻倍涨幅。技术上开始转入“背离性震荡修复平台”，指标也出现“背离现象”需要回落进行修复。在这个“震荡修复平台”过程中，重点关注几个方面的技术变化：

①均线系统中当出现多条均线聚拢交叉时，股价突破方向的选择；

②换手量缩减达到地量之后的放量现象出现时，股价突破方向的选择；

③指标回落到 0 轴附近时“金叉”或“死叉”的出现，以及于股价、均线突破方向的“共振现象”等。

8 处的“多线交叉、拐点出现”与股价的向上“跳攻”动作相结合，表明了股价选择的攻击方向。换手量同时放人(“跳攻”突破动作当天的换手量放大现象也与该股当天的除权现象有关，但很明显控盘主力选择了该天为突破的“时间窗口”点)，指标同时向上金叉攻击，并且出现技术“共振现象”。

攻击突破之后，由于短线出现“八爪线”现象(5 日线与 21 日线、21 日线与 48 日线均出现“八爪线”现象)，股价需要再次进行震荡整理，所以形成 9 处的“横盘震荡平台”，指标也再次进行了回落修复动作。在此震荡过程中，出现了“震荡蓄势起”技术形态。

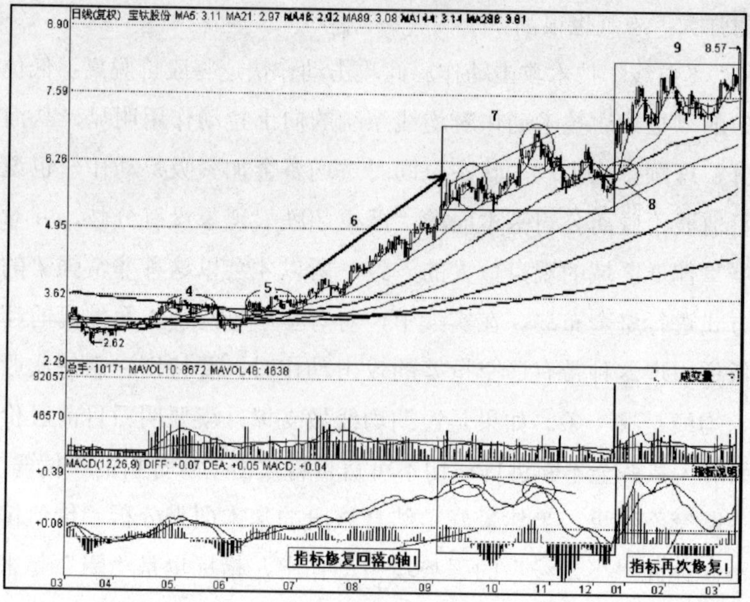

图 13-12　宝钛股份(600456)全景分析 2

在图 13-13 中，10 为“震荡蓄势起”与“顺势起”技术动作组合向上突破，指标同时也出现“顺势起”的攻击状态。

11 属于典型的“缓攻”状态。股价基本是沿着 5 日均线进行攻击的，不急攻，也没有大的震荡动作。同时期的指标攻击状态处于持续强势状态。

12 为典型的“回震”技术动作，21 日“护盘线”形成强有力的支撑作用。

13 为“回震”动作中出现标准的“炸弹坑”。“炸弹坑”技术现象的出现，往往预示着后面股价会有一个加速强势攻击的动作出现。但如果出现“顶背离”现象，则需要考虑股价会再一次的转入横向震荡修复状态。要注意技术指标的变化。

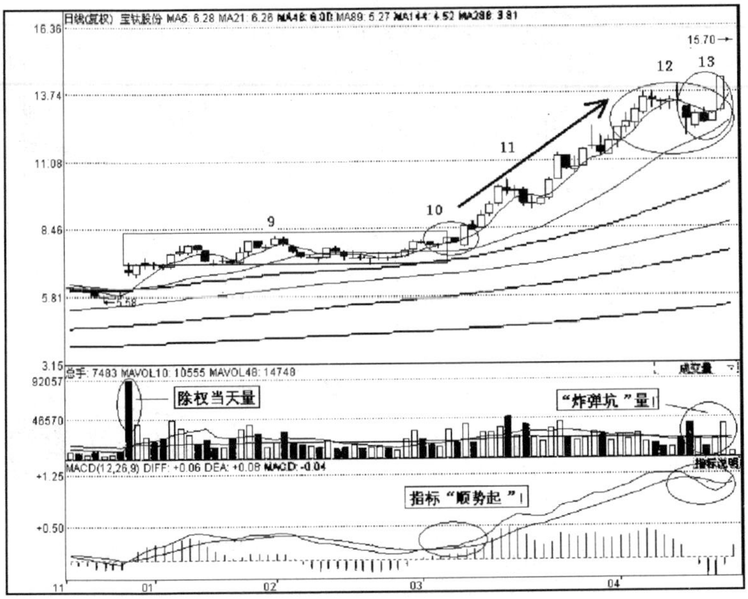

图 13-13 宝钛股份(600456)全景分析 3

在图 13-14 中 14 为最强势的“急攻”动作：连续的涨停、跳攻。指标加速现象非常明显，但这种最强势的“急攻”动作往往会造成“急攻见顶”现象发生。出现“急攻”就要做好减仓或出局准备。“急攻一口气”。

“转折顶(急顶)”出现的同时，也是“八爪线”出现时。股价首先要向 21 日线回落靠拢，而此时最高股价区域与 21 日线价格之间价差非常大，同时 21 日线与 48 日线也出现“八爪线”(乖离率加大)现象，指标数值此时距离 0 轴较远，回落修复的空间大。这些都预示着股价回落的空间幅度不会小，控制风险就是首要选择。所以，在股价见顶转折之时逢高减仓或出局是最实际的操作。

图 13-14 中大方框 15 里为一次比较完整的从攻击形态转为横盘震荡状态的“形态转变图”。此形态转变过程共持续了半年时间，但轨迹清晰。其中：A 为 A 段下跌小浪；B 为 B 段反弹小浪；C 为 C 段下跌小浪。三个下跌小浪比较标准。

此期间，换手量逐步萎缩减少至较低的“无量状态”。指标也运行了三个波段的回落轨迹。股价、5 日线、21 日线均击破 89 日均线。股价的回落整理

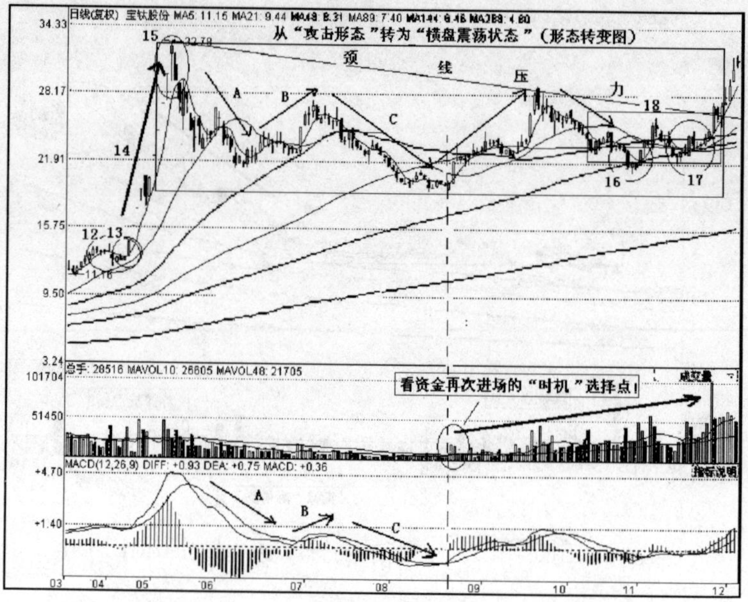

图 13-14　宝钛股份(600456)全景分析 4

已经基本完成技术要求，如果再继续向下运行，就会彻底改变这里的均线系统的横向运行趋势，将会形成比较大的顶部特征，而使均线系统彻底扭转进入“下跌”攻击趋势里。

“变盘”就在此时出现了。可以说，控盘主力的技术切点选择得很准。股价开始向上强势攻击，换手量明显放大，资金再次进场，指标向上金叉，从而一举扭转了股价的“弱势”运行调整状态，股价的连续震荡攻击也将短、中期均线系统逐步收拢起来并形成横向走平。资金的再次进场现象非常明显，并且随着股价整体运行开始积蓄攻击能量，指标也再次转强运行于 0 轴之上。

16 为“炸弹坑”与“价穿线不穿”技术现象组合，并受到 144 日线的有力支撑。此时，48 日线、89 日线均已经处于平走聚拢状态，并与 144 日线越靠越进，说明变盘点临近。

17 为“多线聚拢、变盘窗口”出现，并再次出现“价穿线不穿、拐点必出现”。144 日均线也再次对股价形成支撑作用。

方框 18 里为“上攻交叉线(复杂型)”技术形态。股价向上突破攻击的技术条件开始具备，指标状态也开始转强，后面随着攻击量的放大，攻击动作随即展开。

股价以“震荡突破”技术动作向上攻击，突破颈线压力，并以突破后的两组震荡动作组合(图 13-15 中的 19)确认了突破有效性。

在 20 处“价穿线不穿、拐点必出现”，并有“阴阳 K 线”的转折现象出现，股价继续向上攻击。

方框 21 里为“背离性震荡修复平台”。此“修复平台”中比较特殊之处在于，其中包含着一组“顶背离”和一组“底背离”。这两组背离形态平衡了股价的震荡重心，并且促使均线系统收拢聚集，21 日线、48 日线、89 日线均出现走平“多线聚拢”现象，这就为股价的向上变盘攻击具备了技术条件。技术指标运行中明显一组“顶背离”和一组“底背离”形成了此修复性“横盘震荡平台”的特殊现象。另外，股价明显也受到 144 日线的支撑。

在 22 处股价出现“跳攻”动作与均线的“多线交叉”组合形成向上攻击，换手量放大、指标底背离向上攻击。

注意看 21 日线与 89 日线之间形成“牛铃线”攻击动作形态(23)，并在同一天出现股价向上展开攻击、均线向上金叉、换手量放大、均线向上金叉

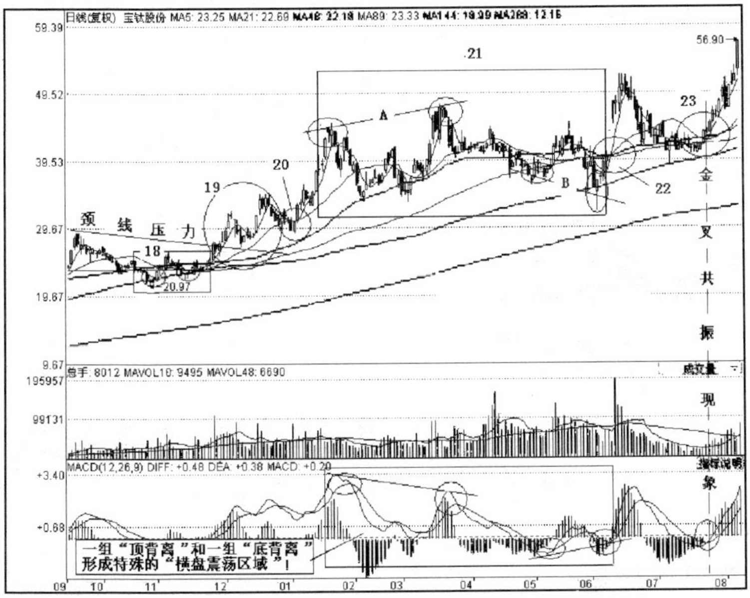

图 13-15　宝钛股份(600456)全景分析 5

的“金叉共振现象”。

图 13-16 中 24 为“缓攻”技术动作。股价沿着 5 日均线进行稳定持续攻击，指标“缓攻”状态明显。

25 为“回震”技术动作。“回震”技术动作属于比较强势的短线休整动作，也是一种修复“八爪线”现象的技术动作。一般“回震”动作之后均会有股价的加速攻击动作出现。

26 为“急攻”技术动作，“急攻一口气”。

27 为前面的“急攻”动作再次造成比较大的“八爪线”现象(5 日线与 21 日线)，并且 21 日线与 48 日线之间的乖离率也加大。出现“阴阳 K 线”的技术转折现象，股价回落。

28 为股价再次攻击起来后又一次出现“阴阳 K 线”技术转折现象，并出现明显的“顶背离”现象。

29 为出现的“下跌扭转交叉线”(注意 5 日线、21 日线、48 日线)。股价高位扭转，形成顶部构造。

此时该股股价历时 26 个月的攻击，股价从最低时的 2.54 元上攻到目前

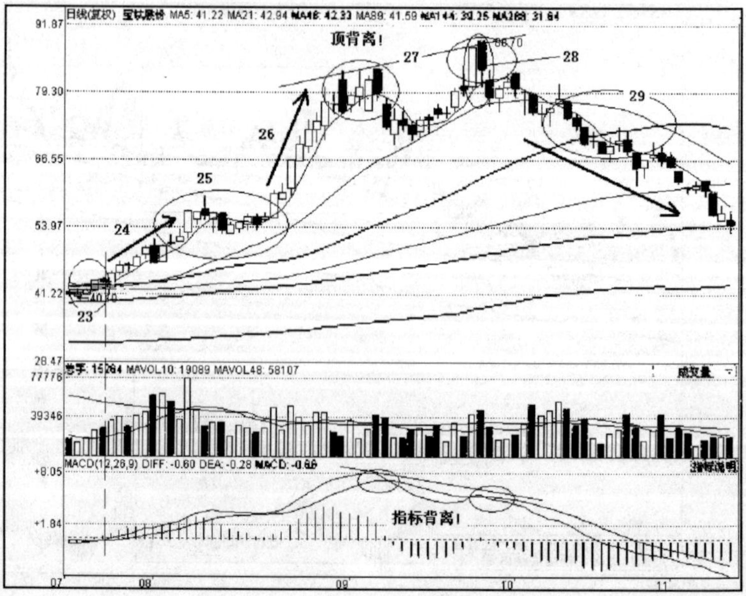

图 13-16 宝钛股份(600456)全景分析 6

的最高价 88.70 元，总体涨幅超过 33 倍。综合来看，该股股价的攻击轨迹比较清晰。图 13-14 中的“形态转变”区域是比较特殊的技术状态区域，该形态转变整个过程持续半年。前半段分析、判断起来比较困难，也不易强行进场操作。只有当股价和均线整体运行到下半段的多线聚拢状态时，才会比较容易地通过技术状态来进行股价下一步突破方向的判断。所以，在实战中，遇到此类形态转变时，最好的方法是先以观望为主，当后期具备突破的技术条件后，在股价的突破动作或“共振现象”出现时再择机介入最好。